IMAGINATION

IMAGINATION

Das Erleben des schaffenden Geistes

Herausgegeben von Roland Halfen und Andreas Neider

Mit Beiträgen von Johannes Denger, Arnica Esterl,
Roland Halfen, Volker Harlan, Andreas Neider,
Marko Pogačnik, Martina Maria Sam,
Wolfgang Schad und Johannes W. Schneider

Verlag Freies Geistesleben

ISBN 3-7725-1901-6

1.Auflage 2002

Verlag Freies Geistesleben
Landhausstraße 82, 70190 Stuttgart
www.geistesleben.com

Einband: Odilon Redon, Pegasus, Pastell (Hiroshima Museum of Art)
Illustrationen: Thorsten A. Diehl, Stuttgart
© 2002 Verlag Freies Geistesleben & Urachhaus GmbH
Druck: DZA, Altenburg

Inhalt

Vorwort der Herausgeber	7
Einleitung: «Der Philosoph muss zum Kinde werden …» *Andreas Neider*	15
Was ist Imagination? *Wolfgang Schad*	31
«Ein Stil, der vorgestellt werden kann durch und durch in Bildern». Die Veranlagung imaginativen Denkens durch Rudolf Steiners Tafelzeichnungen und Sprachstil *Martina Maria Sam*	69
«Es quillt ein Bild heraus …». Vom Überwinden der Abstraktion in der Menschenbegegnung *Johannes Denger*	105
Aspekte des Imaginativen in der Kunst des 20. Jahrhunderts *Roland Halfen*	125
Vom besonderen Bildcharakter der Märchen *Arnica Esterl*	159
«Urpflanze» und «Soziale Plastik» – Bild und Imagination *Volker Harlan*	171
Traumbilder, Visionen, Imaginationen *Johannes W. Schneider*	197
Die Imagination und der schöpferische Prozess *Marko Pogačnik*	219
Nachwort: Das Thema «Imagination» im Werk Rudolf Steiners *Andreas Neider*	242
Biografien der Autoren	247

Vorwort

> Nichts ist schwerer zu wissen,
> als was wir eigentlich sehen.
> *Maurice Merleau-Ponty*[1]

Noch nie haben Bilder das menschliche Leben so sehr beeinflusst, bestimmt, ja beherrscht wie heute. Vor allem die modernen Medien haben an diesem Einfluss des Bildes den wohl maßgeblichsten Anteil. Man kann es sich leicht ausrechnen, dass ein Mensch gegenwärtiger Lebenserwartung für jede Stunde, die er im Durchschnitt täglich vor dem Fernseher verbringt, am Ende seines Lebens dreieinhalb bis vier Jahre ausschließlich damit beschäftigt gewesen sein wird, statt der realen Gegenstände lediglich deren technisch reproduzierte Bilder zu betrachten. Bei drei Stunden täglich sind es bereits über zehn Jahre, bei vier Stunden täglich um die fünfzehn Jahre! Die Tendenz ist steigend, und es ist noch kein Ende in Sicht, zumal die davon profitierenden Konzerne bereits seit längerem von einem «Krieg um die Augäpfel» sprechen. Wobei mit dieser Formulierung noch nicht gesagt ist, wer hier gegen wen kämpft.

In extremem Gegensatz zu dieser Überflutung mit Bildern steht nicht nur das kärgliche Maß an Bewusstsein über Wesen und Wirkung des Mediums Bild.[2] Zieht man einmal den Vergleich mit dem Medium des Wortes, wird sogleich klar, dass darüber hinaus ein noch viel krasseres Missverhältnis zwischen einer überwältigenden Fülle an von außen her aufgenommenen Bildern und einer geradezu erbärmlichen Armut an vom Menschen selbst innerlich aktiv hervorgebrachten Bildern besteht. Dementsprechend gering ist das Bewusstsein für den richtigen Umgang mit all denjenigen Bildern, die im Menschen entstehen, auch wenn er noch gar nicht Hand angelegt hat, um sie innerlich oder äußerlich zu gestalten. Solche Bilder sind die des Traumes, eines mächtigen und geheimnisvollen Faktors im menschlichen Leben, zugleich ein verhaltener und manchmal abgründiger Hinweis auf das Dasein tieferer, zunächst gänzlich unzugänglicher Bewusstseinsschichten, die den Menschen sein ganzes Leben hindurch begleiten.

Solche Bilder entstehen aber auch dann, wenn wir uns Bilder von anderen Menschen machen. Wie wenig aufmerksam ist man für die Entstehung, die Verwandlung und die richtige Handhabung dieser Bilder! Zumeist tritt das Bewusstsein für deren Realität erst dann ein, wenn der Mensch selbst biografisch davon betroffen ist. Wie real, wirksam und geradezu brutal solche Bilder jedoch sein können, wissen viele Menschen, die zu Minderheiten gehören, die in Betrieben und Unternehmen unter Mobbing zu leiden hatten, viele, die allein sind und anders als die meisten.

Im Mittelalter hatte man noch eine Ahnung davon, dass der Mensch bereits dann Bilder schafft, wenn er lediglich in die Welt hinaus- oder in sich hineinblickt: *imaginatio* nannten die Gelehrten jener Zeit das menschliche Vorstellungsvermögen, die Fähigkeit, im Wahrnehmen ein Ganzes herzustellen, das als bloßes, von den unmittelbaren Eindrücken ablösbares Bild für das menschliche Bewusstsein verfügbar wird und später willkürlich wieder hervorgerufen werden kann. Mit der allgemeinen Bedeutung «stell dir vor» hat sich dieses Verständnis von *imaginatio* im angelsächsischen Sprachraum bis heute, bis zu John Lennons melodischem Zukunftstraum *Imagine* gehalten. Ein fließender Übergang führt von dort zu all dem, was in literarischen Texten zu kleinen oder großen, flüchtigen oder hintergründigen, bedrückenden oder begeisterndenen Bildern ausgeformt wird. Bilder, von denen man zuweilen durchaus sagen kann, dass sie *sich selbst* auszuformen scheinen und dabei auf unterschiedliche Weise ihr kontrolliertes oder unkontrolliertes, schillerndes oder auch heilsames Eigenleben entfalten.

Nicht zuletzt deshalb ist schon seit dem Mittelalter mit dem Blick auf das vom Menschen hervorgebrachte Vorstellungsbild die Frage nach dessen Realität verknüpft gewesen. Das vom Menschen bewusst oder unbewusst hervorgebrachte Bild wird zunächst gern als das «bloße Bild», als die «bloße Vorstellung» betrachtet.

Demgegenüber gehört es zu den wichtigsten Grundlagen der von

Rudolf Steiner entwickelten Geisteswissenschaft und der daraus hervorgehenden Menschenkunde und Pädagogik, bereits innerhalb dieser elementaren menschliche Bewusstseinstätigkeit den darin enthaltenen realitäts*stiftenden* Faktor zu erkennen und richtig zu gewichten. Gerade die Entwicklung der modernen Medien, ihre Möglichkeiten und damit verbundenen Wirkungen haben gelehrt, wie wichtig es ist, die Frage des Verhältnisses von Bild und Realität möglichst differenziert zu stellen. Sind sich das Märchenbild von der gebratenen Hexe und das kinematografische Bild des mit Flammenwerfern bekämpften Alien tatsächlich so ähnlich, wie es auf den ersten Blick scheinen könnte? Welches ist die Art, wo der Ort ihrer Realität?

Im eingehenderen Vergleich dieser und anderer Bilder wird bald deutlich, dass eine befriedigende Beantwortung solcher Fragen nicht durch den eingeschränkten Blick auf ihren Inhalt, auf ihr bloßes «was» geschehen kann, sondern erst mit Blick auf ihre Form, auf ihr «wie», auf ihre Erscheinungsweise, ihre Prozessgestalt und die Art, wie der Mensch an dem Zustandekommen des jeweiligen Bildes beteiligt ist. In der Kunst des 20. Jahrhunderts ist diese Frage wie kaum eine andere Gegenstand der unterschiedlichsten Annäherungen gewesen. Ein Regisseur wie Andrej Tarkowskij fasst die Fragen an dieses Thema vorsichtig zusammen: «Es wäre naiv, [...] einen Begriff wie künstlerisches Bild in eine leicht fassbare These zu bringen. So etwas ist weder möglich noch wünschenswert. Ich vermag lediglich zu sagen, dass das Bild ins Unendliche strebt und zum Absoluten hinführt. Ja sogar das, was man die ‹Idee› eines Bildes nennt, kann in seiner tatsächlichen Vielschichtigkeit und Vieldeutigkeit nicht mit Worten, sondern nur mit Kunst ausgedrückt werden.»[3] Und je mehr, so Tarkowskij, ein Künstler sein Publikum achtet, desto mehr wird er dessen Eigentätigkeit und spontane Produktivität beim Erfahren des Kunstwerkes voraussetzen.[4]

Über diese Dimensionen hinaus hat Rudolf Steiner den Begriff der *Imagination* eigens dazu verwendet, um damit die Form einer «höheren», d.h. erst durch eingehende Übung zu entwickelnden Erkenntnisstufe zu bezeichnen, in der realer geistiger Inhalt zunächst in Bildform erfahren wird, bevor er sich auf weiteren, darüber hinausgehenden

Stufen der «inspirativen» und der «intuitiven» Erkenntnis noch tiefer erschließt.[5] Dieser Gebrauch schließt sich an eine lange geistesgeschichtliche Tradition an, die sich der Möglichkeit einer Erhebung des menschlichen Geistes vom Denken des Geistigen zum Schauen des Geistigen stets bewusst war und in feine Verzweigungen bis ins 19. und 20. Jahrhundert bestehen blieb.[6]

Um an diese Tradition anzuschließen, wurde auch der Untertitel des Bandes «Das Erleben des schaffenden Geistes» gewählt, kommt darin doch eine für die Imagination charakteristische Doppelheit zum Ausdruck: «Erleben» will besagen, dass es hier um einen Vorgang der Anschauung, der Hingabe geht; «schaffender Geist» deutet darauf hin, dass hier ein Vorgang gemeint ist, der mit aktiver, hervorbringender Tätigkeit zu tun hat. In der Goethezeit sprach man daher gemeinhin von «anschauender Urteilskraft», einer Vorstufe dessen, was bei Rudolf Steiner dann als Imagination bezeichnet wird.

Statt sich der Verlockung hinzugeben, allein diesen im engeren Sinne geisteswissenschaftlichen Begriff der Imagination in seiner ganzen Vielschichtigkeit und seinem Facettenreichtum möglichst umfassend und abschließend zu erörtern, soll dieser Band zunächst vor allem dazu dienen, einem breiteren Publikum einen ersten Einstieg in die Vielfalt der Bereiche menschlichen Lebens zu eröffnen, in denen vieles davon abhängt, mit Bildern so umzugehen, dass sich durch sie der Zugang zu wichtigen, aber zumeist verschlossenen Realitätsbereichen eröffnen kann. Dieser Einstieg soll vor allem dazu beitragen, erst (oder wieder neu) die *Fragen* entstehen und sich konfigurieren zu lassen, die jeden Einzelnen dann zur aktiven, vertiefenden Beschäftigung mit geisteswissenschaftlichen Gesichtspunkten und entsprechenden Übungen führen können.

Aus dieser Perspektive heraus folgt nach einem einleitenden Beitrag von Andreas Neider zur aktuell gesteigerten Notwendigkeit, sich mit dem Entstehen von Bildern im menschlichen Bewusstsein intensiver zu befassen, ein Aufsatz von Wolfgang Schad, der die Konturen des geisteswissenschaftlichen Imaginationsbegriffes umreißt, ergänzt durch eine Darstellung Martina Maria Sams über die Art und Weise, wie Rudolf Steiner selbst im Rahmen von Vorträgen geisteswissenschaftliche Erkenntnisprozesse in Bildform gestaltet hat. Beiträge von Johannes Schneider und Arnica Esterl beleuchten mit der Sphäre des Traums und der Welt der Märchen zunächst scheinbare Randgebiete des Lebens, die sich jedoch bei näherem Zusehen als bedeutende Faktoren des gesamten menschlichen Daseins herausstellen. Johannes Denger behandelt den bereits erwähnten Bereich des Zwischenmenschlichen, in dem Bilder eine überaus wichtige, jedoch kaum bewusst wahrgenommene Rolle spielen. Ein Schwerpunkt unserer Auswahl von Beiträgen liegt darüber hinaus bei der Behandlung des Bildes im künstlerischen Kontext, nicht nur deshalb, weil in diesem Bereich der Kultur die Frage nach dem Bild und seiner Funktion besonders im 20. Jahrhunderts stark in den Vordergrund gerückt ist, sondern auch deshalb, weil für Rudolf Steiners Begriff der geisteswissenschaftlichen Imagination die Entwicklung eines künstlerischen Sinnes, die Entfaltung künstlerischer Fähigkeiten und Empfindungsvermögens von besonderen Bedeutung war.[7] Während der Beitrag Roland Halfens zwei für das Verständnis der Imagination wichtige Charakterzüge der Kunst im 20. Jahrhundert aufzeigt, stellt Volker Harlan mit Joseph Beuys einen einzigen Künstler und sein Schaffen in den Mittelpunkt.

Wie alle übrigen, so ist auch der abschließende Beitrag von Marko Pogačnik ein exklusiver, eigens für diesen Sammelband verfasster Aufsatz. Er unterscheidet sich insofern von den übrigen Beiträgen, als hier ein Autor zu Wort kommt, der schon seit längerem von eigenen übersinnlich-imaginativen Erfahrungen spricht. Der Aufsatz ist die Antwort auf die Frage der Herausgeber, einmal für ein breiteres Publikum die biografische Seite seiner Fähigkeiten darzustellen sowie einige Reflexionen über die Methode des eigenen Vorgehens anzustellen. Die Schilderungen dieses Künstlers wurden jedoch nicht deshalb in die Sammlung aufgenommen, um ihn den Lesern etwa als Repräsentanten einer geisteswissenschaftlich erarbeiteten Imaginationsfähigkeit erscheinen zu lassen, sondern um damit den Raum zu vergrößern, in welchem das lebendige Gespräch, die fruchtbare Auseinandersetzung und das differenzierte Urteil über den Sinn von Imagination über terminologische und weltanschauliche Verschiedenheiten hinweg sich weiter entfalten kann.

Imagination, das sollte abschließend bemerkt werden, stellt aber im anthroposophischen Sinne keine für sich allein bestehende Erkenntnisform dar. Sie wird und muss ergänzt werden durch komplementäre Anschauungsformen, die sich einerseits mehr dem Auditiven, andererseits mehr der unmittelbaren Wesenserfassung zuwenden. Rudolf Steiner nennt diese Fähigkeiten höherer Erkenntnis «Inspiration» und «Intuition». Der vorliegende Band zur «Imagination» wird deshalb in den kommenden Jahren durch zwei weitere ergänzt werden.

Stuttgart, im September 2002   Roland Halfen / Andreas Neider

Anmerkungen

1. In: *Phänomenologie der Wahrnehmung*, Berlin 1966, S. 82.
2. So etwa G. Boehm in seinem Vorwort zu der von ihm herausgegebenen Aufsatzsammlung *Was ist ein Bild?*, München 1994: «Eine steigende Medienflut machte Bilder allgegenwärtig. Unser Bewusstsein der Fragen, die sie aufwerfen, blieb dagegen seltsam sporadisch und unterentwickelt.» (S. 7). Ferner: W.J.T. Mitchell, *Was ist ein Bild?*, in: V. Bohn (Hrsg.), *Bildlichkeit*, Frankfurt am Main 1990, S. 17 ff.
3. Zitiert aus: A. Tarkowskij, *Die versiegelte Zeit. Gedanken zur Kunst, zur Ästhetik und Poetik des Films*, Berlin ³1991.
4. Wie Anm. 3, Kap. «Zum Verhältnis von Künstler und Publikum».
5. Vgl. R. Steiner, *Die Stufen der höheren Erkenntnis*, Dornach ⁶1979.
6. Marksteine dieser Tradition sind Platons als *Schau* gefasste Erkenntnis der Wahrheit (*Politeia* VII, 514a-518b, *Symposion* 210e-212a), Aristoteles' Begriff der *theoria* (*Metaphysik* XII, 7, 1072b25), Plotins Konzept der *ekstasis* (*Enneade* V,3 [49], 8,8-9,3 und 17,26ff., V,5 [32], 7,29ff.), Augustinus' Begriff der *visio spiritualis* oder auch *intellectualis* (*De Genesi ad litteram* XII, 7, 16), die Theophanie in den Schriften des (Ps.-) Dionysius Areopagita (z.B. *De coelesti hierarchia* IV, 3), die *visio Dei* bei Johannes Scotus Eriugena (*Periphyseon* I, 60; III, 3, 229) und schließlich als Zusammenfassung dieser Tradition an der Wende zur Neuzeit die *visio absoluta* des Nicolaus Cusanus, der diese als Schau des Göttlichen und

zugleich als Geschautwerden durch das Göttliche im Medium eines «lebendigen Spiegels» versteht (*De non aliud* XVI, *De visione Dei* VIII, XII und XV). In der Neuzeit findet diese Tradition ihre Fortsetzung im deutschen Idealismus eines Fichte, Hölderlin, Schelling und Novalis mit dem Begriff der «intellektuellen Anschauung», im Spätidealismus mit dem Konzept des «spekulativ-anschauenden Erkennens» bei Immanuel Hermann Fichte (*Erkennen als Selbsterkennen* §§ 225 ff.).

7 Vgl. dazu etwa den Vortrag vom 12. Juni 1919 in Heidenheim (in: *Der innere Aspekt des sozialen Rätsels*, Dornach [4]1989), wo es heißt: «Ich habe seinerzeit versucht, auf einem Gebiete auf etwas hinzudeuten, was der Gegenwart dringend notwendig ist. Es ist natürlich aus dem Banausentum, aus der Philiströsität unserer Wissenschaft heraus […] nicht verstanden worden. Ich nannte in meiner 1894 erschienenen *Philosophie der Freiheit* ein Kapitel ‹Die moralische Fantasie›. Geisteswissenschaftlich könnte man auch sagen: die imaginativen Moralimpulse. Ich wollte darauf hinweisen, dass dasjenige Gebiet, das sonst nur künstlerisch in der Fantasie ergriffen wird, nun notwendig im Ernst von der Menschheit ergriffen werden muss, weil das die Stufe ist, die der Mensch ersteigen muss, um das Übersinnliche in sich hereinzubekommen, das nicht durch das Gehirn ergriffen wird. Ich wollte wenigstens mit Bezug auf die Erfassung des Moralischen Anfang der neunziger Jahre darauf hinweisen, dass der Ernst kommt, das Übersinnliche aufzufassen. Diese Dinge sollte man heute empfinden.» Oder zehn Tage später in Dornach (in: *Geisteswissenschaftliche Behandlung sozialer und pädagogischer Fragen*, Dornach [2]1991): «Der Ätherleib des Menschen ist nicht nach demjenigen gebaut, was man als Naturgesetze kennt, sondern er ist nach künstlerischen Gesetzen gebaut. Keiner ergreift [den Ätherleib], weder an sich noch an anderen, wenn er nicht künstlerischen Geist an sich hat.»

Andreas Neider

Einleitung:
«Der Philosoph muss zum Kinde werden …»

> *«Der allein ist ein wirklicher Philosoph, der als reifer Mensch wiederum in seiner Seelenverfassung zum ganz kleinen Kinde werden kann, der aber die Gabe sich erworben hat, diese Seelenverfassung des kleinen Kindes in einem wacheren Zustande zu erleben als das Wachsein des gewöhnlichen Bewusstseins ist …»*
>
> Rudolf Steiner (GA 215)

Immer schon fertig

Wenn wir auf unser gegenwärtiges Alltagsbewusstsein schauen, so bemerken wir, dass alles, was wir an Vorstellungen in uns tragen, scheinbar immer schon fertig in unserem Bewusstsein vorhanden ist. Das heißt, wenn wir etwas wahrnehmen, erkennen wir zugleich, was es ist: Wir kennen es bereits, wir verstehen es aufgrund der Vorstellungen, die wir bereits in uns tragen. Und selbst wenn wir etwas nicht verstehen, versuchen wir es jeweils aus schon Bekanntem abzuleiten. Woher aber haben wir unsere Vorstellungen?

Bei jeder einzelnen Wahrnehmung können wir, genauer betrachtet, einen sinnlichen Anteil und einen begrifflichen Anteil, den nicht die äußere Wahrnehmung, sondern das Denken gibt, unterscheiden. Sehen wir beispielsweise eine Schaukel, so gibt die äußere Wahrnehmung die sinnlichen Daten wieder: die Beschaffenheit, die Farbe, die Form, die Größe und so weiter. Das Denken aber fügt alle sinnlichen Einzelheiten anhand eines Begriffes zusammen, hier anhand des Begriffes der Schaukel. Im Bewusstsein ihres Erfinders existierte der Begriff der Schaukel jedoch vor aller Wahrnehmung, nämlich als Idee. Irgendein Mensch hatte zuerst die Idee: etwas Schwingendes, worauf ich mich setzen kann, das irgendwo festgemacht sein muss, damit ich nicht herunterfalle. Dann baute er diese Schaukel, probierte sie aus, bis sie gut war. Wie urbildlich wird dieser Vorgang in der Genesis geschildert: *Gott sprach: «Es werde Himmel und Erde», und es ward. Und Gott sah, dass es gut war* ... Auch bei der göttlichen Schöpfung ist zuerst die Idee vorhanden, dann wird sie sichtbar gemacht und angeschaut. Auf diesen Zusammenhang von menschlichem Erkenntnisakt und seinem Urbild im göttlichen Schöpfungsakt macht bereits Platon in seinem Dialog *Timaios*, auf den wir später noch zurückkommen werden, aufmerksam.

Unsere Vorstellungen erscheinen uns also immer schon vollendet, wir sind nicht dabei, wenn sie entstehen. Dennoch müssen sie irgendwann entstanden sein. Dieses Grenzerlebnis: Ich habe immer nur die Ergebnisse eines Erkenntnisvorganges, aber nicht die Erfahrung, wie dieser zustande kommt; ich sehe immer nur das fertige Produkt, den schöpferischen Vorgang, den der Erfinder (zum Beispiel der Schaukel) vollzogen hat, der ist mir nicht zugänglich; dieses Erlebnis kann das Bedürfnis wachrufen, den Erkenntnisvorgang selber zu erleben, das Schöpferische im Denken und Wahrnehmen wiederzufinden. Denn ebenso wie für jedes andere Geschaffene muss es auch für meine Begriffe, die ich den Wahrnehmungen hinzufüge, einen Entstehungsprozess geben, nur dass dieser meinem Bewusstsein entzogen ist.

Erkraftung des Denkens

Die Wahrnehmung ist ihrem sinnlichen Anteil nach von außen gegeben, daran kann ich nichts ändern. Den begrifflichen Anteil jedoch, den ich im Denken ergreifen kann, der mir zunächst allerdings auch als schon gegeben erscheint, kann ich nach und nach immer bewusster erfassen. Es gilt also zunächst, das Denken so zu ergreifen, dass ich in den Prozess des Bildens von Begriffen selber hineinkomme. Je mehr ich das aber tue, desto mehr verschmelze ich als Denkender mit dem gedachten Begriff.

Ich beginne mit meinem Denken zunächst, den Begriff nachzubilden, lasse mich dabei aber von diesem so leiten, dass Denkender und Gedachtes eines werden, plötzlich bin nicht mehr *ich* es, der denkt, sondern *es* beginnt in mir zu denken. Da beginnt auch die Ahnung, dass im Denken selber ein Wesenhaftes wirksam ist.

Dieses Wesenhafte ist es auch, das meine Sinneswahrnehmungen unwahrnehmbar durchzieht, denn sonst wären mir diese unverständlich und zusammenhanglos. Der logische und geordnete Zusammenhang der Sinneserscheinungen wird durch dieses Wesenhafte im Denken bewirkt.

Insofern ich in diesen Denkvorgang eintrete, erlebe ich also das Wesenhafte, das im Denken wirksam ist. (Vgl. Steiner GA 4)

Die Grenze der Erinnerungen in der Kindheit

Es gibt aber noch einen zweiten Weg zurück an die Quelle des beschriebenen Entstehungsvorganges meiner Bewusstseinsinhalte. Mein Bewusstsein war ja so, wie ich es als Erwachsener vorfinde, nicht immer. Es gibt in meiner Erinnerung einen Punkt, hinter den ich nicht zurückkomme. Meine Erinnerungen, das sind die vom Denken erfassten Sinneserfahrungen, meine bewussten Erlebnisse, die ich denkerisch erfassen und bewusst wahrnehmen konnte. Offensichtlich gibt es aber einen Zeitpunkt, vor dem dieses bewusste Denken und Wahrnehmen noch nicht stattgefunden hat. Das ist der Zeitpunkt, zu dem jeder Mensch beginnt, «ich» zu sich zu sagen, und an dem das Denken beginnt, Wahrgenommenes zu begreifen. Beide Vorgänge sind zwei Seiten einer Sache: Ich-Bewusstsein entsteht, wenn wir die Welt begreifen. Denn um das tun zu können, müssen wir uns von ihr ein Stück weit lösen und uns ihr als Ich gegenüberstellen. Erkenne ich die Welt als von mir getrennt, erfahre ich zugleich mich selbst: Hier «ich» – dort die «Welt».

Wo aber war unser Denken vor diesem Zeitpunkt des Einsetzens unserer Erinnerungen? Denn es ist wohl kaum anzunehmen, dass der beschriebene Aufwachvorgang des Ich-Sagens, der ja durch das beginnende Denken im Kind ausgelöst wird, einfach «aus heiterem Himmel» heraus stattfindet.

Die Naturwissenschaft weiß heute, dass das Gehirn beim Neugeborenen noch unstrukturiert und jungfräulich ist. Erst nach und nach bilden sich Strukturen und unzählige Verknüpfungen aus. Wer oder was aber stellt diese Verknüpfungen so her, dass sie später sinnvoll verwendet werden können? Wir sprachen vorher vom Wesenhaften des Denkens, das der Träger alles Sinnhaften ist. Offensichtlich, so muss man sich sagen, wirkt also im kleinen Kind das Wesenhafte des Denkens auf das Physische so ein, dass dessen Materie, das Gehirn, so geformt wird, dass sie dem bewussten Denken später als Unterlage dienen kann. «Wenn der Mensch geboren wird, ist zum Beispiel sein physisches Gehirn noch ein sehr unvollkommenes Werkzeug. Es muss nun des Menschen Seele in dieses Werkzeug erst die feineren Gliederungen hineinarbeiten, die es zum Vermittler alles dessen machen, wessen die Seele fähig ist. In der Tat arbeitet die Menschenseele, bevor sie voll bewusst ist, an dem Gehirn so, dass dieses ein solches Werkzeug werden kann, wie es gebraucht wird zum Ausleben all der Fähigkeiten, Anlagen, Eigenschaften und so weiter, welche der Seele eignen als Ergebnisse ihrer früheren Erdenleben. Diese Arbeit am eigenen Leibe ist von Gesichtspunkten geleitet, die weiser sind als alles dasjenige, was der Mensch später aus seinem vollen Bewusstsein heraus an sich tun kann.» (Steiner GA 15)

Hier findet sich also ein Denken, ein rein Geistiges, das im eigentlichen Sinne schöpferisch tätig ist, nämlich beim Aufbau der Gehirnstrukturen. Sobald das Denken sich aber mit diesem Gehirn verbunden hat, erwacht das Bewusstsein, «Welt» wird erkennbar, das Kind beginnt «ich» zu sagen. Der abgeschlossene, ursprüngliche, lebendige Schaffensvorgang eines überbewussten Denkens mündet in das Ich-Bewusstsein ein, das wiederum diesen Schaffensvorgang nicht im Bewusstsein hat. «Der Mensch kann sich, bis zu diesem Zeitpunkte zurück (im dritten Lebensjahr, Einf. A.N.), als zusammenhängendes Ich empfinden, weil dasjenige, was früher an die höheren Welten angeschlossen war, dann in sein Ich hineingezogen ist. Von da ab stellt das Bewusstsein überall sich selber in Verbindung zu der Außenwelt. Das geschieht im Kindesalter noch nicht. Da waren die Dinge für den Menschen so, als wenn sie wie eine Traumwelt ihn umschwebten. Aus einer Weisheit heraus, die nicht *in ihm* ist, arbeitet der Mensch an sich. Diese Weisheit ist mächtiger, umfassender als alle spätere bewusste Weisheit. Diese höhere Weisheit verdunkelt sich für die menschliche Seele, welche dann dafür die Bewusstheit eintauscht. Sie wirkt aus der geistigen Welt heraus tief in die Körperlichkeit herein, so dass der Mensch durch sie sein Gehirn aus dem Geiste heraus formen kann.» (Steiner GA 15)

Mit dem für das Ich-Bewusstsein verantwortlichen Denken kann das Kind nun Weltvorgänge begreifen. Das vorher am Leib plastizierende Wesenhafte des Denkens ist nun nicht mehr stoffplastizierend tätig, sondern es «plastiziert» nun die Sinneseindrücke. Der schöpferische Prozess des Denkens verlagert sich in den Erkenntnisvorgang, wo er dem Bewusstsein aber entzogen ist.

Am historischen Ursprung des Denkens: Griechenland

Ein dritter Zugang zum Erfassen dieses lebendigen Schaffensprozesses des Denkens ist der Blick zurück in die Geschichte des menschlichen Denkens überhaupt, zurück an den Anfang der Philosophie. Beim Zurückgehen in der Bewusstseinsgeschichte gibt es ebenso wie in der Entwicklung des Kindes einen Punkt, an dem sich die Art des Denkens entscheidend verändert hat. Dieser Zeitpunkt ist mit der Entstehung des philosophischen Denkens in Griechenland selbst verbunden. Vor diesem Zeitpunkt wurden keine Begriffe gebildet, um etwas Wahrgenommenes zu begreifen, sondern die Menschen hatten Bilder, um sich die Wirklichkeit zu vergegenwärtigen. Diese Bilder wurden hauptsächlich mündlich weitergegeben und sie manifestierten sich in den Mythen, von denen es in der griechischen Mythologie zahllose Beispiele gibt, ebenso wie in den Mythologien vieler anderer Völker. Das philosophische Denken, das nun einsetzt, ist aber dennoch von dem unsrigen deutlich zu unterscheiden.

Rudolf Steiner gibt hier einen entscheidenden Hinweis auf die Art jenes

Denkens, das sich bis etwa in das 8./9. Jahrhundert erhalten hat. Er stellt dar, dass die Menschen bis zu diesem Zeitpunkt gar nicht das Gefühl hatten, dass sie selber die Gedanken bildeten, sondern sie spürten: «Es denkt in mir.» Das Denken wurde nicht so erlebt wie im heutigen Bewusstsein: «Ich denke», sondern wenn man dachte, dann spürte man die Tätigkeit geistiger Wesen, die man «Intelligenzen» nannte. Diese Wesen dachten, und ihr Denken reichte in den Menschen hinein (Steiner GA 26). Es wurde also unterschieden: *die hervorbringende Tätigkeit des Denkens = Intelligenzen* und: *Gedanken zu haben bzw. wahrzunehmen = Intelligibles erfassen oder wahrnehmen*. Was der Mensch beim Denken als seine Tätigkeit erlebte, war also viel mehr einem Wahrnehmungsvorgang ähnlich. Die Griechen empfingen die Gedanken zugleich mit den Sinneswahrnehmungen, Geistiges wurde zugleich mit dem Sinnlichen aufgefasst.

Der Abstieg der Seele aus einem überbewussten, ins Vorgeburtliche zurückreichenden Erleben in das bewusste Denken des Leibes wurde von *Platon* noch in mehr bildhafter Form dargestellt. In seinen Dialogen fasst er seine Seelenlehre noch wie in mythischen Bildern zusammen, die sich im Höhlengleichnis der *Politeia*, im Mythos vom Fall der beflügelten Seelen im *Phaidros*, im Schöpfungsmythos des *Timaios* und an vielen anderen Stellen seines Werkes finden. *Aristoteles* fasste diese Zusammenhänge dann mehr in abstrakt-begrifflicher Form auf und beschrieb die damalige Konstitution des Menschen in seiner Seelenlehre so: Die Fähigkeit der Seele, Gedanken wahrzunehmen und zu erfassen, hat ihren Sitz im *nous pathetikos*, dem leidenden Geist. Die Fähigkeit aber, Gedanken zu bilden, ist in einem höheren Seelenteil angesiedelt, den er den aktiven Geist, den *nous poietikos*, nennt. *Franz Brentano*, einer der besten Kenner der Seelenlehre des Aristoteles, formuliert diesen Zusammenhang so: «Der wirkende Verstand (nous poietikos) erscheint nach der Seelenlehre des Aristoteles als eine *vor* allem Denken und daher *bewusstlos* (Hervorhebung A.N.) wirkende Kraft des geistigen Teiles unserer Seele, die, zunächst dem sensitiven Teile zugewandt, ihm den nötigen Impuls zur Rückwirkung auf das Geistige gibt und so die wirkende Ursache unseres Denkens wird. Er ist das Licht, welches das Geistige im Sinnlichen für das Auge unseres Geistes erkennbar macht.» (Brentano

1867.) Die Fähigkeit aber, Gedanken zu bilden, erhält der aktive Geist durch seine Verbindung mit dem schöpferischen geistigen Wesen schlechthin, dem *göttlichen nous*, der durch ein beständiges Sich-selbst-Denken Ursache alles Seins ist.

Zusammenfassend lässt sich so viel sagen: Auf der einen Seite beschreibt Aristoteles die wahrnehmende Tätigkeit des Denkens mit dem *nous pathetikos*, dem leidenden Geist in der Seele. Auf der anderen Seite aber ist er sich bewusst, dass dem passiven Empfangen von Gedanken doch ein aktives schöpferisches Element vorausgegangen sein muss. Und wenn Brentano in dem von uns zitierten Satz davon spricht, dass diese schöpferische Kraft des Denkens *bewusstlos* wirke, so muss Aristoteles immerhin zu dieser aktiven Tätigkeit des Denkens vorgedrungen sein, denn sonst hätte er sie wohl kaum philosophisch beschreiben können. Immerhin fasst er sie mit als einen Teil der Seele, als ihren höchsten geistigen Teil auf, der aber in ständiger Verbindung mit dem göttlichen Schöpfergeist vorzustellen ist, ja geradezu als ein Abbild dieses schöpferischen Geistes. Aristoteles besaß also offensichtlich die Fähigkeit, sich von dem rein empfangenden, wahrnehmenden Denken zum aktivtätigen, sich selbst denkenden Geist, dem nous poietikos, aufzuschwingen. Über diesen Vorgang erfahren wir allerdings in der Seelenlehre nichts Weiteres.

Neuplatonismus, Wiederaufstieg zum schöpferischen Geist

Anknüpfend an Platon und Aristoteles wird das Sich-Erheben zum schöpferischen Geist in der Philosophie des Neuplatonismus weiter ausgebildet, die sich in der Spätantike etwa seit dem 2. Jahrhundert n.Chr. entwickelt hat. Hier stehen nicht nur abstrakte Begriffe für die zwischen der Seele des Menschen und dem Schöpfergeist vermittelnden Vorgänge, sondern diese werden als Intelligenzen oder auch Hierarchien aufgefasst. So insbesondere bei *Plotin* in seiner Lehre vom Wiederaufstieg der Seele zum All-Einen und noch konkreter in der Hierarchienlehre des *Dionysios Areopagita* in seiner Schrift *Über die himmlischen Hierarchien* (s. Literatur). Der neuplatonische Weg zu der Quelle alles Schöpferischen, zum Einen, hatte mehrere Stufen. Diese finden sich in allen neuplatonischen Schulen wieder, sie werden im 9. Jahrhundert durch *Johannes Scotus Eriugena* in seinem Werk *De divisionae naturae* dargestellt und gelangen über dieses Werk im 12. Jahrhundert in die platonische Schule von Chartres. Hier lassen sich die Stufen jenes Aufstieges sehr genau verfolgen. Der stufenweise Aufbau des Kosmos war in der Lehre der Schule von Chartres ebenso wie in deren neuplatonischen Vorläufern, durch den bereits mehrfach erwähnten Dialog *Timaios* von Platon inspiriert. Die Erschaffung der Welt, wie sie etwa bei *Bernardus Silvestris* (s. Literatur) dargestellt wird, geht auf dessen erste Hälfte zurück, die zu jener Zeit die einzige übersetzte Schrift Platons war.

Entscheidend für unseren Zusammenhang, die Frage nach den schöpferischen geistigen Kräften, ist hier das Verständnis der *natura*. Die Lehrer von Chartres dachten sich die Schöpfung im neuplatonischen Sinne so, dass zwischen dem ewigen Schöpfergeist, dem göttlichen *nous*, und der stofflichen Materie, der *silva*, ein schöpferisches Prinzip, die *natura*, vermittelnd tätig ist. Sie ist es, die allem Stofflichen die geistigen Wirkprinzipien einhaucht, sie ist es, die der menschlichen Seele auch die Fähigkeit zu denken verleiht. Was bei Aristoteles mikrokosmisch betrachtet die Tätigkeit des *nous poietikos* ist, der zwischen göttlichem nous und dem nous pathetikos die Denktätigkeit der Seele entwickelt, das ist bei den Lehrern von Chartres makrokosmisch gesehen *die Sphäre der natura*.

Gleichzeitig geht diese *natura* in die Gestalt der *Jungfrau und Mutter mit dem Kinde* ein und tritt als Bild für die Reinheit des Weiblichen und deren schöpferische, hervorbringende Kraft in Erscheinung. Auch ihr ist deshalb das herrliche Bauwerk dieser Schule, die Kathedrale von Chartres, gewidmet. Die Jungfrau mit dem Kind erscheint als das Urbild schlechthin für unsere philosophische Fragestellung. Die schöpferischen geistigen Kräfte, die dem Kosmos entstammen, werden durch die natura der irdischen Materie eingebildet, sie erscheinen im Kind, wo sie, als Abbild ihres eigenen Wesens, die Fähigkeit zu denken, die Vernunft, hervorbringen. (Den Hinweis auf diesen Zusammenhang verdanke ich Roland Halfen.)

Wie ein letzter Abglanz des Griechentums, vereint mit keltischer Naturweisheit, erscheinen jene Lehren der Schule von Chartres, die schließlich durch die Scholastik abgelöst werden.

In der Scholastik ringt das Denken um die Frage der Individualisierung jener Denkprozesse, die zuvor noch als über dem persönlichen Bewusstsein, über dem Individuellen stehend erlebt wurden. Denn seit der Zeit Eriugenas ging das Denken immer mehr in ein persönliches Denkerleben über (Steiner GA 18). Dieses findet nun innerhalb der Scholastik im *Nominalismus* seinen stärksten Ausdruck, der das persönliche Erleben des Denkens in den Vordergrund stellt und damit dessen geistigen Ursprung aus den Augen verliert.

Demgegenüber betont *Thomas von Aquin* die Realität und übersinnliche Herkunft des Denkens und seiner Inhalte, er stellt dem Nominalismus einen Realismus des Denkens gegenüber. Gleichzeitig aber verteidigt er gegenüber arabischen Lehren, die das Individuelle des Denkvorganges nicht anerkennen können, eben die Individualisierung des Geistes und hält somit die Waage zwischen dem kosmischen Ursprung des Denkens und der individuellen Denktätigkeit, wie sie durch Aristoteles in seiner Lehre vom *nous poietikos* bereits beschrieben worden war. (Vgl. Thomas v. Aquin, Klünker 1987)

Das Erfassen des schöpferischen Geistes – Imagination

An Thomas von Aquin knüpft Rudolf Steiner bewusst an. Er betont, wie er dessen Bemühungen im Kampf gegen den Nominalismus auf der einen Seite und gegen den arabischen Averroismus auf der anderen Seite aufzugreifen bestrebt war (vgl. Steiner GA 74). Es gelingt ihm schließlich, den Zusammenhang der geistigen Kräfte im Menschen mit den geistigen Kräften des Kosmos wiederzufinden. Auch er beschreibt einen Aufstieg in Stufen und nennt die erste Stufe *Imagination*. Er beschreibt, wie die Fähigkeit der Imagination erlangt werden kann und wie diese Fähigkeit zugleich ein Wiedereintreten in den Bereich der im Kind wirksamen, schöpferischen geistigen Kräfte bedeutet. Die Spiegelfläche des Bewusstseins, die durch unsere Erinnerungsfähigkeit gebildet ist, kann im Laufe der andauernden Übung durchstoßen werden, und der Imaginierende gelangt dadurch zugleich hinter die Erinnerungsgrenze zurück, die gewöhnlich mit dem ersten Aufscheinen des Ich-Bewusstseins um das dritte Lebensjahr herum zusammenfällt. Fassen wir diesen Zusammenhang anhand eines längeren Zitates aus einem Vortrag Rudolf Steiners über die Ausbildung der Imagination ins Auge: «Man hat ja gar nicht das Bewusstsein des Denkens, wenn man sich für die Vorstellungen nur von außen anregen lässt. Nur wenn man immer wieder und wiederum sich von innen zum Denken anregt durch Meditation, durch Konzentration auf Gedankeninhalte, dann wird man sich gewahr innerhalb des Denkens (...) Denn man wird gewahr, dass dasjenige, was sonst nur abgeschattet in Gedanken besteht, eigentlich dieselben Kräfte sind, die unser Wachstum bewirken. Man zieht sich zurück in das Wachstum seines menschlichen Wesens, und man kommt darauf, wie das, was als die Prozesse, die sonst bloß chemisch verlaufen würden nach Maßgabe der Eigentümlichkeiten der Stoffe, die wir aufnehmen, wie das durch dieselbe innere Geistleiblichkeit, ätherische Leiblichkeit, die unsere Gedanken bildet, verarbeitet wird, wie wir ein einheitlicher innerer Mensch werden durch diese innerlich lebendigen, sich regenden Gedanken (...) Dadurch aber ergibt sich, wenn man im inneren, anschauenden Erleben darauf kommt, dass dieser Bildekräfteleib, der sich für das gewöhnliche Bewusstsein als die schattenhaften abstrakten Gedanken durchdrückt, überhaupt nichts Räumliches ist, dass er etwas ist, was in der Zeit verläuft. Das führt uns zurück als ein lebendiges Tableau bis zu einem gewissen Momente unserer ersten Kindheit (...) Aber wenn man durch sorgfältige Übungen die Fähigkeit erwirbt, bis dahin zurückzuschauen, dann kommt man bis zu dem Zeitpunkt, wo man als kleines Kind denken gelernt hat. Da ist es so, wie wenn man mit dem Denken, zunächst mit dem gewöhnlichen Denken, an eine Grenze käme. Für das gewöhnliche Bewusstsein, für die gewöhnliche Erinnerung kommt man an diese Grenze. In der Imagination kommt man weiter zurück an die andere Seite. Man schaut in denjenigen Seeleninhalt des Kindes hinein, den man gehabt hat, als man noch nicht hat denken können, als man als Kind sich hereingeträumt hat in die Welt (...) Nun sieht man dadurch in die Zeit hinein, sieht, wie es war in der Seele, bevor man die schattenhaften abstrakten Gedanken gehabt hat. Da hat man eben noch das lebendige Denken gehabt. Und das lebendige Denken hat wuchtig plastizierend gearbeitet an dem menschlichen Gehirn, an der ganzen menschlichen Organisation. Später, wenn vieles von diesem Denken in die Abstraktheit hineingenommen wird, in das Tote hinein, da sind auch nur noch Reste für die Bearbeitung der menschlichen physischen Organisation da. Während man als Kind träumt, noch nicht denken kann, da ist das Denken regsam (...) Und dann erscheint dieses Denken als die Summe der Kräfte, die einen eigentlich menschlich aufgebaut hat, als Wachstumskräfte (...) Dieses Denken, das aufbauend, bildend ist für den Organismus, dem man seinen äußeren physischen Organismus erst verdankt, dieses regsame Denken habe ich in meinen Büchern das imaginative Denken genannt. Aber es bleibt einem eben etwas von diesem imaginativen Denken, und durch Übung kann man es auch im späteren Leben wieder erforschen, sodass man an den Ätherleib herankann (...) Von rückwärts (...) kommen die schöpferischen Kräfte in den Menschen herein: in der ersten Kindheit, wo man noch nicht denken kann, ganz mächtig, später schwächer. Das ist das Denken, das nicht aus der Sinneswelt, das aus dem gesamten Weltall genommen ist (...) Für die äußere Sinneswelt denken lernen heißt: das Tor für die universellen weltenbildenden Gedankenkräfte zumachen.

Wir haben also, als wir in der Kindheit waren, das Tor für die weltenbildenden Gedankenkräfte zugemacht (...) Aber wir können durch Übungen der Konzentration und Meditation dasjenige gewahr werden, was uns nun selbst aus dem Weltenätherischen hereinbildet. Da werden wir in unserer Selbstwahrnehmung Vorgänge gewahr, die auch in der Zeit verlaufen, die wir nicht aufgenommen haben durch äußere Eindrücke, sondern die nur den Strom nach der einen Seite haben ... Wir lernen erkennen, wie die Ätherkräfte aus- und einziehen und wie alles, was da als universelles Spiel der Weltenkräfte überall draußen ist und in uns hineinzieht, wie das dasselbe ist, was im Schattenbild das Weben der

Gedanken in uns ist (…) Was ist denn eigentlich dieses Üben, damit man zum imaginativen Denken kommt? Es besteht darin, dass, während man sonst immer bloß bis zum Spiegel seines Innern sieht, zu dem, was innen herausgespiegelt ist, was aber nichts anderes ist als die äußere Natur, man sich jetzt die Fähigkeit erwirbt, hinter den Spiegel zu sehen. Da ist nicht dasselbe wie in der äußeren Natur; da sind die menschenschöpferischen Kräfte. Das ist die andere Seite des Denkens. Hier ist das tote Denken, auch abstraktes Denken genannt. Da ist das lebendige Denken. Und im lebendigen Denken sind die Gedanken Kräfte.» (Steiner GA 84)

Diese längere Passage Steiners fasst Vieles vom bisher Ausgeführten zusammen. Die im Laufe der Bewusstseinsentwicklung in die Herrschaft der Egoität gefallenen Denkkräfte werden aus ihrem alltäglichen Zusammenhang der Erfassung von Sinnesdaten herausgehoben und in sich selbst erkraftet. Losgelöst vom Erfassen des Sinnlichen wird die Denkkraft solange verstärkt, bis sie ihres eigenen Wesens gewahr wird. Geistiges beginnt sich selbst zu erfassen und in diesem Selbsterfassen wird die Natur des Geistigen als Prozess, Tätigkeit und zeitliches Tableau deutlich.

Der Kampf um die Kindheitskräfte

Das bewusste Wiedererlangen jener Kräfte, die im Kind geistig schaffend tätig waren, stellt sich uns als die Fähigkeit der Imagination dar, zugleich aber auch als eine Art von Erfüllung jener Bestrebungen in der Geschichte der Philosophie, die wir von Platon und Aristoteles über die Neuplatoniker bis zur Schule von Chartres und Thomas von Aquin verfolgt haben. In unserer Zeit jedoch ist diese Sphäre der Kindheitskräfte massiv bedroht. Nicht nur in dem Kampf der Medienindustrie um das menschliche Bewusstsein, der heute im kaum noch geschützten Entwicklungsraum der Kindheit entschieden wird, auch in vielen anderen Gegenbildern, die uns Tag für Tag stärker entgegenschlagen, tritt dieser Kampf in Erscheinung. Rudolf Steiner weist auf diese Tatsache mahnend hin: Die imaginativen Fähigkeiten ruhen heute auf dem Grunde jeder

Menschenseele. Werden sie nicht entwickelt und zum Leben erweckt, dann müssen sie degenerieren und verwandeln sich, statt schöpferisch zu werden, in zerstörerische, dämonische Kräfte. In jenem historischen Vortrag am Ende des Ersten Weltkrieges, den Rudolf Steiner unter dem Titel «Was tut der Engel in unserem Astralleib?» in Zürich gehalten hat, stellt er Folgendes dar: «Wenn man nicht aufsteigt zur imaginativen Erkenntnis, so weiß man nicht, dass fortwährend in unserem Astralleib Bilder geformt werden. Sie entstehen und vergehen, diese Bilder. Würden diese Bilder nicht geformt, so gäbe es keine Entwicklung der Menschheit in die Zukunft hinein ...» Er führt weiter aus, dass diese Bilder von Engelwesen geformt werden, jenen geistigen Wesen, die bereits im Neuplatonismus als die tätigen hierarchischen Intelligenzen beschrieben wurden. Die durch ihre Tätigkeit geformten Bilder haben Zukunftscharakter und sind mit bestimmten Intentionen verknüpft, die Rudolf Steiner so zusammenfasst: «Geisteswissenschaft für den Geist, Religionsfreiheit für die Seele, Brüderlichkeit für die Leiber, das tönt wie eine Weltenmusik durch die Arbeit der Engel in den menschlichen astralischen Leibern.» Nachdem Steiner inhaltlich beschrieben hat, wie diese Bilder beschaffen sind und welche Intentionen mit ihnen verknüpft sind, nämlich die Schaffung einer weltumspannenden Brüderlichkeit, das Erfassen des Göttlich-Geistigen im anderen Menschen als Religion der Zukunft und das Erfassen des geistigen Charakters der Welt in einer Geisteswissenschaft, weist er darauf hin, dass diese Bilder nicht unbewusst-schlafend bleiben dürfen: «Die Menschen müssen rein durch ihre Bewusstseinsseele, durch ihr bewusstes Denken dazu kommen, dass sie schauen, wie es die Engel machen, um die Zukunft der Menschheit vorzubereiten ... Denn darauf arbeitet der Engel durch seine Bilder im menschlichen astralischen Leibe hin. Nun mache ich Sie aber darauf aufmerksam, dass dieses Ereignis, das da bevorsteht, schon in den menschlichen Willen gestellt ist. Die Menschen können ja manches unterlassen. Und viele unterlassen heute noch vieles, was hinführen soll zum wachenden Erleben des angedeuteten Zeitpunktes.» Steiner macht weiter darauf aufmerksam, dass das Erwachen zu der bildenden Tätigkeit der Engel, das Aufsteigen also zum imaginativen Erkennen, ein Entwicklungsschritt ist, den die

Menschen zu tun haben, und er weist auch auf die diesem Entwicklungsschritt entgegenstehenden widergeistigen Mächte hin. Aufgrund des Widerstrebens jener Kräfte, die er als luziferische und ahrimanische bezeichnet, entsteht nun die große Gefahr, dass jener Entwicklungsschritt nicht vollzogen wird: «Das ist die große Gefahr für das Bewusstseinszeitalter. Das ist dasjenige Ereignis, welches sich noch vollziehen könnte, wenn die Menschen sich nicht zu dem geistigen Leben hinwenden wollten, vor dem Beginne des dritten Jahrtausends. Es beginnt ja das dritte Jahrtausend bekanntlich mit dem Jahre 2000. Es könnte sich noch vollziehen, dass, statt mit dem wachenden Menschen, mit den schlafenden Leibern der Menschen das erreicht werden müsste, was erreicht werden soll für die Engel durch ihre Arbeit ...» Steiner gibt also einen ganz konkreten Zeitpunkt für den fälligen Bewusstseinsschritt an, einen Zeitpunkt, zu dem aber auch die Gegenkräfte einsetzen, wenn der Zeitpunkt verpasst wird. Diese Gegenkräfte sorgen nun dafür, dass aus den drei Idealen, den drei Urbildern, die die Engel in die Menschen hereinlegen, diesen entgegengesetzte Gegenbilder hervorgehen, weil die Menschen mit ihrem Bewusstsein von der Tätigkeit der Engel ausgeschlossen werden und sich diese Tätigkeit dann wie automatisch vollzieht. Die Gegenbilder, die dadurch auftreten, beschreibt Rudolf Steiner als eine Animalisierung des Menschen, als das Ausnutzen von schädlichen medizinischen Erkenntnissen und als eine Entfesselung von gewaltigen Maschinenkräften. Unschwer lassen sich diese Gegenbilder in der Gegenwart wiedererkennen: die immer stärker in Gewalt und sexuelle Instinkte absinkende Triebsphäre der Menschheit, die Einführung von medizinischen Verfahren, die in Form der Gentechnik einen «vollkommenen Menschen» hervorbringen wollen, und die weltumspannende Dominanz der Computertechnik mit ihrer Tendenz zur Mechanisierung alles Geistigen.

Für Rudolf Steiner war also die Entwicklung imaginativer Fähigkeiten nicht eine für eine kleine philosophische Elite bestimmte Entwicklungsaufgabe, sondern er sah die Entwicklung von imaginativen Fähigkeiten deutlich als eine Menschheitsaufgabe an, die sich jedem einzelnen Menschen in individueller Weise als Entwicklungsherausforderung stellt.

Literaturangaben

Aristoteles: *De Anima. Über die Seele.* Übersetzung von Willi Theiler. Buch III, Kapitel 3-8. Darmstadt 1979.
Franz Brentano: *Die Psychologie des Aristoteles, insbesondere seine Lehre vom nous poietikos.* Mainz 1867, Reprint Darmstadt 1967.
Dionysius Areopagita: *Über die himmlische Hierarchie.* Übersetzung von G. Heil, Stuttgart 1986.
Johannes Scotus Eriugena: *De divisionae naturae. Über die Einteilung der Natur.* Übersetzung von Ludwig Noack. Hamburg 1874, Reprint 1984.
Platon: *Dialoge Timaios, Phaidros, Politeia* in der Übersetzung von F. Schleiermacher und H. Müller. Hamburg 1959.
Plotin: Plotins Schriften, *Die drei ursprünglichen Wesenheiten; Entstehung und Ordnung der Dinge nach dem Ersten* in: Band 1a, Nr. 10 und 11 *Enneaden V,1 und V,2; Probleme der Seele* in: Band 2a, Nr. 27 und 28 *Enneaden IV,3 und IV,4.* Übersetzung von R. Harder, Hamburg 1956 – 1964.
Bernardus Silvestris: *Über die allumfassende Einheit der Welt.* Übersetzung von Wilhelm Rath. Stuttgart o.J.
Rudolf Steiner:
  – (GA 4): *Die Philosophie der Freiheit.* Kapitel IX, Absatz 3-5. Dornach 1962.
  – (GA 15): *Die geistige Führung des Menschen und der Menschheit.* Erster Vortrag. Dornach 1974.
  – (GA 18): *Die Rätsel der Philosophie.* Teil 1. Dornach 1985.
  – (GA 26): *Anthroposophische Leitsätze – das Michael-Mysterium.* Kapitel: *Im Anbruch des Michael-Zeitalters.* Dornach 1976.
  – (GA 74): *Die Philosophie des Thomas von Aquino.* Vorträge vom 22. und 23. Mai 1920. Dornach 1984.
  – (GA 84): *Was wollte das Goetheanum und was soll die Anthroposophie?* Vortrag vom 15. April 1923: *Das Seelenleben des Menschen und seine Entwicklung zu Imagination, Inspiration und Intuition.* Dornach 1961.
  – (GA 215): *Die Philosophie, Kosmologie und Religion in der Anthroposophie.* Vortrag vom 8. September 1922: *Imaginative, inspirierte und intuitive Erkenntnismethoden.* Dornach 1980.
  – *Das Geheimnis der Gemeinschaft. Drei Ideale.* Vortrag vom 9. Oktober 1918: *Was tut der Engel in unserem Astralleib?* Stuttgart 2002.
Thomas v. Aquin: *Über die Einheit des Geistes – gegen die Averroisten. De unitate intellectus – contra Averroistas.* Übersetzung mit Einführung und Erläuterungen von W. U. Klünker. Stuttgart 1987.

Wolfgang Schad

Was ist Imagination?

Sprache kann eröffnen wie verbergen. Darum spielen Kinder so gerne das Spiel «Teekesselchen». Das zu erratende Wort kann in der Zimmerlampe hängen, am Obstbaum heranreifen oder einen Kopf voller Kopfweh bedeuten.

Was alles ist Imagination? Die Etymologie hilft nur teilweise. *Imago* bedeutet im Lateinischen *Bild*. Imagination ist also eine Verbildlichung. Wir betätigen sie fortwährend im gewöhnlichen Tagesbewusstsein, indem unentwegt das bewusst Wahrgenommene in Vorstellungsbildern innerseelisch wiederholt und festgehalten wird. Und auch in unseren Fantasiebildern sind die vorstellbaren Anteile Erinnerungen von ehemals Wahrgenommenem. Man mache nur die Probe darauf.

Das Vorstellen

Im zweiten Vortrag der *Allgemeinen Menschenkunde,* in dem die anthroposophische Psychologie umfassend begründet wird, stellt Steiner das Vorstellen dem Wollen gegenüber. Vorstellen findet im klaren Wachbewusstsein statt, echter Wille hingegen ist gerade nicht, was man sich vorstellt zu wollen, sondern eine tief unbewusste seelische Antriebskraft, die «Crux der Psychologen», weil sie unbewusst ist. Der Wille ist *überreal*; er schafft Realität. Die Vorstellung ist *unterreal*; sie ist nur eine nachträgliche Wiedergabe, ein Abklatsch erfahrener Realität. Wille ist noch kein Sein, sondern die Potenz zum Sein; Vorstellung ist ebenfalls kein Sein, sondern nur Schein. Die Wirklichkeit des Seins erfahren wir in der Wahrnehmung.

Sie wird durch den Willen zur Wahrnehmung aufgeschlossen und durch das Vorstellen nachbereitet. Im Wahrnehmen kommunizieren wir rein mit der Welt – vorausgesetzt, wir decken sie nicht wie zumeist sogleich mit unseren Vorstellungen («ach – das kenn ich ja schon») zu. Wer retrospektiv lieber in seinen Vorstellungen lebt, kennt nur noch Modelle von der Welt, wohl wissend, dass sie nicht die volle Wirklichkeit sind, und ergeht sich in den Agnostizismen von Kant über Schopenhauer und Konrad Lorenz bis Karl Popper. Für das Vorstellen haben sie alle Recht: Die vorgestellte Torte kann ich nicht essen, sie ist Schein.

Mit der Vorstellungsfähigkeit hat der Mensch psychisch gesehen Verlust und Gewinn. Der Verlust ist der in ihr eingetretene Weltverlust, die Entfremdung von der Wirklichkeit. Der Gewinn ist die Möglichkeit, in freier Willkür mit den eigenen Vorstellungen eine zweite Welt, meine eigene seelische Bilderwelt, aufzubauen und darüber im Nachschaffen und Neuplanen frei verfügen zu können. Das Vorstellen ermöglicht jedem Menschen den eigenen freien Seelenraum. Damit befreit sich jeder vom Wirklichkeitsdruck der Welt. Jede Vorstellung ist ein emanzipatorisches Selbsthilfemittel. Nicht, dass wir uns damit vom unmittelbaren Weltgeschehen entfremden, ist uns wichtig, sondern dass wir uns beliebig erinnerbare, frei verfügbare Welten virtuell erzeugen können. Vorstellen beinhaltet per se: die «*Freiheit von*» zu erlangen.

Was hier existenziell vorliegt, davor reißt Steiner den Schleier, den das Vorstellen selbst bildet, weg, indem er das geschilderte Charakteristikum totalisiert: Es ist das Vorstellen im Leben der Nachklang der größten Weltentfremdung, die der Mensch existenziell erfährt, wenn er sich aus der geistigen Welt herauslöst und in die Inkarnation eintritt. Das gelingt nur, indem er eine existenzielle Antipathie gegen die Geistwelt entwickelt und sich dadurch von ihr geistig zu emanzipieren in der Lage ist. Diese ihn in das leibliche Leben einführende Kraft verbleibt ihm lebenslang als das seelische Bedürfnis und Vermögen: vorzustellen. Nicht Identifikation, sondern Distanz ermöglichen wir uns dadurch. Vorstellen zu können ist Selbstbehauptung. Der persönliche Seelenraum, selbst wenn er Irrtum und Schein mit einschließt, ist uns lieber als das unbewusste Aufgehen im Ganzen. Gerade dadurch lösen wir uns aus dem Zusammenhang mit der Geistwelt, werden Erdenmenschen und können rückblickend sagen: «Für wirklich Erkennende ist einfach das Vorstellen selbst ein Beweis des vorgeburtlichen Daseins» (GA 293, 33).

Kleine Kinder können noch nicht sicher zwischen Wahrnehmung und Vorstellung unterscheiden. Weltinhalt und Seeleninhalt gehen noch leicht ineinander über. Sie halten Wahrgenommenes für Vorstellungen und diese für Wahrgenommenes und erzählen überzeugt die seltsamsten Dinge. Ein Mädchen erzählt zu Hause, es habe unten auf der Straße einen Löwen gesehen. Die Mutter will ihr dieses «Lügenmärchen» ausreden und verlangt noch abends beim Zubettgehen vom Töchterchen ein Entschuldigungsgebet beim Lieben Gott. Doch dieses berichtet danach, dass der Liebe Gott auch meint, dass es ein Löwe gewesen sei (v. Heydebrand). Solche von Psychologen fälschlich als «Fantasielügen» bezeichneten kindlichen Vorstellungsbilder sind keine Lügen. Das Kind in einem gewissen Alter ist fest davon überzeugt, sie wahrgenommen zu haben. Erst mit der Neun-Jahres-Schwelle, dem psychischen «Rubikon» (Steiner GA 297: 172, 193, 264; Koepke 1983), wird sich das Kind normalerweise in der Unterscheidung von Realität und Vorstellung einigermaßen sicher. Doch behalten wir noch Reste von der Zeit vorher durch das ganze Leben: immer dann, wenn wir das Vorgestellte für wirklichkeitsdurchtränkter halten als die Wahrnehmung. Wie oft passiert es uns, dass, wenn etwas völlig Neues in unseren Wahrnehmungshorizont eintritt, wir sagen: Das kann doch nicht wahr sein, denn das kann ich mir nicht vorstellen; anstatt dass wir dankbar sind, es nicht vorstellen zu können, weil es endlich einmal Wirklichkeit und nicht Schein ist. Das Kriterium der Vorstellbarkeit ist das Kriterium des Scheines. Das geschieht immer dann, wenn wir die Aufmerksamkeit in der Wahrnehmung vernachlässigen und die eigenen Vorstellungen, da schon gehabt, allzu leicht an ihre Stelle setzen. Die Selbstbestätigung war dann wichtiger als der Weltkontakt. Und wer betriebe nicht gerne die Selbstverwirklichung mit dem vollgültigen Anspruch: Jeder muss doch erst einmal seine Fehler selber machen? Als Goethe sich eigene Vorstellungen über die Bildung der Erde machte, schrieb er wohlweislich:

«Die Vorstellungsart, die größte Erleichterung gewährt, ist die beste, so weit sie auch von der Wahrheit selbst, der wir uns dadurch zu nähern suchen, entfernt sein mag.» (WA II, 10:207)

Das Kind, besonders das Kind der Schulzeit, hat einen großen Hunger nach Bildern. Bildhafter Unterricht ist pädagogisch von zentralem Wert. Erst das Bild, dann die Zahl. Erst das Bild, dann der Buchstabe. Erst die Geschichte voll lebenskräftiger Bilder und dann der moralische Hinweis. Nun wird deutlich, warum. Der Erzieher ermöglicht dem Zögling dadurch die Entwicklung seines eigenen Seelenraumes. Bildhafter Unterricht ist Erziehung zur autonomen Persönlichkeit, ist Erziehung zur «Freiheit von». Ein innerer Reichtum kann aufgebaut werden, aus dem heraus der Welt etwas Eigenschöpferisches, eben das Schöpferische eigenständig entgegengebracht werden kann. Bildhafter Unterricht ist realistische Inkarnationshilfe, aus der geistigen Welt herunter in die physische Welt zu gelangen.

Für die ersten drei Schuljahre empfiehlt wohl deshalb Steiner, *sinnige Geschichten* zu erfinden und zu erzählen. Der Erzieher (Lehrer, Eltern, Paten etc.) möge selbst vormachen, was das Kind können möchte: ein bildhaft reiches Innenleben zu entwickeln. Nicht dass die Bilder *richtig* sind, sondern dass sie *sinnig* sind, darauf komme es an. Daran wird deutlich, was mit «sinnig» gemeint ist. Ein Besinnliches, das die Entwicklung und Differenzierung eines zunehmend sich individualisierenden seelischen Innenlebens, fähig zur Besonnenheit und Besinnlichkeit, aufbaut. Erhard Fucke hat in seiner theoretischen und praktischen Studie (1972) dazu wesentliche methodische Anregungen gegeben. Hier geht es um dasjenige Imaginative, das in das hiesige Leben lebenspraktisch hineinführt: Bilder anstelle vorheriger Geistverbundenheit. Was sie lebendig hält, die Fantasie, ist der bewegliche, schöpferische Umgang mit den Bildern, nicht die Bildelemente selber. In der Fantasie lebt schon das Gegenteil des Vorstellens, der Wille, und der zielt immer auf die Zukunft.

Das gegenständliche Bewusstsein

Mit unseren Vorstellungen entwickeln wir das gegenständliche Bewusstsein. Die Welt tritt uns ja empirisch-sinnlich zuerst einmal nicht in Gegenständen entgegen, sondern in Gesamtkomplexen. An den klassischen Versuchen von Wolfgang Köhler mit Schimpansen während des ersten Weltkrieges auf Teneriffa, wie sie in allen Biologie-Schulbüchern seit 70 Jahren berichtet werden, kann man das gut verdeutlichen. Die Intelligenz dieser Menschenaffen (wenn sie nicht zu jung und nicht zu alt, sondern halbwüchsig sind) reicht so weit, dass sie im Käfig herumstehende Kisten so aufeinander türmen können, bis sie an die Banane an der Decke gelangen. Was in den Biologiebüchern nicht steht, ist, dass man die Wiederholung dieses Versuches leicht verhindern kann, wenn man die Kisten an die Wände schiebt. Der Affe kann sich nicht vorstellen, dass sie von der Wand abrückbar sind, weil sie für ihn visuell als Teil der Wand erscheinen: Der Augeneindruck suggeriert dann, sie gehörten zur Wand. Das ist auch für den menschlichen Augeneindruck so, nur können wir die Eindrücke der Kisten als isolierte Gegenstände frei *vorstellen*, und dann können wir mit ihnen auch frei umgehen. Mit dem Vorstellungsvermögen grenzen wir die Erscheinungen zu Gegenständen, z.B. zu Kisten, aus ihrem Gesamtkomplex heraus. Nicht, dass es das nicht auch bei Tieren gibt, nur ist zumeist bei ihnen dieser Ausgrenzungsvorgang erblich oder durch frühe Prägungen auf lebenserhaltende Musterwahrnehmungen festgelegt und kann selten oder nur schwierig umgelernt werden. Ein junger Jagdhund muss mühsam lernen, nicht jedem Hasen wild hinterherzurennen, sondern nur, wenn er dazu die Erlaubnis bekommt. Die automatische Suggestion angeerbter Wahrnehmungsmuster muss ihm erst abdressiert werden. – Reste davon gibt es auch beim Menschen. Sie werden entweder durch raffinierte Werbung ausgereizt, oder sie werden durch Erziehung und Selbsterziehung zunehmend abgebaut zum Aufbau freierer Handlungsweisen.

Das Bilden von Vorstellungen ist gehirngebunden. Nicht was, aber die Tatsache, dass vorgestellt wird, lässt sich an der elektrophysiologischen Aktivität der Großhirnrinde im EEG ermitteln. Für die verschiedenen

Sinnesbereiche sind die jeweiligen neuronalen Zuständigkeitsgebiete bekannt: für die Sehvorstellungen im Hinterhauptslappen, für die Hörvorstellungen im Schläfenlappen, für die Tastvorstellungen im Scheitelbereich etc. Es gibt ja nicht nur visuelle Vorstellungen, sondern auch akustische, denn ihr Kennzeichen ist die willkürliche, innerlich erinnerte Wiederholung ehemaliger Wahrnehmungen. So ist eine erinnerte Melodie eine akustische Vorstellung. Und so bezüglich der anderen Sinnesfelder. Dass wir in erster Annäherung zumeist das Vorstellungsleben mit der Erinnerung von Seheindrücken verbinden, liegt nur daran, dass unter allen Sinnesfeldern der Sehsinn besonders wach erlebt wird; so schieben sich die Sehvorstellungen leicht in den Vordergrund.

Die drei Stufen ideeller Erkenntnis

Wahrnehmungen und Vorstellungen genügen uns nicht. Wir wollen sie auch verstehen. Das geschieht mit Begriffen, mit denen wir begreifen, und mit Ideen, die das Begriffene in einen noch umfassenderen Zusammenhang stellen. Der junge Steiner berichtet in seinen *Grundlinien* (GA 2), wie ihm die Unterscheidung Kants von Begriff und Idee wichtig geworden war. Es ist zugleich die Unterscheidung von Verstand und Vernunft. Der Verstand ist laut Kant das Vermögen, mit Begriffen umzugehen, die Vernunft das Vermögen, Ideen wahrzunehmen. Begriffe sind als Bedeutungsträger in ihrem Bedeutungsumfang scharf definierbar, sonst sind es keine klaren Begriffe. Ideen hingegen bedürfen keiner Abgrenzung (de-finitio), sondern der inhaltlichen Charakterisierung. Und der Inhalt ist erweiterungsfähig, wachstümlich, zusammenhangsfähig mit verwandten Ideen.

Wer diese «Natur» der Ideen geschmeckt hat, kann es nicht lassen, sie in immer weiter ausgreifenden Zusammenhangskomplexen weiter zu verfolgen. Das ist das Hauptgeschäft der Philosophie. Das Ideal jedes Philosphen ist, ein Ideengebäude zu errichten, in welchem jede Idee im

Zusammenhang mit möglichst vielen anderen Ideen so steht, dass sie sich widerspruchslos gegenseitig tragen. Alles Stückwerk hebt sich auf – die Ideen als die Verstehenszusammenhänge an sich verbinden möglichst alles mit allem zu ganzheitlichen Philosophemen. Hegels Lebensleistung ist die Ausbildung solch eines, ja des wohl umfassendsten Ideengebäudes. Und Goethe bildete einmal im Anblick dieser Möglichkeit das Aperçu:

«Die Idee ist ewig und einzig; dass wir auch den Plural brauchen, ist nicht wohl getan.» (MuR 374)

Alle Ideen haben als Ideen die Fähigkeit, sich in einer Gesamtidee zu vereinigen, so jedenfalls die Hoffnung jedes produktiv verfahrenden philosophischen Bewusstseins. Ganzheiten bilden ist angesagt. Das kann bis in eine ästhetische Freude am Mathematisieren gehen. Auf die Frage, was ihn denn zu seiner Forschung beflügelt hätte, antwortete Einstein: die Schönheit von Gesetzmäßigkeiten. Alles Denken in Ganzheiten beruht darauf, so auch das typologische Denken. Das Befriedigende dieser Denkqualität liegt ja darin, dass der Typus in allen Abwandlungen doch sich selbst treu bleibt. Soweit das der Fall ist, wird es immer den Holismus geben. Nicht an die sinnlichen Vorstellungen gebundene Bilder entstehen dadurch, sondern ideelle, in Ideenzusammenhängen sich konstituierende Gedankenbilder. Das ist eine andere Stufe von Imagination. Es ist die *imaginative Stufe der ideellen Erkenntnis*.

Nun ist es oft die Tragik der Philosophen, dass sie bei der Freude des Typologisierens stehen bleiben. Das Errichten des Ideenlehrgebäudes ist das Wichtige, auch wenn jeder ein anderes Lehrgebäude erstellt und sich jedes schon dadurch als keineswegs vollendet darstellt. Pointiert gesprochen gibt es so viele Philosophien, wie es Philosophen gibt. Der individuelle Irrtum ist mit eingewoben. Denn die Widerspruchslosigkeit im eigenen Denken ist das Ideal, nicht der Zusammenhang mit der Weltwirklichkeit – der mag sich bestenfalls teilweise einstellen. Hauptsache ist: das Ideengebäude trägt sich selbst.

Anthroposophie ist mehr. Viele Leute von außen sehen in ihr eine Art Philosophie, ein Lehrgebäude Steiners mit dem Inhalt eines «anthroposophischen Menschen- oder Weltbildes», womit bestenfalls eine Art ideenmäßiges geschlossenes System gemeint ist. Und auch innerhalb des anthroposophischen Wissenschaftsraumes gibt es solche Vertreter. Aber im gesamten Schrifttum Steiners gibt es expressis verbis kein «anthroposophisches Menschenbild», sondern anthroposophische Menschenerkenntnis, und die ist offen und nie fertig und will es auch nicht sein, weil sie zur Weltfremdheit und Sozialuntauglichkeit führte. Anthroposophie ist mehr als ein Philosophiesystem.

Bricht sie doch schon in der ideellen Erkenntnis die imaginative Stufe auf. Sie bemerkt, dass diese nicht hinreicht, dass die sinnliche wie übersinnliche Wirklichkeit noch anders ist, nämlich in fortwährender Veränderung, Verwandlung, Metamorphose. Die bisherigen Systeme werden eingeschmolzen, verflüssigt, dynamisiert. Nicht nur die Erscheinungen sind in ewigem Fluss, sondern auch der Ideengehalt der Welt. Nicht jede Idee ist zu jeder Zeit denkbar gewesen. Und das nicht nur deshalb, weil die Menschheit noch nicht weit genug war, sondern weil sie in ihrer Geistesgeschichte selbst an der Evolution der Ideenwelt ideenschöpferisch mittätig ist. Die Dichter kennen so etwas oft eher als die Denker; so wenn Rilke sagte:

«Daraus, dass einer dich einmal gewollt hat,
wissen wir, dass wir dich wollen dürfen.» (Stundenbuch)

So kann man in Abwandlung zu einem neuen Gedanken sagen:
Dadurch, dass einer dich erstmals gedacht hat,
wissen wir, dass wir dich denken können.

Bei Plato hieß es im Menon-Dialog noch: Alles Erkennen ist Erinnern, nämlich an den Ideengehalt, in welchem der menschliche Geist vor seinem irdischen Dasein gelebt hat. So ist für den Platonismus das Erkennen der logische Beweis der geistigen Präexistenz des Menschen – eine hoch spirituelle und doch nur statische Auffassung eines unveränderlichen, da schon vollkommenen Geistgehaltes der Welt, in dem sich nichts mehr tut. Die Staatsform, die Plato daheraus entwarf, ist der vollkommene Totalitarismus. Und noch heute berufen sich die sozial unerträglichen Besserwisser auf ihre fertigen, vollkommenen Ideengebäude. Aber schon Platos Schüler, Aristoteles, hatte da seine Vorbehalte.

Wenden wir uns wieder der eigenen Denkerfahrung zu. Das Bedürfnis, ja die Notwendigkeit, die eigenen Gedankensysteme auch einmal zu zerbrechen, entsteht daran, dass nicht mehr die in sich stimmige Widerspruchslosigkeit Hauptkriterium bleibt, sondern die Metamorphose des Weltgeschehens in all seinen Paradoxien und Aporien. Nicht um das, was mir *denkmöglich* ist, sondern was *denkwirklich* ohne meine eigenen Ansprüche ist, darum geht es dann. Nicht nur die Begriffe verflüssigen sich zusehends, sondern auch die Ideensysteme.

Was aber ist denkwirklich? Immerhin helfen zwei Kriterien: die innergedankliche Stimmigkeit *und* die vielfache fruchtbare Bestätigung durch die Weltverhältnisse selber. Denn sinnvolles Denken besteht ja im Abbau des Gegensatzes von Innen- und Außenwelt. Und ist nun die Welt selbst im Fluss, so müssen es auch die Gedankenbildungen werden. Nicht was ist, sondern was wird, steht im Vordergrund, weil alles, was ist, nur Ausschnitt seines Werdens ist.

Diese Verlebendigung der Denkmuster macht nicht dem Denken, aber oft der Psyche des Denkenden Angst: Wo ist dann noch Halt, wenn alles fließt? Aber die Systeme müssen eben wanken, wenn mehr Wirklichkeitsnähe im Denken dadurch zu erreichen ist. Goethe kannte das Denken in Metamorphosen so als «eine höchst ehrwürdige, aber zugleich höchst gefährliche Gabe von oben, sie führt ins Formlose, zerstört das Wissen, löst es auf» (WA II, 7:75). Aber er wusste eben auch, dass sie eine Gabe von *oben* ist. Bei Steiner gibt es eine Fülle an Charakterisierungen dieses Vorganges: Man bekommt davon den «Drehkater» (GA 177:139); die meisten Menschen schrecken vor dem lebendigen Denken zurück, weil es ihnen dabei ist, als ob sie unbekümmert in einen dunklen Schrank fassen, um ihren Hut herauszuholen, und stattdessen eine lebende Maus in der Hand halten, die eben nicht still hockt, sondern zappelt und wuselt (GA 164:37/38). Den Schrecken möchte man nicht noch einmal erleben. Der Naturwissenschaftler Strader, eine Gestalt in Steiners Mysteriendramen, ist tief verunsichert, wenn nicht mehr alles zu allen Zeiten gilt (GA 14:124/125).

Man kann etwas schreckfreier, aber noch dramatisch genug den Vorgang schildern, wenn man die beiden häufigsten Wissenschaftsverfahren ins Blickfeld nimmt: die Induktion und die Deduktion. In der Induktion gehen wir von der möglichst unkanalisierten Erfahrung aus (jedenfalls soweit es geht – die völlige Unbefangenheit und Vorurteilslosigkeit gibt es leibgebunden nicht) und gewinnen erst daran verallgemeinernde Regeln und Gesetze; diese hinwiederum sind die Ausgangsebene der Deduktion, welche nun daraus Vermutungen und Voraussagen ableitet, welche an der Erfahrungswelt wiederum neu zu prüfen sind.

Viele vermeinen, die erstere sei die naturwissenschaftliche Forschungsmethode, die letztere die geisteswissenschaftliche, was sicher nicht stimmt. Die experimentelle naturwissenschaftliche Forschung geht zumeist von gezielten Hypothesen aus, die eben empirisch bestätigt oder falsifiziert werden, ist also deduktiv. Und auch der reinste Geisteswissenschaftler braucht eine letztlich übersinnliche Empirik, um sie dann gedanklich zu durchdringen, und ist darin Induktionist. In allen Wissenschaftsrichtungen ist beides vonnöten.

Das aber heißt, dass *ein* Verfahren allein für sich noch nichts Ausgereiftes erbringt. Geht man induktiv vor, so wird im Anschluss an die Empirik doch wohl ein Gesetzeszusammenhang gefunden und wenn es die einfachste Verallgemeinerung ist. Die Freude darüber ist aber oft so groß, dass man vergisst, sie ihrerseits auch einmal wieder in Frage zu stellen und sie erneut an der empirischen Faktenwelt zu prüfen. Deshalb bleiben oft große wie kleine Entdecker wichtiger Zusammenhänge fixiert daran hängen. Wie sagte Max Planck?: Neue Ideen setzen sich in der Wissenschaft gewöhnlich nur durch, indem die Vertreter der alten aussterben.

Wenn gründlich genug die neue Bestandsaufnahme vollzogen wurde, ist zumeist eine Korrektur der ersten Verallgemeinerung angesagt, weil die neue Induktion zu einer abgewandelten oder erweiterten Regel führt, die ihrerseits wieder erneut die Wahrnehmungswelt als Prüfstein benötigt und hoffentlich erneut hinzunimmt. Man hat oft davon gesprochen, dass jede Wissenschaftsdisziplin ihre eigene Methodik braucht und besitzt. Aber darin sollte es einen allgemeinen Wissenschaftsboden geben, dass gesunde Forschung immer im fortwährenden *Wechsel* zwischen Induktion und Deduktion geschieht und dadurch sich weiter und weiter verbessert. Nicht das endgültig fertige Ergebnis kann das Ziel sein, sondern viel realistischer und erkenntnispraktischer, weil wirklichkeitsnäher ist dieser geistige Atmungsprozess zwischen Wahrnehmen und Denken (GA 194:90ff.). Nicht auf ideelle Bildgestaltungen kommt es nunmehr an, sondern auf das ein- und ausatmende Erkenntnisleben. Spirare heißt atmen. Wir haben es darin mit der *inspirativen Stufe der ideellen Erkenntnis* zu tun. Sie kennt nur offene, wachstümliche, nie fertige Begriffe. Das metamorphotische Denken kann den Metamorphosen der Welt folgen und entsprechen.

Die imaginative Stufe etabliert die Eigenrechte des erkennenden Individuums, denn ohne dieses geht es nicht; kein Computer kann und wird denken. Die inspirative Stufe aber entdeckt die Irrtumshaftigkeit geschlossener Denkbilder und bricht sie zu größerer Wirklichkeitsnähe auf, nämlich zu der Wirklichkeit, die mehr ist, als was allein im Subjekt ist. Im Erkenntnisdrama spielt sich ein fortwährendes Wechselgespräch zwischen Subjekt und Objekt ab, um diese Kluft Schritt für Schritt abzubauen. Dazu müssen auch immer wieder die Gesichtspunkte, die Aspekte, die Perspektiven gewechselt werden.

Diese Verstehensdramatik ist also nicht auf das rasche Ziel aus, sondern viel wichtiger auf die Gediegenheit kleiner, aber immer zunehmender Schritte. Das macht heute eine reiche Praxis in praktisch allen modernen Wissenschaften aus. «Der Weg ist das Ziel.» Falsifizieren, das heißt ja den Irrtum mindern und damit das Verständnis verbessern, ist oft wichtiger als das Verifizieren (Popper). Wer mit dem vollen Wahrheitsanspruch kommt, steht noch auf der vorherigen imaginativen Stufe der ideellen Erkenntnis. Lessing im öffentlichen Streit mit dem Fanatiker Götze, dem Hamburger Pastor, der nur durch Lessing unsterblich geworden ist, stritt für die inspirative Stufe der ideellen Erkenntnis:

«Wenn Gott in seiner Rechten alle Wahrheit und in seiner Linken nur den einzigen immer regen Trieb nach Wahrheit, obschon mit dem Zusatze, mich immer und ewig zu irren, verschlossen hielte und spräche zu mir: ‹Wähle!›, ich fiele ihm mit Demut in seine Linke und sagte: ‹Vater, gib! Die reine Wahrheit ist ja doch nur für dich allein!›»

Manche Interpreten meinen, Lessing habe falsch gewählt. Denn wenn schon Gott beide Möglichkeiten anbietet, dann wird er es doch nicht hinterhältig nur als Versuchung des Menschen machen, sondern echt. Also sollte man doch Gottes rechte Hand wählen. Hier muss man nur die Frage umkehren. Wer ist denn schon indikativisch dem Gott begegnet, der ihm beide Hände geboten hätte? Lessing verdeutlicht sich im Konjunktiv an einer Fiktion. Rudolf Steiner verwendet Lessings Vorschlag bei der Behandlung der Wahrheitsfrage in seiner ersten anthroposophischen Schrift ganz im Sinne Lessings: Nicht, dass man die Wahrheit zu haben hat, sondern dass man sie voraussetzen darf, um nach ihr streben zu können; nicht dass man gleich alle letzten Fragen gelöst bekommt, sondern dass man erst die rechten Fragen zu stellen lernt (GA 9:34, 11).

Muss es aber denn auf ewig und immer dabei bleiben, dass wir das Erkennen nur weiter verbessern, aber nie das Erstrebte voll erfassen können? Es gibt noch eine dritte Stufe der ideellen Erkenntnis, die eine Vorahnung solcher Möglichkeiten gibt. Es ist die Begegnung mit dem und das Erfassen des ganz individuell Wesenhaften. Wenn wir die Einmaligkeit und Unauswechselbarkeit, eben die eigenste Würde eines uns dadurch vertraut werdenden Mitmenschen erfassen, geht das über ein bloßes Bild, das wir uns von ihm machen, hinaus. Auch ist es mehr, als sich nur im Wechselprozess wechselseitiger Spannungen kennen zu lernen. Es ist ein Stück Wesensbegegnung, ja Wesensidentifikation (GA 99: 23), die dann eintritt. Sie ist wesensgemäß nicht in typologisierenden oder sonstigen generalisierenden Worten, Begriffen oder Ideen inhaltlich beschreibbar. Denn das Ganz-Individuelle lässt sich nirgends allgemein ausdrücken. Machten wir nur das, so vollzögen wir eine, auf den vorherigen Stufen notwendige Verkürzung, die zwar Vorübung und Hilfsmittel sein kann, aber nicht echte Wesenserfassung ist. Diese ist die *intuitive Stufe der ideellen Erkenntnis*. Wir betreiben sie z.B. in jeder guten Biografik. Denn mehr noch als der Augenblicksstatus eines Menschen ist sein Lebensverlauf, wie er sich zum Lebensbogen formt oder zum Lebenskreis schließt. Die Biografik geht über die Bilder und Verwandlungen des Menschen, die er darstellt, hinaus, um sein Unverwechselbares zu erfassen. Das Erkenntnisobjekt wird als Wesenssubjekt deutlich und ist damit kein Objekt mehr, aber auch nicht mehr bloßes Subjekt, da seine Eigentümlichkeit zugänglich wird. Die intuitive Stufe der ideellen Erkenntnis ist am wenigsten mit der Eigenart des Erkennenden vermischt, sie ist am meisten vom zu Erkennenden durchzogen. Die Wahrheit des Anderen ist evident und muss nicht mit Hilfskonstruktionen bewiesen werden. Gerade das ist charakteristisch für diese Stufe des ideellen Verstehens, dass sie keine verallgemeinernde Wahrheit ist, sondern intuitiv einzigartige individuelle Wahrheit ist. Intueri heißt «betrachten». Erscheinung und Wesen fallen in eins.

Wenn wir uns damit von den sinnesgebundenen, begriffsdefiniten Denkweisen unabhängiger gemacht haben und uns mit den verschiedenen Denkqualitäten des Ideenlebens in sich selbst vertraut gemacht haben, sind wir in die «Zwischenstufe» eingetreten, die zwischen dem Gegenstandsbewusstsein und der vollen übersinnlichen Forschung liegt. Steiner empfahl zu ihrer Übung sein philosophisches Frühwerk wie die *Grundlinien einer Erkenntnistheorie der Goetheschen Weltanschauung* (GA 2) und *Die Philosophie der Freiheit* (GA 4):

«Es stehen diese Schriften auf einer sehr wichtigen Zwischenstufe zwischen dem Erkennen in der Sinneswelt und dem der geistigen Welt. Sie bieten dasjenige, was das Denken gewinnen kann, wenn es sich erhebt über die sinnliche Beobachtung, aber noch den Eingang vermeidet in die Geistesforschung.» (GA 28, Kap. 22:334)

Rudolf Steiner nennt sie in diesem Kapitel seiner Autobiografie die «ideell-geistige Erkenntnis». Christof Lindenau hat seit den sechziger Jahren hervorgehoben, dass sich in dieser ideellen Erkenntnis schon in deutlichen Vorstufen die Charakteristika des Imaginativen, Inspirativen und Intuitiven vorfinden (Lindenau 1960, 1962, 1963, 1994). In den einführenden anthroposophischen Grundwerken erübt Steiner sie mit dem Leser durch die jeweilig unterschiedliche Art seiner Diktion:

Im ersten Kapitel seiner *Theosophie* wird erstmals ein Entwurf aller Wesensglieder des Menschen vorgelegt, der in die panoramaartige Zusammenfassung des neun- beziehungsweise siebengliedrigen Menschen eingeht. Ganzheiten werden geschildert, Bildhaftes verbleibt. Hingegen schon das zweite Kapitel der *Theosophie* geht im sorgfältigen Abgleichen von Lebens- und Denkerfahrungen den Denkmöglichkeiten von Wiederverkörperung und Schicksal nach. Es entwirft das dauernde

Werdegeschehen des Menschen im Zeitaspekt. Noch mehr nimmt diese zweite Stufe der ideellen Erkenntnis in dem Kapitel «Das Wesen des Menschen» der *Geheimwissenschaft im Umriss* (GA 13) zu, indem die Diktion eben diese Verständnisqualität der inspirativen Stufe ideeller Erkenntnis anspricht. In *Das Karma des Berufes des Menschen in Anknüpfung an Goethes Leben* (GA 172) wird anhand der Individualität Goethes die intuitive Stufe der ideellen Erkenntnis in den Zuhörern angeregt.

In den drei Stufen der ideellen Erkenntnis liegt selbst eine Stufenfolge vor, die vielfach bei jedem Menschen verdeckter oder offener bemerkbar ist. Im Jugend- und jungen Erwachsenenalter ist der Mensch biografisch damit beschäftigt, sein eigenes Weltverständnis aufzurichten. Er strebt nach Weltanschauung im doppelten Sinn des Wortes: in der Weltbegegnung und in der Ausbildung eines Veständniszusammenhanges, das zum eigenen Menschenbild und Weltbild wird. Darin über die sonst sinnlos und absurd bleibenden Einzelerfahrungen hinauszukommen und die erste Überschau zu gewinnen, ist das herrliche Vermögen des Jugendidealismus. Die *imaginative Stufe des ideellen Erkennens* erwacht. Das Erfassen des einen Typus in all seinen Abwandlungen gibt eine tiefe Befriedigung, wenn es gelingt.

Nicht wenige Menschen bleiben auf dieser Stufe stehen. Es wird noch nicht bemerkt, dass der eigene Selbstgewinn für wichtiger gilt als der Nachteil der dabei doch erfolgenden Welteingrenzung in Systeme. Die Selbstverwirklichung kommt vor allem anderen, die Ausbildung der Persönlichkeit hat Vorrang vor dem ganz Anderen. Und das ist erst einmal auch gut so. Absonderlich ist es nur, wenn diese Lebenshaltung des ersten Lebensdrittels darüber hinaus beibehalten wird. Dann tut man sich selbst viel Gutes, aber nicht der Anthroposophie. Es muss ja nicht sogleich Dünkel und Arroganz sein, aber es führt jedesmal zu Ideologie und Fundamentalismus. Der Dogmatismus blüht auf. Die Anthroposophie wird dann leicht zum Kirchenersatz oder gar zur Ersatzkirche.

Man schildere zum Beispiel vor Typologen, wo von Goethe das Typusdenken auch als eine Gefahr zur «tötenden Allgemeinheit» (WA II, 6:6) bemerkt und durchbrochen wird und Metamorphose und Evolution mehr Wirklichkeit und Menschlichkeit ermöglichen (Schad 1998), und man wird erleben, wie schwer es ihnen wird, diesem Proteus Goethe zu folgen. Im Jugend- und Studentenalter ist man noch so mit sich selbst beschäftigt, dass das Beharren auf seinen ersten gefundenen Systemen verständlich und verzeihlich ist. Wer sich in seinen Zwanzigern seine Menschen- und Weltbilder in selbstentdeckten Ideen aufbaut, verdient Zuspruch und Mitfreude. Wer aber noch in seinen Vierzigern oder gar Siebzigern daran hängenbleibt, wird zum tragisch wirkenden Faktotum. Es ergeht ihm dann eben wie dem Strader der Mysteriendramen, der sich nicht mehr zurechtfindet, als er bemerkt, dass jede Zeit auch ihre zugehörige Wahrheit hat.

Erst wenn immer und immer wieder bemerkt wird, das zwar vieles, aber noch lange nicht alles im Typischen verständlich wird, eben dass die Welt doch noch anders ist, als sich von einem einheitlichen Typus ableiten lässt, wächst das Verlangen nach der *inspirativen Stufe des Ideenvermögens*. Die *Erkenntnisgrammatik* wird zugunsten der *Erkenntnisdramatik* verlassen, um eine Anmerkung Steiners zu diesem Problem zu zitieren (undatierte Notizbucheintragung). Die bisherigen Panoramen müssen sterben, um neu gewonnen zu werden, aber immer und immer wieder aufs Neue verwandelt, verändert, erweitert. Das erst macht lebenstüchtig und lebenspraktisch, gerade im geistigen Streben. Der Mensch gewinnt seine Sozialfähigkeit daran und dadurch seine Berufsfähigkeit. Was er bisher im Selbstverfahren nicht lernen konnte, bringt ihm nun das Leben bei. Jeder geht so in die Schule des Lebens (GA 293: 163/4).

«Denn alle Kraft dringt vorwärts in die Weite,
zu leben und zu wirken hier und dort.
Dagegen hemmt und engt von jeder Seite
der Strom der Welt und reißt uns mit sich fort.
In diesem inneren Sturm und äußerem Streite
vernimmt der Mensch ein schwerverstanden Wort:
Von der Gewalt, die alle Wesen bindet,
befreit der Mensch sich, der sich überwindet.»

J. W. Goethe, *Die Geheimnisse*

Indem das geschieht, wird die dritte Stufe erreicht. Man selbst ist jetzt nur Erkenntnismittel, nicht mehr Erkenntnisheischender. Der Andere oder das Ganz-Andere wird das Wichtigere, wenn es mir evident wird. Altersgüte und Lebensweisheit in einer Art «positiver Resignation» (Goethe) treten ein. Die Welt möge sich selbst aussprechen und sich wesenhaft darin individualisieren. Damit wird *die intuitive Stufe der ideellen Erkenntnis* erreicht.

In den drei Stufen der ideellen Erkenntnis kommen biografische Tiefenschichten des Menschseins in den Bewusstseinsraum, die erst in der Einbeziehung des Wiederverkörperungsgeschehens eben diesem Bewusstsein nachvollziehbarer werden, wenn es auch zugleich nach den Rätseln seiner selbst fragt. Eingangs wurde schon der für das anthroposophische Verständnis der menschlichen Psychologie so bedeutende zweite Vortrag aus der *Allgemeinen Menschenkunde* (GA 293) einbezogen. An den antagonistischen Eckpfeilern des alltäglichen Seelenlebens, am Vorstellen und Wollen, arbeitet da Steiner heraus, wie das distanznehmende Vorstellen in unbewusster Antipathe der direkte Hinweis auf den ablösenden Vorgang weg aus der geistigen Welt während der Vorgeburtlichkeit ist. Das Wollen in seiner unbewussten Sympathie für etwas hingegen kann sich aber – auch in einem langen Leben – nie erschöpfen. Es bleibt auch in allem mehr oder weniger geglückten Handeln ein *Willensrest*, der sich erst im Nachtodlichen entfalten kann. Das, was uns trotz allem Bemühen nicht gelungen ist, lässt uns nach dem Tode weiterleben. In der Sprache Steiners: Die ungeschriebenen Werke Goethes sind seine wertvollsten und machen den gegenwärtigen und zukünftigen Geist Goethes aus (GA 188, 12.1.1919). Das Vorstellen schafft möglichst umfassende Bilder, kommt aber damit jedes Mal an ein Ende; das Wollen ist nur Keim, aber dadurch steht ihm die Zukunft offen. All unser vorstellendes, reflexives Denken ist deshalb hinwiederum retrospektiv und kann nur das Gewordene erfassen (GA 293: 48). Alles drängende Wollen ist deshalb immer antizipatorisch und kann in keinem Werk seine wahre Erfüllung sehen. Deshalb unterschreibt Faust getrost den Pakt mit Mephisto.

Und doch bleibt auf den ersten Blick manches an diesem Entwurf

Steiners merkwürdig. Ist nicht das Kind erst einmal ganz Wille und drängt in das Leben hinein? Und haben nicht im fortgeschrittenen Alter der zweiten Lebenshälfte Erinnerung und Vorstellung immer mehr die Vorhand? Das gilt so sicherlich für das eng mit dem aufwachsenden und später mehr zu Ruhe kommenden Leibesleben verbundene Seelengefüge. Aber für die «Seele in der Seele», den Geistkern, liegt die Sache geradezu umgekehrt. Und was wissen wir denn von dem Bilderbewusstsein des kleinen Kindes noch in unserer verbleibenden Erinnerung? Gewöhnlich wenig bis nichts. Die physiologische Schlafforschung hat immerhin gezeigt, dass die Phasen stärkster Traumbilderzeugung, die sogenannten Rapid-Eye-Movement-Phasen, wo wir mit den Augen rollen, als ob wir ein Bühnenschauspiel verfolgen, unerwarteterweise umso länger dauern, je jünger wir sind. Das Neugeborene verbringt die Hälfte seiner sowieso sehr viel längeren Schlafdauer im REM-Schlaf! Bis zur Pubertät fällt er auf den verbleibenden Wert von ca. 20% (s. Roßlenbroich 1994:121).

Hierin spiegelt sich die Leib-Seele-Metamorphose. Was über den Tod hinaus als unerfüllte, mühsam erstrebte und doch nur keimhaft gebliebene Spuren aus dem Leben mitgenommen werden konnte, entfaltet sich erst in der geistigen Heimat voll und wurde durch die Mithilfe aufhelfender höherer Wesen geordnet zu Begabungen und Talenten, mit denen wir uns oft überrascht vorfinden im neuen Erdenleben. Man versteht und begreift plötzlich und weiß nicht woher. Jeder Mensch hat irgendwo eine mitgebrachte Begabung, an der er sich freut, und zugleich eine lebenslang nicht auflösbare Behinderung, an der er sich übt. Das eine ist ein Geschenk des letzten Erdenlebens, das andere ist die Vorbereitung auf ein künftiges.

Davon ist auch das Gedankenleben des Menschen biografisch gefärbt, ja gerade auf diesem Gebiet besonders. Im ersten Lebensdrittel werden die oft leicht erringbaren, weil mitgebrachten Ideenfähigkeiten wie ausgewickelt. Die Verstehenspanoramen, Urbildliches und alle sonstigen Formen von Typologien stehen im Vordergrund. Jugendidealismus und Jugendgenialität treten für den jungen Menschen und für seinen Umkreis beglückend auf.

Doch das Erdenleben – ungeschminkt ernst genommen – zeigt, dass es hier und jetzt Neues zu lernen gibt – nicht nur inhaltlich, sondern auch methodisch, wenn man sich nicht zu sehr in sich selbst verliebt hat. Die gefundenen Systeme anhand neuer Erfahrungen wieder teilweise aufzubrechen und in Metamorphosen zu verwandeln, ist oft ein hoch schmerzlicher Prozess, der die innere Wahrheitsliebe und geistige Ehrlichkeit fordert. Gerade hierin erfüllt man ein Stück anstehender Zeitgeschichte, die jetzt dran ist und die man ja letztlich auch gesucht hat. Der mittlere Lebensabschnitt ist dafür besonders geeignet.

Die dritte Stufe ist die intuitive. Nicht Typus und Metamorphose, sondern die einzigartige Individulität im Ganz-Anderen anzuerkennen, rückt in den Vordergrund des Bewusstseins, wohl wissend, dass hieraus keine Systeme zu machen sind, sich aber umso mehr tragfähige soziale Qualitäten erschließen. Darum sind die sozialen Theoretiker und Systematiker – die zwar wissen, was andere zu tun haben, aber eben nur das – die sozial schwierigsten Mitgenossen. Denn hier geht es ernstlich darum, ob alles Dienst, Hingabe und Aufhilfe für das im Anderen wird, was in diesem und einem selbst gleicherweise immer nur erst Keim ist: die Ichnatur im keimhaften Willen. Dieser aber reicht über den Tod hinaus. Das betrifft nicht nur den Umgang mit den Mitmenschen, sondern auch mit allen Naturwesen, wenn es ins Wesenhafte geht. Die Sensibilität dafür hat jeder Mensch. Aber die Dichter konnten es auch hierin meist besser sagen. Gerade Conrad Ferdinand Meyer erwachte zu seiner Sprachkunst erst mit vierzig Jahren, ein Spätberufener:

Jetzt rede du

Du warest mir ein täglich Wanderziel,
vielieber Wald, in dumpfen Jugendtagen,
ich hatte dir geträumten Glücks so viel
anzuvertraun, so wahren Schmerz zu klagen.

Und wieder such ich dich, du dunkler Hort,
und deines Wipfelmeers gewaltig Rauschen –
jetzt rede du! Ich lasse dir das Wort!
Verstummt ist Klag und Jubel. Ich will lauschen.

Menschen mit kanonischen Lebensläufen zeigen auffällig viel von diesem Dreischritt. Goethe hatte seine ersten naturwissenschaftlichen Erkenntnisfreuden in seiner jungen Weimarer Zeit an der Entdeckung des menschlichen Zwischenkiefers. Denn darin ging ihm der gemeinsame Typus des Menschen mit den Säugetieren auf. Er wurde zum begeisterten Typologen: «Ich habe eine solche Freude, dass sich mir alle Eingeweide bewegen» (an Ch. von Stein, 7.3.1784). – Aber dieses Idealische, für das Schiller noch sehr viel mehr Exponent war, wich dem verstärkten Kampf mit sich selber. Der Achtunddreißigjährige flüchtet nach Italien und erlebt das Drama einer echten Selbstverwandlung. Indem das geschah, konnte er das Verwandlungsprinzip in der Natur an den Pflanzen auf Sizilien entdecken. Er wird zum Begründer des Denkens in Metamorphosen. Er erreicht die Stufe der Inspiration im ideellen Erkennen. – Im Alterswerk des *Wilhelm Meister* gewinnt die intime Charakterisierung unverwechselbarer Individualitäten das höchste Interesse seiner Kunst. Schon in den *Wahlverwandtschaften* hieß es: «Das eigentliche Studium der Menschheit ist der Mensch.» (WA I, 20: 293) Die intuitive Seite des Ideierens tritt in der dritten Lebenshälfte in den Vordergrund. Nicht mehr die eigene Selbstverwirklichung, sondern die Hilfe bei der Selbstverwirklichung anderer wird wichtiger.

Besonders auch im Lebenswerk Rudolf Steiners treten diese drei Phasen deutlich hervor. Die Wiener und Weimarer Frühwerke sind Hochleistungen des jungen Studenten und Philosophen im typologischen Erkennen. Dieses Vermögen wird an Goethe gelernt und für Goethe herausgearbeitet. Der Typus beinhaltet noch die Evolution, insofern diese die Wandlung aller Äußerungen des Typus innerhalb des Typus ist (GA 2, Kap. Die organische Natur). – Dieser imaginativen Stufe des Ideierens folgt die inspirative schon auf dem Kampfboden der eigenen Seele, als die *Philosophie der Freiheit* geschrieben wird:

«Man kann da nichts tun für jene, welche mit einem über Klippen und Abgründe wollen. Man muss selbst sehen, darüber zu kommen.» (An Rosa Mayreder, 4.11.1894)

Sie setzt sich verstärkt fort in dem die Weimarer Zeit abschließenden Werk *Goethes Weltanschauung*, wo nicht die Ideenwelt Platos *über* den

Dingen, sondern mit Aristoteles die Ideenkraft *in* den Dingen herausgearbeitet wird. – Die intuitive Stufe der ideellen Erkenntnis übt Steiner dann in genialer Stringenz in *Die Rätsel der Philosophie*: Jedem Philosophen der abendländischen Geistesgeschichte wird eine Charakterisierung gegeben unter Enthaltung jeglicher eigener wertender Stellungnahmen. Dieses Werk ist eine hohe Schule, sich in die gedankenproduktiven Individualitäten der europäischen Geistesgeschichte von den Vorsokratikern bis ins 19. Jahrhundert hineinzuversetzen. Jede derselben ist geschichtlich einmalig, und doch lohnt die Identifikation mit ihr, denn wir erfahren daran die intuitive Ebene der ideellen Erkenntnis.

*

Ein gutes Kennzeichen der imaginativen Stufe der ideellen Erkenntnis ist ihre Wachstümlichkeit. Sie ist nicht schlagartig einfach vorhanden, sondern wird meist langfristig vorbereitet. Ihr Vorlauf ist, dass man sich über mehr oder weniger längere Zeit mit dem Sach- und Problemfeld vertraut gemacht hat. Es gehört natürlich zuerst einmal ein intensives Interesse an dem Sachkomplex dazu. Im Vorübergehen ist die zugehörige Idee zumeist nicht zu haben, oder man hatte in früheren Jahren damit schon vertrauten Umgang gepflegt. Ein nächster Schritt ist freilich, dass man echte, den Suchenden umtreibende Fragen daran hat. Der Zeitaspekt zeigt sich nun gerade daran, dass die noch so gezielten Fragen auf oft viel Geduld – nämlich Zeit – angewiesen sind, bis die Lösung geradezu panoramaartig ins Bewusstsein einfällt. Dazwischen liegt meist eine Art «Inkubationszeit»: Man ist mit dem Problem voll infiziert, es muss aber auch absinken können. Eine gewisse Zeit des Abstandes, des Aufsichberuhenlassens, der «positiven Resignation» tut gut, ohne dass man im Kern aufgegeben hat. Und dann tritt die erfüllende Lösung in einer sich selbst ordnenden, bildhaften Idee auf. Heuser (1858) schrieb einmal:

«Eine Sache ist mir dunkel, unbegreiflich. Ich setze meine Denkkraft in Tätigkeit, vergleiche, unterscheide; noch finde ich die Wahrheit nicht. Erst nach einigen Tagen fortgesetzten Denkens steht die Wahrheit klar in meinem Geiste. Wie ist sie nun in mir entstanden? Ist sie auch vielleicht ein geistig-organisches Produkt, das eine Zeit des Werdens bedarf?»

Steiner erwähnte, dass man oft nach vierzehn Tagen, wenn einem wichtige Fragen kommen, die Antworten besser finden kann. Große Fragen brauchen noch längere Zeiten (GA 124:152f.).

Dass man seine Prämissen richtig setzt und daraus die Conclusio zieht, reicht nicht hin. Nicht durch ein syllogistisches Verfahren, nach welchem durch das Einhalten einer abgesicherten Methodik von Begriff, Urteil und Schluss das Ergebnis logisch kommen muss, geschieht das Obige, sondern durch einen Lebensprozess, der in seiner Wachstümlichkeit vom seelischen Bewusstsein angestoßen wird. Das Ergebnis leuchtet in diesem auf, aber dazwischen, in der eigenen unbewussten Organisation, erfährt es seine Reifung. Treffend ist daher die Kennzeichnung von Steiner, dass wir im begrifflichen Verstandesdenken zwar unser physisches Gehirnorgan als Denkorgan verwenden, hingegen im ideellen Erkennen der Ätherleib, also die eigene Lebensorganisation, selbst das Denkorgan ist. Diese Welt des Lebens ist die Zwischenwelt zwischen der sinnesvermittelten, leibgebundenen Realität und der übersinnlichen, leibfreien Geistwelt selber. Denn der Ätherleib ist nicht physischer Natur, aber doch noch Leib.

Die übersinnliche Erkenntnis

Nun ist ja das ganze Anliegen Steiners, jenen dritten Bereich dem neuzeitlichen Bewusstsein im Rahmen seiner Bedürfnisse, nämlich in einem wissenschaftlichen Verfahren, zugänglich zu machen und in diesem Sinne Geisteswissenschaft so zu betreiben, dass ihr Name auch inhaltlich zutrifft. Der Wissenschaftsbegriff ist unteilbar. Jede Wissenschaft ist es dadurch, dass sie Wahrnehmen und Denken, Empirik und ihre Einbettung in ein Zusammenhang-schaffendes Verstehen, betätigt. Dabei ist oft ein Einwand jene Vermutung, dass sich dabei viel denken, aber nichts erfahren ließe. Doch ist zumeist das Umgekehrte der Fall: übersinnliche Erfahrung ist zwar nichts Alltägliches, aber auch nichts Seltenes. Jeder Mensch, auch der vom europäischen Rationalismus beherrscht ist, hat sie bei etwas erhaltener mitmenschlicher Sensibilität: junge Eltern in der Erwartungszeit und im Zusammenleben mit ihren Kindern – zumindest in den frühen Jahren, viele Menschen beim Hingang geliebter Vertrauter, manche Menschen auch in der außermenschlichen Natur und ihrer Geistigkeit. Gerade heute ist auch der Erfahrungsbereich reanimierter klinisch Toter hinzuzunehmen. Allnächtlich im leibfreien Zustand des Tiefschlafes lebt jeder Mensch vollständig in dieser Welt des Geistes. Das ist schon daran zu bemerken, wie viel sich dadurch im eigenen seelisch-geistigen Gefüge ordnet und regelt. Schwere Entscheidungen möchte deshalb jeder ein- oder mehrmals überschlafen. Randerscheinungen kommen uns davon noch am ehesten ins aufwachende Bewusstsein. Wir können uns üben, dass mehr in den Gesichtskreis tritt, schon indem wir die Aufmerksamkeit häufiger als sonst darauf lenken, ohne hier etwas pressen zu wollen.

Zu den Kennzeichen der übersinnlichen Erfahrung gehört es, wie schon bei der ideellen Erkenntnis, dass sie nicht zeitlich erzwungen werden kann. Sie ist methodisierbar, aber nicht operationalisierbar. Wenn sie eintritt, hat sie alle Kennzeichen, dass sie ein Geschenk und kein Eigenprodukt ist. Der Schauplatz ist zwar das eigene Bewusstsein, aber der Inhalt ist kein Eigengewächs, sondern ein *Einfall*. Besitzansprüche und Prioritätsambitionen fallen also weg und wirken komisch. Umso mehr steigert sich die Verantwortung, wie mit dem Empfangenen, dem Konzipierten, umgegangen wird.

Steiner wurde einst aufgefordert, sich in einem psychologischen Labor, wie sie zu seinen Zeiten im Zuge der erwachenden Experimentalpsychologie eingerichtet wurden, auf seine übersinnlichen Fähigkeiten hin testen zu lassen. Er hatte nichts dagegen, nur machte er die Experimentatoren darauf aufmerksam, dass der Vorgang nicht von ihm, sondern von der geistigen Welt abhänge. Die Experimentatoren müssten sich also doch besser mit ihr als mit ihm verabreden (GA 9:159). Daraufhin trat man dann wohl doch der Sache nicht näher. Die Frage der objektiven

Prüfbarkeit steht nicht an, weil die übersinnliche Erfahrung jenseits der Subjekt-Objekt-Kluft angesiedelt ist. Trotzdem besteht die volle Anforderung der Prüfbarkeit auf geistigem Wege.

Ein zweites Kennzeichen ist, dass sich etwas einstellt, was man so nicht erwartet hätte. Die Erfahrung ist immer prinzipiell anders, als man sie sich im leibgebundenen Bewusstsein hat ausmalen können. Überraschung, Staunen, ja tiefe Verunsicherung bis hin zu Furcht und Erschrecken sind die Antworten der Seele auf den Geist. «Fürchtet euch nicht», sagt der Engel im Alten und Neuen Testament als Erstes. Der in Gewohnheiten Beharrende wird aus dem Gleis geworfen, wenn er sich nicht auf die Begegnung mit dem Übersinnlichen gefasst macht. Eine erste Hilfe ist, wie sich das Denken auf die übersinnliche Erfahrung vorbereitet, zum Beispiel indem es jedes Mal seine eigenen Denkgewohnheiten selbst schon durchbricht. Wie schon in der sinnesgebundenen Forschung, gilt hier erst recht, dass echte Forschung keine Bestätigungsforschung sein kann. In der sinnesgebundenen Forschung kann die Arbeitshypothese im Experiment bestätigt werden oder nicht; in der übersinnlichen Forschung laut Erfahrung zumeist nie (GA 35: 294). Dazu ist die Geistwirklichkeit viel zu dynamisch.

Ein drittes Kennzeichen ist, dass die volle Erfahrung nicht im gewöhnlichen Bewusstsein wiedererinnert werden kann. Das Ergebnis mag noch so eindrücklich und großartig gewesen sein, sodass man sich sicher ist, es niemals zu vergessen. Und doch bleiben wenig später danach nur abgeschattete Vorstellungsbruchstücke davon übrig, wenn überhaupt (GA 21: 142; 35: 292). Das ist ein untrügliches Kennzeichen dafür, dass die Erfahrung gehirnfrei stattfand, denn für die gehirngebundene Wahrnehmung ist bei einiger Aufmerksamkeit die Erinnerbarkeit gewährleistet, zumindest die Kurzzeiterinnerung. Dieselbe ist bekanntlich bei einer Gehirnerschütterung retrograd zeitweise oder auf Dauer gelöscht – ein Kennzeichen ihrer Gehirnanbindung. Gerade diese entfällt bei der leibfreien Geistwahrnehmung. Deshalb – so der Realist Steiner – haben sehr viel mehr Menschen übersinnliche Erfahrungen, nur wissen sie es nicht, weil sie dieselben sogleich wieder vergessen und nicht mehr erinnern können. Er selbst habe sich deshalb auferlegt, möglichst viel davon in die

Sprache und Niederschrift zu bringen, um sie dadurch der Leibanbindung einzuprägen, und deshalb habe er Stapel von Notizbüchern angelegt, ohne je wieder hineinzusehen. Das Notieren von Stichsätzen (besser als Stichworte) sei eine der methodischen Hilfen, geistige Wahrnehmungen zu behalten (GA 84:39, 195).

Jeder kennt das Problem vom Studium des anthroposophischen Schrifttums selber. Was einem noch so bedeutend und klärend vorkommt, man erinnert es später nur noch schwer und weiß oft nicht mehr, wo es stand. Ein Kennzeichen, dass man im Anthroposophiestudium selbst schon immer wieder ein anderes Leib-Seele-Verhältnis eingenommen hat als bei gängiger Wissensvermittlung.

Und doch gibt es einen gehbaren Weg, den erfahrenen Geistinhalt wiederfinden zu können: indem man in den vollen Erkenntnisprozess von Anfang an erneut einsteigt und dadurch wieder sukzessive die inneren Bedingungen herstellt, die damals wie jetzt wieder den Inhalt aufleuchten lassen. Nicht im willkürlichen Erinnern, sondern im neuerlichen Erzeugen der Such-, Frage- und Einstellungsbedingungen tauchen wir in den Prozess ein, aus dem sich der Erfahrungsinhalt aufs Neue oder auch in erweiterter Frische ergibt.

Und was die Frage der Subjektivität betrifft: Schon, dass man sich mit jedem, der auf dieses Erfahrungsfeld seine Aufmerksamkeit gewendet hat, über die obigen Kennzeichen aus Erfahrung einigen kann, spricht für das Überpersönliche (nicht Unpersönliche), gemeinsam Verbindliche des geistigen Vorganges.

«Die» übersinnliche Erfahrung ist nun aber auch eine unzulängliche Generalisierung. Es gibt recht unterschiedliche Qualitätsebenen, die untereinander zu unterscheiden unabdingbar ist. Immer wieder und wieder ist es gerade das Anliegen Steiners, wenn er von der Verschiedenheit der übersinnlichen *Imagination*, *Inspiration* und *Intuition* spricht. Dabei stellt sich an seinen Darstellungen rasch heraus, dass er im anthroposophischen Sinne unter allen dreien etwas anderes versteht, als im üblichen Sprachgebrauch verstanden wird. So versteht er unter *Imagination* weder das vorstellende Imaginieren noch das ideelle Imaginieren, sondern – erst einmal ausschließend gesprochen – die *leibfreie*, *übersinnliche* Imagination.

Wie kommt man ihr nahe? Es treten in herausragenden Lebensmomenten Seelenbilder auf, die mehr sind, als die Seele aus sich haben kann. Am ehesten kennt der Mensch so etwas im Bereich zwischen seinem Tagesbewusstsein und Tiefschlaf als Traumbilder. Hier herrscht natürlich eine reiche Welt ohne die nötige Bewusstseinskontrolle. Und es ist leicht zu zeigen, dass viele Träume recht leibbedingt sind, so durch ein ungewohntes schweres Abendessen, dessen Magendrücken sich in die Traumwelt fortsetzt; so sexuell gefärbte Träume oder Verfolgungsträume aus unaufgelösten, seelisch unbewältigten emotionalen Verletzungen etc. (siehe hierzu den Beitrag von J. W. Schneider in diesem Band). Dabei gibt es doch ein hilfreiches Kriterium: Bedrängende, ja bedrückende Träume, gerade auch, wenn sie sich so steigern, dass man schweißgebadet vor Schreck davon aufwacht, sind leibbedingt. Es gibt aber – wenn auch viel seltener – tief beglückende Träume, die einen wie mit Heilkraft übergießen und von denen man in ergriffener Dankbarkeit aufwacht und auch dann noch von ihnen stimmungsmäßig zehrt, wenn man die Traumbilder gar nicht festhalten konnte. Solche «Glücksträume» sind Geistwelterlebnisse, auf die die Leibesphysiologie keinen Einfluss hat. Sie haben den vollen Wert leibfreier Imagination im Steinerschen Sinne.

Die Frage ist natürlich, ob sie nicht auch im Tagesbewusstsein eintreten können. Gerade darauf kommt es Steiner an. Die Frage für ihn ist nicht, ob man sie haben kann, sondern die Erfahrung, dass man sie wirklich hat. Eine Hildegard von Bingen, ein Dante Alighieri, Jakob Böhme, Sören Kierkegaard, ja alle Kulturkreise berichten davon. Goethe kannte diese intime Esoterik in herausgehobenen Augenblicken des Lebens (Schad 2000), aber er wusste auch von ihrer Verunsicherung für das gewöhnliche Seelenleben.

Wenn die leibfreie Imagination häufig auftreten kann, liegt oft eine besondere Leib-Seele-Konfiguration vor. Entweder sind es Menschen mit einem regelrechten Kraftüberschuss. Der schwäbische Pietist und Theosoph Friedrich Christoph Oetinger (1702-1782) berichtete von seiner Begegnung mit einem einfachen Dörfler in Thüringen, der die *cognitio centralis* gehabt habe und von dem er mehr gelernt habe als auf den Hochschulen seiner Zeit. Dieser Markus Völker, Bauer und Fuhrmann in

Ruderstädt bei Erfurt, habe solche Bärenkräfte gehabt, dass er einen Wagen hätte stemmen können (s. Bock 1955: 43).

Öfter aber findet sich die Neigung zu leibfreien Erfahrungen bei zarter, durchsichtig wirkender, gesundheitlich labiler Konstitution, die die Leibverhaftung lockert. Der romantische Arzt Justinus Kerner (1786 – 1862) behandelte die bald dahinsiechende Friederike Hauffe (1801 – 1829) aus dem schwäbischen Dorfe Prevorst, nachdem ihr die Sehergabe mit zwanzig Jahren aufgegangen war. Annette von Droste-Hülshoff erzählte, dass es noch im 19. Jahrhundert in vielen Dörfern Westfalens einzelne Menschen mit solchen Fähigkeiten gab, die als Außenseiter der Dorfgemeinschaft lebten und einen wirren, kranken Eindruck machten. Hier gab und gibt es manche Übergänge zur Psychopathologie. Steiner kannte viele solcher Schicksale und legte Wert darauf, dass solche Menschen die sie überfallenden übersinnlichen Erlebnisse sich abtrainieren sollten, falls sie den Keim des Pathologischen in sich trugen (Magerstädt). Noch größeren Wert legte er aber darauf, in gesunder Weise solche Möglichkeiten zu fördern und für das erweiterte Weltverständnis einzusetzen, weil daraus erst auf Dauer förderliche Lebenspraxis fließt.

Der Gefahrenzone kann man schon in der Auseinandersetzung mit der Irrtumsmöglichkeit begegnen. Auch die rein übersinnliche Imagination kann noch irrtümlich aufgefasst werden. Hierin ist sie wie die sinnliche Wahrnehmung: Jene selbst ist so wenig zu bestreiten, als wenn man einen Wal zu sehen bekommt; nur das Urteil darüber, was es wohl ist, kann irren; und so hielten ja viele Beobachter Jahrhunderte lang den Wal für einen Fisch. So auch hier:

«Die geistigen Erlebnisse treten zunächst allerdings als Bilder auf. Sie steigen aus den Untergründen der dazu vorbereiteten Seele als solche Bilder herauf. Es kommt nun darauf an, zu diesen Bildern das richtige Verhältnis zu gewinnen. Sie haben Wert für die übersinnliche Wahrnehmung erst dann, wenn sie durch die ganze Art, wie sie sich geben, gar nicht an und für sich selbst genommen sein wollen. Sobald sie so genommen werden, sind sie kaum mehr wert als gewöhnliche Träume. Sie müssen sich ankündigen wie Buchstaben, die man vor sich hat. Man fasst nicht die Form dieser Buchstaben ins Auge, sondern man liest in den Buchstaben dasjenige, was durch sie ausgedrückt wird. Wie etwas Geschriebenes nicht dazu auffordert, die Buchstabenformen zu beschreiben, so fordern die Bilder, die den Inhalt des übersinnlichen Schauens bilden, nicht dazu auf, sie als solche aufzufassen; sondern sie führen durch sich selbst die Notwendigkeit herbei, von ihrer Bildwesenheit ganz abzusehen und die Seele auf dasjenige hinzulenken, was durch sie als übersinnlicher Vorgang oder Wesenheit zum Ausdruck gelangt.» (GA 17:17)

Leibfreie Imaginationen sind also nicht Direkterfahrungen der geistigen Welt selber, sondern deren Bildvorgaben, die erst zu interpretieren sind, um zu bemerken, mit was man es zu tun hat. Ja, was wir uns als den Scheinbildcharakter der Vorstellungen aus unserem sinnesverhafteten Bewusstsein klar gemacht haben, nämlich dass sie mehr Schein als Sein sind, gilt noch viel mehr beim Betreten der übersinnlichen Erfahrungswelt durch die dabei auftretenden Imaginationen:

«Durch die Eindrücke der sinnlichen Welt steht man den Wesen und Vorgängen dieser Welt naturgemäß weit näher als durch die übersinnlich geschauten Bilder der übersinnlichen Welt.» (GA 17: 18/19)

Das lässt viele Menschen unbewusst davor zurückschrecken, sich in diese imaginative Wahrnehmungswelt überhaupt zu begeben. Und wenn ihnen dazu die rechte Kraft und der rechte Mut fehlt, ist es wohl besser, sich mit den leibgebundenen Vorstellungswelten zu begnügen und zu vergnügen. Wer aber hier nicht aufzugeben bereit ist, sondern das gründliche Bad der eigenen Irrtumsbekämpfung vorzieht, wird sich der nächsten übersinnlichen Erfahrungsebene zuwenden: der übersinnlichen Inspiration. Dazu muss man bewusst aktiv alle imaginativen Bilder abbauen (GA 227, 1. Vortrag).

«Nun liegt der Grund zu einer Gefahr, welche dem Menschen von dieser [imaginativen] Welt droht, darin, dass er die Äußerungen der ‹geistigen Wesen› wahrnimmt, aber nicht diese Wesen selbst. Es ist das nämlich so lange der Fall, als er nur in der imaginativen Welt bleibt und zu keiner höheren aufsteigt. Erst die Inspiration und die Intuition führen ihn allmählich zu diesen Wesen selbst hin.» (GA 12:43)

Dann tritt das Erkennen vom Bildpanorama über in den Vorgang fortwährender geistig-strömender Dynamik. Das Bild wird zum Drama, der Status zur Musik mit allen Dissonanzen und Konsonanzen, das Hellsehen zum Hellhören, die Impression zum geistigen Inspirare, zum geistigen Atmen. Alle Bilder lösen ihr Typenhaftes auf, sie müssen sich fortwährend metamorphosieren und verlieren dadurch ihren Bildcharakter. Es findet dadurch die Reinigung von der in jedem Bild noch vorhandenen Scheinhaftigkeit statt, und sie verringert den Irrtum.

Einer der ersten Waldorflehrer soll einmal Rudolf Steiner gefragt haben: «Herr Doktor, soll man sich überhaupt Engel vorstellen?» Die Antwort war «Ja, malen Sie sich das Bild sogar in vielen Einzelheiten aus», nur solle man dabei auch wissen, dass sie sicher nicht so aussehen, wie man sie sich vorgestellt hat. Man wiederhole nun ein paar Tage später die bisherige Vorstellung, und man wird bemerken, dass sie nicht mehr ganz die gleiche ist. Wiederholt man die Übung immer wieder aufs Neue, so wird sich das Bild immer mehr verändern und dabei dem Engelwesen näher kommen. Denn der Engel gestalte dann daran mit.

In diesem Vorschlag Steiners zeichnet sich der Übergang vom leibgebundenen Vorstellen über ein symbolisierendes Vorstellen hin zu einem ersten inspirativen Erfahrungsbereich ab. Noch mehr gilt dieser Zuwachs an Geistwirklichkeit im Übergang von der übersinnlichen Imagination zur vollen Inspiration. Erst durch die Inspiration kann die Wirklichkeit erfahren werden, die die Imagination noch irrtumsverhaftet aufscheinen ließ.

In der reinen Imagination tritt die Geistwelt in eine erste Erscheinung, aber noch mit der Täuschungsgefahr des Scheines. In der reinen Inspiration lebt sich die höhere Erkenntnis ein in das Tatenfeld der Geistwesen. In der Intuition – im Wortgebrauch Steiners – findet die einende Begegnung mit Geistwesen selber statt. Für jede Stufe muss die vorherige unterbunden, ja geopfert werden.

*

Nun kann die Frage auftreten, wieso die menschliche Seele nicht direkt den Zugang zur geistigen Wesenswelt erhält. Die Antwort liegt im schon oben Ausgeführten. Der Mensch wäre davon so überwältigt, dass er in seiner unvorbereiteten Weise sich darin wie vernichtet erleben und vergehen würde. So wie wir uns schon im sinnesgebundenen Gegenstandsbewusstsein den Wirklichkeitsdruck der diesseitigen Welt durch das Vorstellen, also durch die Scheinbilder der Wahrnehmung persönlich erträglich machen («ach ja – das kenne ich ja schon»), so wie wir im ideellen Erkennen uns erst einmal durch systemische Typologien einen festen Halt gegenüber der unentwegten Metamorphose aller Realideen verschaffen können, so können wir auch im ersten leibfreien Bewusstsein uns nur dadurch aufrechterhalten, dass wir Bilder der Geistwelt erfahren.

«Und deines Geistes höchster Feuerflug
Hat schon am Gleichnis, hat am Bild genug.»
J. W. Goethe, *Proemion*

Bilder lassen frei. Es ist der hohe Geist Luzifers, der uns diese Täuschung um unserer Freiheit willen beschert. Luzifer bringt das Element der Freiheit in den Kosmos. Er begleitet den Menschen unabdingbar am Übergang in die geistige Welt, und wir benötigen ihn, um unser Eigensein auch dort aufrechtzuerhalten, wo wir es sonst verlieren würden. Die ersten Wesenheiten, die dem Menschen in der geistigen Welt begegnen, sind deshalb luziferische. Rudolf Steiner bestätigt darin Goethes Geistrealismus in der Grablegungsszene des Fausts (Galle). Kaum dass Faust gestorben ist, harrt Mephisto bereits auf dessen Unsterbliches. Nun nahen sich die rosenstreuenden Engel und verführen Mephisto, der einen makabren Flirt mit ihnen beginnt:

«…
Sie kommen gleißnerisch, die Laffen!
So haben sie uns manchen weggeschnappt,
Bekriegen uns mit unsern eignen Waffen;
Es sind auch Teufel, doch verkappt.
…

Der Anblick war mir sonst so feindlich scharf.
Hat mich ein Fremdes durch und durchgedrungen?
Ich mag sie gerne sehn, die allerliebsten Jungen;
Was hält mich ab, dass ich nicht fluchen darf?
…
Ihr schönen Kinder laßt mich wissen:
Seid ihr nicht auch von Lucifers Geschlecht?
Ihr seid so hübsch, fürwahr, ich möcht euch küssen,
Mir ist's, als kommt ihr eben recht.
…
Auch könntet ihr anständig-nackter gehen
Das lange Faltenhemd ist übersittlich –
Sie wenden sich – von hinten anzusehen! –
Die Racker sind doch gar zu appetitlich! –»

Im kleinen Abbild hat jede menschliche Seele mit diesem luziferischen Element zu tun, wenn sie nur schon die erste Annäherung an den Geistgehalt der Welt vollzieht. Wie rasch verlieben wir uns in eine große herrliche Idee, die uns einmal gekommen ist. Alle Nur-Philosophen sind so ideensüchtig geworden. Und selbst Einstein gestand, dass der Antrieb seines Denkens war, die Schönheit der Naturgesetze zu erfassen. Wer wollte etwas dagegen einwenden? Wie viel Geistesgut hat das der Menschheit gebracht! Aber welche Tragik ist bei vielen großen Ideenfindern damit verbunden, dass sich ihre Funde fixierten, dass sie alles damit erklären wollten, dass sie sich geistig selbst damit fixierten um des Entdeckergenusses willen, dass sie nicht mehr die Nachwachsenden verstanden, die ihre Systeme aufbrachen um der besseren Wahrheitsnähe willen, weil jene selbst ihre Denkgebäude nicht aufbrachen.

Das ist Größe und Tragik aller Holisten und Typologen: Der große Fund wird absolutiert. Ideologie und Fundamentalismus mit begeistertem Überschwang sind die Folgen. Freilich – der Enthusiasmus reißt uns erst einmal von der Sinnesgebundenheit los. Aber schlimm, wenn es nur dabei bleibt.

«Es gibt eine enthusiastische Reflexion, die von dem größten Wert ist, wenn man sich von ihr nur nicht hinreißen lässt.» (J. W. Goethe, MuR 329)

Denn Luzifer hat zwei Seiten in seinem Wesen: eine berechtigte und eine unberechtigte. Seine berechtigte, kosmische Aufgabe ist, dass vom Kosmos freigewordene Wesen entstehen: die ‹Freiheit von› gibt dieses hohe Engelwesen. Die unberechtigte ist, dass er die ‹Freiheit für› verhindern will: den freien Entschluss, sich im und für das Weltgeschehen erneut einzusetzen. Dazu helfen die den Menschen vom luziferischen Eingriff heilenden Geistwesen.

Auf der ideellen Stufe werden uns diese Qualitäten leichter anschaulich. Goethe war in seinen Naturstudien in den frühen Weimarer Jahren zum Typologen geworden. An der Entdeckung des menschlichen Zwischenkieferknochens entdeckte er zugleich den Wert des Denkens in Ganzheiten. Sieben Jahre später aber ergriff ihn in Sizilien, an einem frühen österlichen Morgen des Jahres 1788, das inspirative Erkennen, das Denken in Metamorphosen, in welchem sich auch alle Typen zu wandeln haben, ja er selbst eine Neugeburt durchmachte. In Metamorphosen zu denken durch Selbstverwandlung, das macht die inspirative Stufe der ideellen Erkenntnis aus. Sie macht erst sozialfähig, weil sie das Wesensverständnis, die intuitive Stufe, vorbereitet.

So können wir im Rückblick sagen: Imagination, Inspiration und Intuition als Stufen der übersinnlichen Forschung haben ihren Vorhof in den imaginativen, inspirativen und intuitiven Stufen der ideellen Erkenntnis. Vieles, was sich als Imagination schon ausgeben möchte, ist oft bestenfalls erst die imaginative Stufe der ideellen Erkenntnis. Und diese ist ebenso wie jene noch irrtumsbelastet. Das zu wissen hilft, nicht mehr allzu viel an Selbstsicherheit im gleichsam autogenen Training der Selbstüberredung aufzuwenden, sondern sich auf die eigene Umschmelzung gefasst zu machen.

Alles Imaginative, alles Aufbauen von Symbolen, Urbildern, Wahrheitsemblemen, hat die wichtige Aufgabe, uns selbst vor der Wucht des Geistes aufrechtzuhalten. Auch die übersinnliche Imagination ist ein solcher, notwendiger Selbstschutz vor der sonst unvorbereiteten Überwältigung durch die geistige Welt. Dadurch ist sie die Vorbereitung für die über sie noch hinausgehenden Erkenntnisstufen. Es gibt auf dieser Eingangsstufe eine Mission des Irrtums, der im Entwicklungsroman des *Wilhelm Meisters* poetisiert ist. So heißt es, bevor Wilhelm seinen Lehrbrief erhält und somit freigesprochen wird:

«Nicht vor Irrtum zu bewahren, ist die Pflicht des Menschenerziehers, sondern den Irrenden zu leiten, ja ihn seinen Irrtum aus vollen Bechern ausschlürfen zu lassen, das ist die Weisheit der Lehrer.» (J. W. Goethe, *Wilhelm Meisters Lehrjahre*, 7,9)

Und von dem Abbé, der Wilhelm aus dem Hintergrund leitet, heißt es, «der Irrtum könne nur durch das Irren geheilt werden». Der Mensch kann nicht vom Irren bewahrt werden. Errare humanum est. Erst durch eigenes Irren kann die Selbstverwandlung einsetzen, die ohne es nicht zustande kommt. Der Menschenkenner Goethe formulierte es:

«Die Wahrheit widerspricht unserer Natur, der Irrtum nicht, und zwar aus einem sehr einfachen Grunde: die Wahrheit fordert, dass wir uns für beschränkt erkennen sollen, der Irrtum schmeichelt uns, wir seien auf ein – oder die andere Weise unbegrenzt.» (MuR 310)

Als er an Nagetierskeletten die evolutive Flexibilität dieser Tiergruppe verfolgte, gestand er sich:

«Wer aber, der sich mit solchen Untersuchungen ernsthaft abgab, hat nicht erfahren, dass eben dieses Schwanken von Form zu Unform, von Unform zu Form den redlichen Beschauer in eine Art von Wahnsinn versetzt? Denn für uns beschränkte Geschöpfe möchte es fast besser sein, den Irrtum zu fixieren, als im Wahren zu schwanken.» (WA II, 8:248)

Das ist kein Erkenntnisnihilismus, sondern die Rücksicht auf sich und andere, bevor der nächste Schritt getan werden kann: den der eigenen Katharsis, um weiterzukommen.

«Unser ganzes Kunststück besteht darin, dass wir unsere Existenz aufgeben, um zu existieren.» (MuR 302)

«Wenn ich mich nicht änderte, würde ich nicht existieren», sagte einmal die früh vollendete türkische Archäologin und Ausgräberin von Ephesos, Yasemin Cebenoyan, in Anlehnung an Heraklit (Bammer/Muss).

Rudolf Steiner legte offen, dass uns gütige Geister den Einblick in uns selbst verhüllen. Wir hätten sonst keinen Mut, uns weiterzuentwickeln, wenn wir wüssten, wie wenig jeder erst ist (GA 13:376 ff.). So bedürfen wir der Scheinbilder von der Welt und von uns selbst, um uns erst einmal selbst zu erkraften. Das ist der positive Wert aller Stufen der Imagination. Darum ist es eine solche Hilfe für jedes Kind, in bildhaften Inhalten erzogen zu werden, um ihm zu seiner eigenen Persönlichkeitsentwicklung zu verhelfen. Es wird dann im Heranreifen in die Selbstverwandlung eintreten und sich von der Dramatik des Lebens weitererziehen lassen, bis es selbstlos anderen Menschen intuitiv seinerseits helfen kann.

Wir dürfen zusammenfassen:
Imaginationen haben wir fortwährend im Alltagsbewusstsein im Sinne des englischen «Can you imagine?». Natürlich können wir leicht und unentwegt bildhaft vorstellen, und der Neurologe weiß, mit welchen Gehirnpartien.
Imaginationen als bewegliche Fantasievorstellungen sind das Spiel mit unseren eigenen Erinnerungsvorstellungen in freier Neukombination. Sie erfrischen unser Denkorgan.
Die *Imagination* von ganzen Gedankenmassen findet im Umgang mit Ideen statt, die sich zu Ideengebäuden verbinden. Diese imaginative Stufe der ideellen Erkenntnis hat wachstümlichen Charakter und benutzt als Denkorgan nicht mehr das physische Gehirn, sondern den eigenen Lebensleib. Mit ihm denken zu können, begeistert.
Und schließlich jene *Imaginationen*, welche uns die geistige Welt in Bildern schenkt. Ihre Bildnatur ist eine hilfreiche Schutzmaßnahme der geistigen Welt für den Menschen, um ihn auf der ersten Stufe der Geistererfahrung nicht zu überfordern, sondern aushaltbar zu bleiben.

Alles Idealistische, Begeisternde, Enthusiasmierende hat ja den Vorzug, dass es uns für alles Geistige aufschließt und empfänglich macht. Am Tore zur Geistwelt steht aber immer auch der Verführer. Die geistige Welt jedoch lässt nicht mit sich unverbindlich «flirten». Sie öffnet sich nur dem in gesunder Weise, der sich in selbstloser Verantwortung mit seiner ganzen Existenz auf sie einlässt. Darum ist es so wichtig, dass wir bei einem solchen Thema wie dem der Imagination, wenn es auf die übersinnliche Forschung zielt, das Unterscheidungsvermögen nicht verlieren, sondern eher noch verschärfen. So wurde hier Wert darauf gelegt, in einiger Sorgfalt die Unterschiede deutlich zu machen, ob wir uns der alltäglichen Vorstellungs-Imagination zum geruhsamen Abfangen unserer Sinneswahrnehmungen bedienen, ob wir uns an den schon eigenständigeren beweglichen, fantasiereichen Vorstellungsbildern erfreuen, ob wir uns auf der imaginativen Stufe der ideellen Erkenntnis befinden, oder ob wir es mit geistinhaltlichen, leibfreien Imaginationen zu tun haben. Leicht landet der Überflieger in uns dabei, das nächst Höhere schon auf der vorherigen Stufe auch vor sich zu haben: die Abklatschvorstellung wird schon für Fantasie gehalten, diese für Ideenurbilder und diese gar für reine Imaginationen. Gerade die letztere Gefahr ist groß. Darum ist hier Orientierung und Selbstaufklärung vonnöten.

Voll leibfrei sind die *Imaginationen*, die die erste Stufe rein übersinnlicher Erkenntnis ausmachen. Die übersinnliche Erfahrung steht – wenig gewusst – jedem Menschen offen. In jedem Menschen betätigt sich der menschliche Geist leibfrei mitten in der geistigen Welt, die überall um uns ist – nur zumeist unbewusst. In seltenen, herausgehobenen Augenblicken des Lebens dringt etwas davon jedem Menschen auch ins Tagesbewusstsein, wenn auch oft nicht in Erinnerungen festhaltbar. Ganz erfährt jeder Mensch die übersinnliche Welt, nachdem er im Tode den Leib abgelegt hat. Wenn etwas von dieser Leibfreiheit im Leben methodisierbar geworden ist, wird übersinnliche Erfahrung, Erkenntnis und Forschung schon während des Lebens voll bewusst möglich. Dabei stehen drei sich steigernde Erkenntnisqualitäten an, die die Anthroposophie in ihrer spirituellen Menschenkunde als *Imagination, Inspiration* und *Intuition* bezeichnet hat.

Ausblick

Imagination, Inspiration und Intuition entfalten für jeden Menschen ihren vollen Umfang verständlicherweise erst nach dem Tode, da hier alles leibfrei geschieht. Das erste, was eintritt, ist die von vielen Reanimierten berichtete panoramaartige Rückschau auf das ganze gelebte Leben: Alles ist ungebrochene, reine Imagination.

Danach wird erneut durchgemacht, was an nächtlicher Verarbeitung und Verwandlung des Tagesgeschehens der Mensch während seines Lebens erfahren und getan hat. Die schmerzliche Katharsis von allen geistig untauglichen Seelenhaftigkeiten steht im Vordergrund, was in manchen Kulturkreisen das reinigende Fegefeuer genannt worden ist. Feuer ist der wohl dynamischste Verwandlungsprozess, den wir materiell in der Natur kennen und mit dem wir die reine Inspiration bezeichnen dürfen.

Danach erst tritt das Ewigkeitswesen des einzelnen Menschen in die Gemeinschaft geistiger Wesen ein. Hier leben alle Wesensbegegnungen als reine Intuitionen.

So ist das Leben zwischen Tod und Geburt dasjenige Geschehen, von dem wir zwischen Geburt und Tod seelisch und geistig in geschenkter Gnade oder in seinen Abschattungen auf den verschiedenartigen Stufen des Ab- und Aufstieges Erfahrung sammeln. Für die Imagination sollte ihr weites Spektrum hiermit aufgezeigt werden.

Literaturangaben

Bammer, A. u. Muss, U.: *Das Artemision von Ephesos*. Mainz 1996.
Bock, E.: *Boten des Geistes*. (Urachhaus) Stuttgart 1955.
Droste-Hülshoff, A. von: *Sämtliche Werke. Bd. 5: Bilder aus Westfalen*. Berlin, Leipzig, Wien, Stuttgart o.J..
Fucke, E.: *Die Bedeutung der Fantasie für Emanzipation und Autonomie des Menschen. Die ‹sinnige Geschichte› als ein Beispiel für die Fantasiepflege in den ersten Volksschuljahren*. Stuttgart ^{1}1971, ^{2}1981.
Galle, Gottfried: mündliche Mitteilung ca. 1958.
Heydebrand, C. von: *Vom Seelenwesen des Kindes*. Kapitel: Fantasielügen. Stuttgart 1939, ^{12}1997.
Heuser, P.: *Über sinnliche und geistige Erkenntnis auf dem Gebiete der Natur. Jahresberichte des naturwiss. Vereins von Elberfeld und Barmen*, S. 105-116. Elberfeld 1858.
Kerner, J.: *Die Seherin von Prevorst*. Stuttgart 1829.
Köhler, W.: *Intelligenzprüfungen an Menschenaffen*. Berlin etc. 1973.
Koepke, H.: *Das neunte Lebensjahr*. Dornach 1983.
Lessing, G. E.: *Theologische Streitschriften*, eine Duplik. 1778.
Lindenau, C.: *Über die erste Stufe des geisteswissenschaftlichen Schulungsweges. Mitteilungen aus der Anthroposophischen Arbeit in Deutschland*, S. 183-189. Stuttgart Weihnachten 1960.
–: *Über das Studium der Geisteswissenschaft*. Manuskript 1962.
–: *Das Studium der Geisteswissenschaft als erste Stufe der Geistesschulung. Das Goetheanum* 42(45): 10-11, Dornach 1963.
–: *Im Grenzgang zu erringen. Zur Übungs- und Arbeitsweise geistiger Forschung*. Kap. Die Stufen des höheren Erkennens. Stuttgart 1994.
Magerstädt, K.: Mündlicher Selbstbericht.
Roßlenbroich, B: *Die rhythmische Organisation des Menschen*. Stuttgart 1994.
Schad, W.: Zeitgestalten der Natur. Goethe und die Evolutionsbiologie. In Matussek, P. (Hrg.): *Goethe und die Verzeitlichung der Natur*. S. 345-382. München 1998. Siehe auch in: *Die Drei* 66(3):188-201; (5):433-453; (6):544-557. Stuttgart 1996.
–: Goethe als Esoteriker I, II, III. *Mitteilungen aus der anthroposophischen Arbeit in Deutschland* 54(212):91-102; (213):194-206; (214):293-307. Stuttgart 2000.
Steiner, R. (GA 2): *Grundlinien einer Erkenntnistheorie der Goetheschen Weltanschauung*. Dornach ^{8}2002.
– (GA 4): *Die Philosophie der Freiheit. Grundzüge einer modernen Weltanschauung. Seelische Beobachtungsresultate nach naturwissenschaftlicher Methode*. Dornach ^{5}1980.

- (GA 9): *Theosophie. Einführung in übersinnliche Welterkenntnis und Menschenbestimmung.* Dornach ³²2002.
- (GA 12): *Die Stufen der höheren Erkenntnis.* Dornach ⁷1993.
- (GA 13): *Die Geheimwissenschaft im Umriss.* Dornach ³⁰1989.
- (GA 14): *Vier Mysteriendramen.* Dornach ⁵1998.
- (GA 17): *Die Schwelle der geistigen Welt.* Dornach ⁷1987.
- (GA 18): *Die Rätsel der Philosophie in ihrer Geschichte als Umriss dargestellt.* Dornach ⁹1985.
- (GA 21): *Von Seelenrätseln.* Dornach ⁵1983.
- (GA 28): *Mein Lebensgang.* Dornach ⁹2000.
- (GA 35): *Philosophie und Anthroposophie. Gesammelte Aufsätze 1904 – 1918.* Dornach ²1984.
- (GA 84): *Was wollte das Goetheanum und was soll die Anthroposophie?* Dornach ²1986.
- (GA 124): *Exkurse in das Gebiet des Markus-Evangeliums.* Dornach ⁴1995.
- (GA 132): *Die Evolution vom Gesichtspunkte des Wahrhaftigen.* Dornach ⁷1999.
- (GA 164): *Der Wert des Denkens für eine den Menschen befriedigende Erkenntnis.* Dornach 1984.
- (GA 172): *Das Karma des Berufes in Anknüpfung an Goethes Leben.* Dornach ⁵1991.
- (GA 177): *Die spirituellen Hintergründe der äußeren Welt.* Dornach ⁵1999.
- (GA 188): *Der Goetheanismus, ein Umwandlungsimpuls und Auferstehungsgedanke.* Dornach ²1982.
- (GA 194): *Die Sendung Michaels.* Dornach ⁴1994.
- (GA 227): *Initiationserkenntnis.* Dornach ⁴2000.
- (GA 293): *Allgemeine Menschenkunde als Grundlage der Pädagogik.* Dornach ⁹1992.
- (GA 297): *Idee und Praxis der Waldorfschule.* Dornach 1998.

Martina Maria Sam

«Ein Stil, der vorgestellt werden kann durch und durch in Bildern ...»
Die Veranlagung imaginativen Denkens durch Rudolf Steiners Tafelzeichnungen und Sprachstil

«Die Betrachtung der leuchtenden Kreidezeichnungen Steiners forderte meine Vorstellungskraft (imagination) heraus. Als ich später am Abend auf der Datenautobahn meines Computermonitors herumkurvte, schien mir das dagegen banal und farblos.»[1] – Die Bemerkung des Amerikaners Monty Dipietro, der im Februar 1997 in Japan eine Ausstellung von Wandtafelzeichnungen Rudolf Steiners gesehen hatte, ist in mehrfacher Hinsicht aufschlussreich und interessant. Er, als Nicht-Japaner, konnte die die Zeichnungen begleitenden Texttäfelchen nicht lesen — und sich damit umso unbefangener den Bildern aussetzen. Das zentrale Erlebnis, das er dabei hatte, war die Herausforderung seiner «Vorstellungskraft», also die Aktivierung einer inneren Tätigkeit. Die bunten Bilder, die ihm später am Abend beim Surfen im Internet begegneten, kamen ihm nach diesem Erlebnis «banal und farblos» vor. Ganz offensichtlich regten sie eben nicht seine innere Vorstellungskraft an – blieben platt, oberflächlich, belanglos.

Indem sich Monty Dipietro zu innerer Regsamkeit aufgerufen fühlte, hat er die besondere Qualität der Wandtafelzeichnungen erfahren, ja, er hat in seiner Unbefangenheit erlebt, was Rudolf Steiner bei der Verwendung der Wandtafel während seiner Vorträge wesentlich war: die Tafelzeichnungen sollten nicht, wie oftmals gemeint wird, eine illustrativ-dekorative Begleitung und Ausschmückung dessen sein, was schon im Wort ausgeführt worden war, sondern es ging ihm primär um die Anregung derjenigen inneren Tätigkeit, die notwendig ist, um das Geistige zu erfassen, um die Veranlagung einer Fähigkeit im Menschen, die er ‹imaginative Erkenntnis› nennt. Die Tafelbilder waren ihm *ein* – mit den Jahren zunehmend wesentlicher werdendes – Mittel, so vorzutragen, dass schon durch die Art der Darstellung Keime dieser erweiterten Erkenntnis im Zuhörenden veranlagt wurden; denn, wie er einmal sagte: «Man muss sich schon klar darüber sein, dass anthroposophische Geisteswissenschaft eben schon in ihren allerersten Anfängen» – z. B. durch die Art, wie sie vorgebracht wird – «zur Entwicklung von sonst schlummernden Kräften in der Seele führt.»[2]

In vielen Schriften und Vorträgen kommt Rudolf Steiner auf die Bedeutung der Ausbildung erweiterter Erkenntnismöglichkeiten zu sprechen. Bereits in seinen frühen Schriften – so in seinen *Grundlinien einer Erkenntnistheorie der Goetheschen Weltanschauung* (1886) – betont er, wie die übliche Art der (materiellen) Erkenntnis nur dazu dienlich sei, das Tote, das rein Materielle zu erkennen. Das Lebendige, das Organische bedürfe anderer Erkenntnismethoden: zum Wesen des Lebendigen könne nur ein lebendiges Erkennen Zugang geben.

Wege zu einer derart erweiterten Erkenntnis aufzuzeigen und anzuregen kann als zentrales Motiv in Rudolf Steiners gesamtem Schaffen bezeichnet werden. Es sind unzählige Schilderungen von konkreten Übungen in diese Richtung bei ihm zu finden. Aber – und das ist besonders – er hat von dieser erweiterten Art von Erkenntnis nicht nur inhaltlich gesprochen, sondern, wie oben schon angedeutet, sein *eigenes Sprechen und Schreiben immer im Sinne einer imaginativen Darstellungsweise gestaltet*, wodurch er eine andere, aktivere Art des Lesens und Hörens herausgefordert hat.

Aus dem weiten Feld von Gesichtspunkten, unter denen sich das Thema ‹Imagination› betrachten ließe, sollen zwei herausgegriffen und im Folgenden näher untersucht werden, die für das Verständnis der Wandtafelzeichnungen besonders wesentlich erscheinen: zum einen soll die Frage gestellt werden, warum Rudolf Steiner die erste Stufe der erweiterten Erkenntnis ‹imaginativ› oder ‹bildhaft› nennt; zum anderen soll der eben angesprochene besondere Stil Rudolf Steiners, der selbst schon Keime imaginativer Fähigkeiten erweckt, näher beleuchtet werden, da nur von daher die Verwendung der Wandtafelzeichnungen zu verstehen ist.

Was ist ein Bild?

Generationen von Kunsthistorikern und Philosophen haben sich mit der Frage ‹Was ist ein Bild?› auseinander gesetzt[3] – was darauf hinweist, wie schwer es ist, diesen Begriff zu umreißen. Lässt man sich vom *Deutschen Wörterbuch* der Brüder Grimm anregen, die noch ein lebendiges Gespür für den Ursprung von Bezeichnungen hatten, so erhält man wesentliche Hinweise auf zentrale Eigenschaften des ‹Bildes›. So heißt es bei ihnen zunächst: «in bild liegt die vorstellung eines unter der schaffenden, gestaltenden, knetenden, stoszenden, schnitzenden, hauenden, gieszenden hand hervorgegangenen werks.»[4] Ein Bild ist demnach also ein Geschaffenes, ein mit Bewusstsein – von einer «schaffenden hand» – Gestaltetes. Ursprünglich bezog sich das nicht nur, wie wir es heute zumeist verstehen, auf das Zweidimensonale, sondern «bild war anfänglich ... ein plastisches kunstwerk, und erst nachher wurde der name auf die flache ... zeichnung, auf das gemählde erstreckt».[5] Eine Plastik – abgeleitet vom griechischen *plássein* – ist eine geformte, gestaltete Masse; der ‹Bild›hauer (!) schafft aus dem amorphen Stoff eine Gestalt, einen neuen, in sich geschlossenen Zusammenhang. Dieses letztere, der in sich geschlossene Zusammenhang, das ‹Für-sich-stehen-Können›, das Bilden einer neuen Einheit ist wohl das Hauptcharakteristikum, das sich von der Plastik auf das später flächig verstandene ‹Bild› übertragen hat.

Eine weitere Charakterisierung der Brüder Grimm lautet: «das bild kann eine sache sein, die der andern zum symbol, zum zeichen dient, ein denkbild, sinnbild.»[6] Wenn man das zur vorigen Aussage in Beziehung setzt, so weist das darauf hin, dass das Bild zwar einen in sich geschlossenen Zusammenhang, eine in sich selbstständige Wirklichkeit darstellt, also *für sich* etwas ist, aber doch immer auf etwas anderes verweist, zu etwas anderem hinführt.[7] Man wird an Goethes Ausspruch über die Natur des Symbols erinnert: «Es ist die Sache, ohne die Sache zu sein und doch die Sache; ein im geistigen Spiegel zusammengezogenes Bild, und doch mit dem Gegenstand identisch.»[8]

Ähnlich widersprüchliche Eigenschaften spricht auch die folgende Beschreibung an: «das bild, obschon selbst todt und stumm, bringt den schein des lebens hervor, und man sagt, dass es lebe, lebendig sei.»⁹ Obwohl die einzelnen Elemente des Bildes «todt und stumm» sind, bilden sie im Zusammenhang doch ein sprechendes Ganzes; dieser bloße «schein des lebens» verweist auf ein echtes Leben, auf ein Wesenhaftes, auf ein lebendiges ‹Urbild›.

Die Brüder Grimm folgern daraus: «um so mehr konnte der ausdruck angewandt werden auf die wirkliche Wiederholung, wie sie in der natur durch zeugung oder abspiegelung stattfindet, da wo von gar keinem kunstwerk die rede ist.»¹⁰ Dies deutet schon in die Richtung des heute üblichen Verständnisses von ‹Bild›: das Bild als Abbild, als 1:1-Wiederholung einer Sache, das zwar an das Wesen oder Ding, das es abbildet, erinnern mag, aber nicht mehr eigentlich etwas *Selbstständiges* ist. Das bloße *Abbild* ist einem Schatten zu vergleichen, der niemals für sich existieren kann, sondern als Schatten auf den schattenwerfenden Gegenstand verweist; das ‹echte› *Bild* jedoch muss immer auch etwas *für sich* sein, es hat eine immanente Wirklichkeit, die durch sich selbst über sich hinausführt.

Aus dem bisher Ausgeführten ergeben sich folgende Eigenschaften des ‹Bildes›:

1. Ursprünglich verstanden, ist das Bild ein von einem Schöpfer oder Bildner mit Bewusstsein Gestaltetes.
2. Dieses Gestaltete ist in sich geschlossen und damit von seiner Umgebung unterscheidbar – auf diese Eigenschaft weist schon das Wort ‹Gestalt› hin. Das Bild als ein nach bestimmten Gesetzen Gestaltetes ist eine ‹kleine Welt› für sich. Deshalb verlangt das Bild nach einem Rahmen, die Plastik nach einem Sockel.
3. Zugleich aber verweist es, da es doch nur ‹scheinendes Leben› hat, auf ein Anderes, ‹Wirklicheres›, vielleicht sogar Wesenhaftes. Von diesem manifestiert sich im Bild ein besonderer, konkreter Aspekt; umgekehrt kann das Bild, wenn man sich auf seine gestaltenden Kräfte einlässt, zu diesem Anderen, Umfassenderen hinführen.
4. Indem es auf ein anderes, ‹Wirklicheres› nur verweist, aber dieses selbst nicht ist, kann das Bild – wenn sich der Betrachter auf seine es gestaltenden Kräfte nicht einlässt – auch als bloßer Stellvertreter gesehen werden.

Je nachdem, auf welchen Aspekt man den Blick richtet, kann also unter ‹Bild› etwas ganz Verschiedenes verstanden werden:
1. etwas kreativ Geschaffenes – dieses Verständnis steht noch hinter den Begriffen ‹Bildhauer› oder ‹bilden›
2. etwas aus der Umgebung Herausgehobenes, Gestaltetes
3. ein Durchgang zu einer umfassenderen Wirklichkeit
4. ein bloßer Stellvertreter für etwas anderes.

Ein Beispiel hierfür: Leonardo da Vinci schuf sein berühmtes ‹Abendmahl› im Refektorium des Santa Maria delle Grazie-Klosters in Mailand in höchster kreativer Aktivität (1). Einmal geschaffen, hat das Bild eine Gestalt, ist ein ‹Mikrokosmos›, der einerseits das (voran–gegangene) Wirken des Künstlers offenbart, andererseits als in sich geschlossene Komposition ein inhaltliches Motiv – das letzte Abendmahl – darstellt (2). Lässt sich der Betrachter auf diese Komposition tiefer ein, so kann sie ihn durch die bestimmte Art, wie das Thema dargestellt ist und wie sich die vom Maler gewählten Kunstmittel mit dem speziellen Motiv verbinden, zu einem neuen Verständnis des Abendmahlsgeschehens in den Evangelien führen. In diesem Sinne weist das Kunstwerk über sich hinaus auf eine umfassendere Wirklichkeit, auf eine Art ‹Urbild› (3). Man kann es aber auch nur flüchtig anschauen und aus einigen wenigen abstrakten Kennzeichen (z. B. zwölf Apostel mit Christus am Tisch) schließen, dass es sich um eine Abendmahlsdarstellung handelt. Indem man herausgefunden hat, wofür das Bild steht, hat man es ‹identifiziert› – und damit ist das Interesse an dem Bild erloschen. In diesem Fall betrachtet man das Bild bloß zeichenhaft als ‹Stellvertreter› für einen bestimmten Inhalt und lässt sich nicht auf seine spezifische Wirklichkeit, seine besondere Art der Darstellung durch Leonardo ein (4).

Mit den genannten vier Aspekten ist der Begriff ‹Bild› gewiss nicht vollständig umrissen, doch führen sie seine Komplexität bereits deutlich vor Augen, die sich in der Moderne noch weiter gesteigert hat. So wird heute z. B. dank der rasanten Entwicklung der Medien, die ja überwiegend mit ‹Bildern› arbeiten, der Begriff nicht mehr – wie noch im 19. Jahrhundert – primär künstlerisch verstanden. ‹Bild› ist bestenfalls noch ein Stellvertreter: Kopie und/oder Dokument für eine bestimmte reale, vergangene Situation. Doch auch diese Auffassung ist dank der Leichtigkeit, mit der heute Fotografien manipuliert werden können, bereits wieder im Wandel begriffen. Durch die Omnipräsenz der (Medien-)Bilder und neue Entwicklungen wie z. B. das Internet bahnt sich eine Entwicklung an, die wie ein Gegenbild zur imaginativen Fähigkeit erscheinen kann: während diese die Selbsttätigkeit des Menschen steigern und ihn tiefer in die Wirklichkeit hineinführen will,[11] wird durch die Bilderflut die Wahrnehmung der Sinneswelt zurückgedrängt und somit die Unterscheidung zwischen künstlichem Schein und physischer Realität zunehmend erschwert. Während die Imagination – wie gleich noch zu zeigen sein wird – starke innerliche Beweglichkeit erfordert, wollen die ‹Visiotypen›,[12] die nichts mehr vom Freiraum des künstlerischen Bildes an sich haben und oft schon aus ‹Fertigteilen› aufgebaut sind, ganz bestimmte Assoziations- oder/und Emotionskomplexe beim Betrachter aufrufen und eine von vornherein festgelegte ‹eindeutige› Wirkung hervorbringen.

Diese kursorischen Ausführungen sollen darauf hinweisen, wie komplex, vielseitig und different der Begriff ‹Bild› gerade heute gelesen werden kann, wie unterschiedlich das Verständnis von Bild ist. Von daher ist es von größter Bedeutung, immer den jeweiligen Kontext mit einzubeziehen, in dem der Begriff ‹Bild› fällt.

Imaginationen: Bilder einer Wirklichkeit, aber doch Bilder

Dies muss man auch bei Rudolf Steiners Verwendung dieses Begriffes berücksichtigen. So spricht er z. B. oft von der «Bildnatur des Denkens»: «Wenn das Denken in uns nur Bild ist, wenn es nicht eine Realität ist, dann hat es nicht wie eine Naturkraft eine zwingende Wirkungsweise. […] Bilder, vor denen ich stehe, können mich nicht zwingen. Vorhandene Kräfte können mich zwingen, ob sie außer mir oder in mir vorhanden gedacht werden; Bilder können mich nicht zwingen.»[13] Hier hat er offensichtlich den letzten der oben genannten Aspekte im Auge: das Bild als Stellvertreter für eine Realität.

Wenn Rudolf Steiner jedoch die erste Stufe einer erweiterten Erkenntnis ‹imaginatives› oder ‹bildhaftes› Denken nennt, hat das Verständnis dessen, was in diesem Zusammenhang ‹bildhaft› bedeutet, viel mit dem oben genannten dritten Aspekt von Bildhaftigkeit zu tun: der Auffassung von Bild als Sinnbild, als ‹Durchgang› zu einer umfassenderen Wirklichkeit.

Wie der Begriff ‹imaginatives Denken› anzeigt, geht es auf dieser Erkenntnisstufe nicht mehr um das diskursive Denken in Begriffen, sondern um das Erkennen in Bildern. So äußert Rudolf Steiner, dass er die durch Meditation verstärkten Gedanken «deshalb imaginative Gedanken [nennt], weil sie mit der Lebendigkeit, mit der Intensität von Bildern auftreten, weil sie wirklich wie sinnliche Bilder sind, trotzdem sie zunächst nur Gedanken sind».[14]

Beim imaginativen Erkennen handelt es sich dabei um ein rein geistig-seelisches Erleben des «mit mathematischer Klarheit dahinlebenden Bewusstsein[s]».[15] Obwohl der Imaginierende mit einer Intensität und Präsenz in den erlebten Bildern darinnen ist, die sonst nur dem gegenwärtigen Augenblickserleben vorbehalten ist, bleibt er sich sowohl seiner selbst als Erlebender als auch des ‹Bild›- und damit Verweischarakters der Imaginationen bewusst.

Zu berücksichtigen ist jedoch, dass man, wenn man erste Imaginationen erlangt, nicht gleich objektive, sozusagen ‹gerahmte› Bilder der geistigen Welt vor sich hat. Der subjektive Anteil an den erlebten Bildern ist zunächst recht groß: «Es gehört zum Wesen der Geistesschulung, dass die Seele durch die an sich geübte Selbsterziehung an diesem Punkte ihrer Entwickelung ein volles Bewusstsein davon hat, dass sie zunächst sich selbst wahrnimmt in den Bilderwelten (Imaginationen), die infolge der geschilderten Übungen auftreten. Diese Bilder treten zwar als lebend in einer neuen Welt auf; die Seele muss aber erkennen, dass sie doch nichts anderes zunächst sind als die Widerspiegelung ihres eigenen durch die Übungen verstärkten Wesens.»[16]

Warum dies so ist, wird noch deutlicher, wenn man sich die einzelnen

Stufen der Entwicklung zur imaginativen Erkenntnis hin vor Augen führt.[17] Wenn man die angegebenen Übungen durch eine gewisse Zeit hindurch macht, sich entsprechend wieder und wieder in denselben Gedanken oder dasselbe Sinnbild versenkt, um die erstrebte Verstärkung und damit Wahrnehmung der Denktätigkeit zu erreichen, so ist das Erste, was man erlebt, das Anschauen der eigenen Lebensvergangenheit seit der Geburt: Das bisherige Leben, das sonst nur schattenhaft erinnert wird, verdichtet sich zum vollständig von der präsenten Dichte des Augenblickerlebens durchdrungenen Tableau. Dadurch verstärkt sich das Ich-Erleben immer mehr, um sich nach einem Kulminationspunkt wieder abzuschwächen – erst dann können *Bilder der geistigen Welt* auftreten. Aber auch diese sind *Bilder, nicht geistige Wirklichkeiten* – sie verweisen nur auf die geistige Welt, sie sind «Abbilder ... von Realitäten»[18], sind «Bild einer Wirklichkeit, aber doch Bild»[19]: «Ich behaupte weder, dass die imaginativen Vorstellungen in bloßen Sinnbildern sich erschöpfen, noch dass sie selbst eine Wirklichkeit sind, sondern dass sie sich auf eine Wirklichkeit beziehen, wie das bei den Vorstellungen des gewöhnlichen Bewusstseins auch der Fall ist.»[20]

Die imaginative Welt ist ein unruhiges Gebiet ...

Was nun die imaginative Welt von der physischen wesentlich unterscheidet, ist, wie Rudolf Steiner immer wieder darlegt, ihre Lebendigkeit, ihre Beweglichkeit, ihr Verwandlungsfähigkeit. Das imaginative Denken lebt im Medium der Zeit, schaut Prozesse und Zeitverläufe in ein Tableau, in eine Gestalt oder eine Gebärde zusammen. Die Zeit wird nicht mehr linear verlaufend erlebt, sondern gewissermaßen ‹ineinander geschoben›: «Zum Raum wird hier die Zeit», wie es Richard Wagner in seinem *Parsifal* treffend formuliert hat, wobei man für ‹Raum› hier auch ‹Gestalt› oder ‹Bild› setzen könnte.

Auf der Stufe der imaginativen Erkenntnis respektive in der imaginativen Welt besteht also ein innerer, wesenhafter Zusammenhang zwischen der Qualität der *Bildhaftigkeit* und der Qualität des *Zeithaften*, des *Regsam-Beweglichen*:

— Mehrfach schildert Rudolf Steiner die imaginative Welt als Welt des Entstehens und Vergehens: «Die imaginative Welt ist ein unruhiges Gebiet. Es ist überall nur Beweglichkeit, Verwandlung in ihr; nirgends sind Ruhepunkte.»[21] In einem Vortrag, in dem er als Übung zur Erlangung der Imagination empfiehlt, intensiv meditierend auf *erinnerten* Bildern zu ruhen, schildert er, dass man beim Eintritt in die imaginative Welt ab einem gewissen Moment das Gefühl habe, als nähme man «ein lebendiges Wesen in die Hand»[22]: «da kribbeln und krabbeln, da quirlen und wurlen die Gedanken, da ... werden sie plötzlich eine ganz regsame Welt».[23] Wenn man dieses «Leben der Gedankenwelt» zu fühlen anfängt, ist man in der imaginativen oder elementarischen Welt drinnen.»[24]

— In einem Vortrag aus dem Jahre 1921 nennt Rudolf Steiner interessanterweise das imaginative Denken auch «morphologisches Denken», «Denken in Gestalten»[25]: «Dieses Denken bleibt nicht im Raume stehen, dieses Denken ist durchaus ein solches, welches im Medium der Zeit so lebt, wie das andere Denken im Medium des Raumes. Dieses Denken gliedert nicht einen Begriff an den anderen, dieses Denken stellt vor die Seele etwas wie einen Begriffsorganismus. Wenn man einen Begriff, eine Idee, einen Gedanken hat, dann kann man nicht in beliebiger Weise zum anderen übergehen. [...] ... so muss dasjenige Denken, das ich das morphologische Denken nenne, innerlich beweglich sein. Es ist, wie gesagt, im Medium der Zeit, nicht des Raumes, aber es ist so innerlich beweglich, dass es eine Gestalt aus der anderen hervorruft, dass dieses Denken selber sich fortwährend organisch gliedert, fortwährend wächst.»[26]

— Oben wurde gesagt, dass eines der ersten Erlebnisse beim Eintritt in die imaginative Welt ein neuartiges Verhältnis zum eigenen Lebenslauf sei: Er erscheint als Zeitgestalt, als Tableau, in dem jeder vergangene Moment mit derselben Präsenz aufscheint, wie es sonst nur dem unmittelbaren Jetzt eigen ist. Das Augenblickserleben der Gegenwart, das sich normalerweise gleichsam punkthaft durch die verfließende Zeit schiebt, ergießt sich über das ganze Tableau des vergangenen Lebens. Alle bisherigen (Lebens-)Momente erlebt man gleichzeitig; diese Simultaneität ist ein wesentliches Charakteristikum des Bild-Erlebens: um zum wirklichen *Sehen eines Bildes* zu kommen, muss man alle gestaltenden Elemente zusammenschauen, gleichzeitig in der Empfindung zusammenhalten können.

Auf diesem Hintergrund lässt sich manches besser verstehen, was Rudolf Steiner über Gebiete, die durch und aus dem Bild leben – Träume, Märchen und in gewisser Hinsicht auch die Sprache –, gesagt hat; auch hier geht es ihm nicht um den abstrakten Symbolgehalt der Bilder, sondern um die Entwicklung der inneren Beweglichkeit, um das Vermögen, Prozesse und dramatische Verläufe zum Tableau zusammenzuschauen:

– In Bezug auf die Sprache äußert Rudolf Steiner, dass das Verb bildhafter sei als das Substantiv.[27] Warum? «Spreche ich das Tätigkeitswort aus: Der Mann schreibt –, dann vereinige ich mich nicht nur mit dem Wesen, von dem ich das Tätigkeitswort ausspreche, sondern ich tue mit, was der andere tut mit seinem physischen Leibe. Das tue ich mit, mein Ich tut es mit. Was mit dem physischen Leibe ausgeführt wird, das tut mein Ich mit, indem ich ein Zeitwort, ein Tätigkeitswort ausdrücke. Unser Zuhören, namentlich bei den Tätigkeitsworten, ist in Wirklichkeit immer ein Mittun. Das Geistigste zunächst im Menschen tut mit, es unterdrückt nur die Tätigkeit. In der Eurythmie wird nur diese Tätigkeit in die Außenwelt hineingestellt.»[28] Dieses «Mittun», das Vollführen einer inneren Gebärde, ist beim Substantiv wesentlich zurückgenommen, denn wir «sondern uns von der Außenwelt dadurch ab, dass wir lernen, durch Hauptwörter die Dinge zu bezeichnen».[29] Die innere Gebärde also, die beim Verb stärker, beim Substantiv schwächer ist und die die Eurythmie sichtbar in die Außenwelt stellt, ist hier dasjenige, was das Verb ‹bildhafter› sein lässt.

Diese Bewegung, die Sprachgebärde, den Sprachprozess, der sich sonst im Nacheinander des zeitlichen Verlaufs entfaltet, zusammenzuschauen, das ist *eine* Art der ‹Imagination›: «Es handelt sich bei

dem, was als Imagination geschildert wird, nicht um irgendwelche Fantasien, sondern darum, dass zum Beispiel dieser innere Prozess des Spracherlebens wirklich erschaut werden kann.»[30]
- Ebenfalls in diese Richtung gehen Rudolf Steiners Ausführungen über die Bedeutung der Märchen für Professor Capesius, eine Figur aus seinen ‹Mysteriendramen›: «Für Capesius sind Märchen die Anreger für die imaginative Erkenntnis. Nicht was in ihnen enthalten ist, was sie mitteilen, sondern *wie sie verlaufen, wie ein Zug sich an den anderen gliedert, das wirkt und webt in seiner Seele.* Der eine Zug lässt gewisse Seelenkräfte nach aufwärts streben, ein anderer andere nach abwärts, wieder durch andere werden aufstrebende und abwärtsstrebende durchkreuzt. Dadurch kommt er in seiner Seele in Bewegung, dadurch wird herausgeholt aus seiner Seele das, was ihn zuletzt befähigt, hineinzuschauen in die geistige Welt.»[31] Also weniger – was man zunächst anzunehmen geneigt ist – die Märchen*bilder* als Symbole sind die «Anreger für die imaginative Erkenntnis» als vielmehr ihr *Verlauf,* ihre innere *Dramatik.*

Die Seele muss «in Bewegung» geraten, in innere Aktivität, das ist die erste Voraussetzung, um «hineinzuschauen in die geistige Welt».[32] Besonders aufschlussreich ist an der zitierten Äußerung Rudolf Steiners seine detaillierte Beschreibung, wie die einzelnen ‹Züge› des Märchens auf die Seelenkräfte wirken: sie macht deutlich, dass es nicht um den linearen, eindimensionalen Verlauf der Handlung geht – das wäre im Sinne der Chronologie gedacht –, sondern vielmehr um gleichzeitige Wirkungen, die zusammen ein vielgestaltiges inneres dramatisches *Tableau* bilden.[33]
- Im ähnlichen Sinne wie über das Erleben der Märchen spricht Rudolf Steiner über die Art, wie sich der Mensch seinen Träumen gegenüberstellen soll. Auch hier kommt es, wie bei den Märchen, nicht auf die Bilder des Traumes an: Dem *Inhalte* nach sind die Traumvorstellungen gleichgültig, es geht nicht um eine abstrakte symbolische Ausdeutung der Bilderwelt. Dagegen bedarf es «einer großen Vorbereitung, den Ablauf des Traumes in seiner Dramatik ... ins Auge zu fassen. Wer Träume verstehen will, muss in der Lage sein, etwas aus-

zuführen gegenüber dem Traume, das gleich käme dem, wenn man ein Drama vor sich hat und sich für die Bilder nur insoferne interessiert, als man dahinter den Dichter ins Auge fasst, in dem, was er auf- und abwogend erlebt.»[34] Auch hier betont Rudolf Steiner wieder, wie eng eine Aufarbeitung der Träume in der geschilderten Weise mit der imaginativen Welt zu tun hat: «Was sich abspielt jenseits der Traumbilder als Traumdramatik, das ist nur durch das imaginative Bewusstsein zu erkennen.»[35]

Die angeführten Beispiele zeigen wohl deutlich, dass man sich unter Imaginationen keinesfalls starre Bilder vorzustellen hat, die urplötzlich vor dem inneren Auge erstehen, sondern dass es sich dabei um in sich bewegliche Bildtableaus handelt, um lebendige Gestalten, die von vielerlei Seiten her gebildet und angeschaut werden müssen und keine einsinnige Interpretation vertragen. Wenn man in der imaginativen Welt «lebendigen Gedankenwesen»[36] begegnet, so bedarf es höchster Beweglichkeit des Denkens, innerer «Verwandlungsfähigkeit»[37], um diese zu erfassen. Innerliche Beweglichkeit des Denkens aber heißt, sich von dem einen Aspekt zum anderen hinbewegen zu können, *ohne den vorigen aus dem Auge zu verlieren*. In gewisser Weise muss ich mir die Fähigkeit aneignen, verschiedene Aspekte eines Gedankenwesens *zusammenzuschauen*, um seine ‹Gestalt› erfassen zu können. *Diese Simultaneität in der inneren Anschauung bedeutet Bildhaftigkeit.*

Rudolf Steiners Darstellungsweise: Charakterisieren statt Definieren

Rudolf Steiner hat – was sich auf dem Hintergrund des bisher Ausgeführten nachvollziehen lässt – oftmals ausgesprochen, dass er, um von geistigen Inhalten sprechen zu können, eine ganz neue Darstellungsweise finden musste. Er musste einen neuen Stil ausbilden, eine in sich bewegliche Art von Sprache finden. Wie merkwürdig diese auf seine Zeitgenossen wirken würde, die im Zeitalter der Wissenschaftlichkeit auf feste Definitionen Wert legten, war ihm völlig bewusst: «So muss ein anderer Sprachstil, ein anderer Stil der Darstellung auftreten, wenn geistige Dinge charakterisiert werden sollen. Daher das Befremdliche, das da auftritt in mancherlei Charakteristik der höheren Welten, welches notwendigerweise auftreten muss. Also schon wenn wir nur anfangen, die Dinge der geistigen Welt zu besprechen, dann kommen wir dabei zu etwas, was eigentlich zurückgehen müsste hinter das, was der Mensch in seinem Bewusstsein hat. Es muss aus den unterbewussten Seelengründen heraufgeholt werden. Dabei ist für den heutigen Menschen, der das tut, tatsächlich etwas notwendig, was sich ja recht kleinlich ausnimmt, was aber doch wichtig ist. Will man nämlich im wahren Sinn Dinge der Geisteswissenschaft charakterisieren, dann muss man zuerst auf die gewöhnlichen gangbaren Mittel des sprachlichen Ausdrucks verzichten. Man muss vielleicht so weit gehen, dass man sagt: Wenn du auf diese Mittel des gewöhnlichen Ausdrucks im Sprachgebrauch verzichtest, dann werden dich die Professoren und sonstige gescheite Leute einen Menschen nennen, der seine Sprache überhaupt nicht in der richtigen Weise beherrscht. Die werden allerlei zu tadeln finden, die werden deine Ausdrucksweise unklar finden, die werden allerlei mäkeln an der Art und Weise, wie in der Geisteswissenschaft ausgedrückt wird. – Das aber muss man schon bewusst hinnehmen, denn das muss so sein. Dem muss man kühn ins Auge schauen, dass man vielleicht für einen Dummkopf gehalten wird, weil man darauf verzichtet, in der gewöhnlichen äußeren Ausdrucksweise das so genannte logisch Vollkommene, das in höherer Beziehung ein logisch höchst Unvollkommenes ist, zum Mittel seines Ausdrucks zu machen.»[38]

Welchen «anderen Stil der Darstellung» hat Rudolf Steiner hier im Sinn? Was zeichnet diesen anderen Stil aus?

Alle Bemühungen Steiners, so kann man zusammenfassend sagen, zielten darauf ab, die Sprache *beweglicher zu machen*, sie aus der engen Klammer zwischen Wort und Begriff zu befreien. Eine beweglichere Sprache aber kann vom Leser respektive Zuhörer nur verstanden werden, wenn auch er eine innere Beweglichkeit und gesteigerte gedankliche Regsamkeit aufbringt.

Das wohl wichtigste Stilmittel, dies zu erreichen, war seine Methode des Charakterisierens: «gewissermaßen um die Sache herum ... gehen und sie von den verschiedensten Seiten ... charakterisieren. Ich habe oft betont, dass das die Darstellungsweise der Anthroposophie sein muss.»[39] Während die Definition scharfe Konturen um einen Begriff zieht, eine linear-eindeutige Verbindung zwischen Bezeichnung und Bezeichnetem herstellt und abstrahierend vom vielgestaltigen konkreten Fall absehen muss, gibt die Charakterisierung verschiedene Ansichten einer Sache lebensgesättigte einzelne Bilder, vielleicht sogar zunächst widersprüchliche Aspekte. Der Begriff einer Sache, so betont Rudolf Steiner in pädagogischen Zusammenhängen des öfteren, wird auf diese Weise lebendig, darf mit der Zeit wachsen, da er nicht wie die Definition innerlich beiseite gelegt werden kann: es mag immer noch unbekannte Seiten geben, die alles bisher Erfahrene in ganz neuem Licht erscheinen lassen würden!

Nur solche beweglichen Begriffe, die innerlich ‹wachsen› können, werden auch der geistigen Welt gerecht: «Man möchte sagen: Steht man der äußeren sinnlichen Wahrnehmungswelt gegenüber, so hat man es leicht, den Begriffen scharfe Konturen zu geben. Da haben die Dinge selbst scharfe Konturen, scharfe Grenzen, da ist man leicht imstande, auch den Begriffen scharfe Konturen zu geben. Steht man dagegen der in sich beweglichen und variablen geistigen Welt gegenüber, so muss oft vieles erst zusammengetragen und in den Begriffen Einschränkungen oder Erweiterungen gemacht werden, um nur einigermaßen charakterisieren zu können, was eigentlich gesagt werden soll».[40]

Welche konkreten Stilmittel Rudolf Steiner benutzt, um diese Beweglichkeit in den Begriffen zu gewährleisten, erörtert er in einigen Vorträgen bis ins Detail. Aufschlussreich ist in dieser Hinsicht der Vortrag vom 20. Januar 1910[41] – dort spricht Rudolf Steiner davon, dass man «in der Geisteswissenschaft ... nicht ohne künstlerisch wirkenden Sprachsinn»[42] schaffen könne: «Da werden Sie finden, dass ein jeder ... Satz eine Geburt ist, weil er innerlich, seelisch, nicht bloß als Gedanke, sondern als unmittelbare Form erlebt werden soll.» Das bedingt, fährt er fort, dass zum Beispiel das Zeitwort, das Verb nicht beliebig irgendwo stehen könne; bestimmte Nuancen können nur durch *gewisse Wortstellungen* im Satz ausgedrückt werden. Weiterhin ist ein *Bewusstsein des Ganzen* vonnöten; die Sätze dürfen nicht in beliebiger Weise aneinander gereiht werden. Auch das künstlerische Durchempfinden der *Lautstimmungen* führt oft zu einer anderen als der üblichen Ausdrucksweise; es muss versucht werden, «den Gedanken so in das Lautbild umzugießen, dass auch unsere Sprache wieder ein Mitteilungsmittel dessen werden kann, was die Seele im Übersinnlichen erschaut».[43]

Grundlegend für die Handhabung der Sprache ist für den Geisteswissenschaftler die Überzeugung, dass heute kein Wort mehr einen Gedanken ganz ausdrücken kann, kein Ausdruck einem Begriff mehr ganz adäquat ist. Deshalb versucht er, durch die Aneinanderreihung von (oft ähnlich lautenden) Begriffen eine Annäherung an das Gemeinte zu finden: «Und wer ein lebendiges Sprachgefühl hat, ... kann durch ähnlich Lautendes dazwischenliegende Vorstellungen abfangen, für die man zunächst nicht das unmittelbare Wort hat.»[44]

Immer wieder betont Rudolf Steiner bei Erscheinen seiner neuen Bücher, dass er versuchte, dort einen Stil zu pflegen, «der vorgestellt werden kann durch und durch in Bildern».[45] Das bedingt unter anderem, was oben schon anklang, dass «eigentlich das Substantivische zuerst verloren geht», dass «alles ins Verbale, ins Zeitwortgemäße»[46] übergeht. Ferner macht er darauf aufmerksam, dass es zur Methode des hier gekennzeichneten geisteswissenschaftlichen Stils gehört, dass «eigentlich das eine durch das andere erklärt wird, dass immer die Dinge aufeinander hinweisen».[47] Dies geschieht dadurch, dass der Geistesforscher sich bemüht, die «Vorstellungen, auf die angespielt ist, ... ins Konkrete allmählich überzuführen».[48] Rudolf Steiner macht an einem Beispiel deutlich, was hier gemeint ist: Wenig nützt es, wenn man nur die abstrakte Mitteilung bekommt, der Mensch zerfalle in sieben Wesensglieder; eine *konkrete Vorstellung* der Wesensglieder kann sich jedoch ausbilden, wenn darauf hingewiesen wird, wie diese sich im Lebenslauf des Menschen offenbaren: «Denken Sie, wie da der Bildlichkeit, dem imaginativen Vorstellen geholfen wird. Da wird der Mensch darauf hingewiesen: Stelle dir konkret den Lebenslauf eines Menschen vor und empfinde an diesem Lebenslauf etwas, dann füllen sich deine sonstigen abstrakten Worte mit konkreten Inhalten an.»[49]

Das gerade zeichnet die Methode des Charakterisierens aus: dass man immer zu konkreten Vorstellungen, zu konkreten Bildern hinführt, die der Mensch mit eigenen Erfahrungen füllen kann. Dann wird der Begriff, den er aus den einzelnen Charakterisierungen bildet, zwar nicht – wie in der abstrakten Definition – scharf konturiert und eindeutig, dafür aber lebendig und vielseitig.

In Rudolf Steiners Stil – sowohl im Vortrag wie in Aufsätzen und Büchern – wird man überall finden, dass er auf das konkrete Bild ausgeht: in seiner Wortwahl, in der Satzgestaltung, in unzähligen Beispielen, Gleichnissen, Anekdoten – und eben auch, auf einer anderen Ebene, in der Wandtafelzeichnung. Darauf wird gleich zurückzukommen sein.

Worum es Rudolf Steiner bei seinem intensiven Bemühen um einen anderen Stil zu tun war, ist wunderbar in einer Passage seiner Autobiografie *Mein Lebensgang* zusammengefasst. Dort charakterisiert er, was das Wesen eines ‹anthroposophischen› Buches ausmache (und was er hier für das Buch sagt, gilt, in etwas anderer Weise, auch für den Vortrag): «... ein richtig verfasstes anthroposophisches Buch soll ein *Aufwecker des Geistlebens* im Leser sein, nicht eine Summe von Mitteilungen. Sein Lesen soll nicht bloß ein Lesen, es soll ein *Erleben mit inneren Erschütterungen, Spannungen und Lösungen* sein»[50] – kurz gesagt: das richtig verfasste anthroposophische Buch soll eine Vorschule der Imagination sein.

«Zeichnungen, die im Moment entstanden»: Rudolf Steiner über die Tafelzeichnung

Kann man nun auch die Wandtafelzeichnungen in den eben geschilderten Zusammenhang stellen? Sind auch sie «ein Aufwecker des Geistlebens», ein unkonventionell gebrauchtes Mittel, um die innere Tätigkeit des Menschen, des Zuhörers der Vorträge, anzuregen?

Dass dem so ist, geht deutlich aus der einzig bekannten Vortragsstelle hervor, wo Rudolf Steiner sich über den ‹Zweck› der Tafelzeichnungen äußert: «Es ist natürlich leicht, sich am Laboratoriumstisch breit zu machen und allerlei Versuche zu machen, [...], aber es erfordert wirklich eine starke innere Arbeit, um wirklich in die geistige Welt hineinzukommen. Zu dieser Arbeit ist die heutige gebildete Welt zu faul. [...] Die Leute glauben, dass ihnen das äußerlich gegeben werden soll, dass sie nicht die Sache innerlich erarbeiten müssen. Meine Herren, das ist es eben, dass die Leute heute sich alles vormachen lassen wollen! Ich habe Ihnen schon gesagt: Der Mensch will alles verfilmen heute, er will überall einen Film machen lassen daraus, damit es äußerlich an ihn herantritt. – Wenn man richtig geistig vorwärts kommen will, muss man überall darauf sehen, dass, indem man etwas aufnimmt von der Welt, man es durcharbeiten muss. Daher werden diejenigen mehr zum Geistigen kommen, die in der Zukunft möglichst vermeiden, sich alles vorfilmen zu lassen, sondern recht viel mitdenken wollen, wenn ihnen von der Welt gesprochen wird. Und, sehen Sie, ich habe Ihnen keinen Film vorgeführt..., sondern ich habe Ihnen Zeichnungen gemacht, die im Moment entstanden, wo Sie sehen konnten, was ich mit jedem Strich will, wo Sie mitdenken können. Das ist auch dasjenige, was schon in unseren Kinderunterricht heute einziehen muss: möglichst wenig fertige Zeichnungen, möglichst viel von dem, was im Augenblick entsteht, wo das Kind jeden Strich sieht, der entsteht. Dadurch arbeitet das Kind innerlich mit, und dadurch werden die Menschen zur innerlichen Tätigkeit angeregt, die dann dazu führt, dass sie mehr ins Geistige sich hineinleben und wiederum Verständnis bekommen für das Geistige. Man soll auch nicht den Kindern wiederum ganz fertige Theorien vorbringen, denn dann werden sie ja dogmatisch. Sondern das, worauf es ankommt, ist, sie wiederum zur Selbsttätigkeit zu bringen.»[51]

Es ist interessant, in welchem Kontext diese Äußerung Rudolf Steiners steht: Die Arbeiter des Goetheanum-Baues hatten ihn in ihren regelmäßigen Besprechungen mit ihm gefragt, wie man denn zum Schauen in der geistigen Welt käme. Rudolf Steiner weist die Arbeiter darauf hin, dass es «allergrößte innere Anstrengung» koste, «um in der geistigen

Welt forschen zu können».⁵² Und in diesem Umfeld macht er auf die Tafelzeichnungen aufmerksam, die er überraschenderweise (1923!) in einen Gegensatz zum Film stellt, aber auch in einen Gegensatz zur fertigen Zeichnung, wie sie ja heute im Zeitalter des Overhead-Projektors so gerne verwendet wird. Es kam ihm eben darauf an, dass seine Zuhörer das *Entstehen* der Zeichnung mitverfolgen konnten, um «mitdenken» zu können, um Zeuge zu sein einer jeden auf der Tafel entstehenden Linie – statt mit fertigen Formen oder Schemata konfrontiert zu werden.

Diese Art des Vorgehens in Bezug auf die Zeichnungen entspricht seinem ganzen Vortragsstil. Er betont des öfteren, dass «wenn der Geistesforscher einen solchen Vortrag hält wie ich hier … er einen solchen nicht wie sonst wissenschaftliche Vorträge vorbereiten» könne, denn dann «würde er nur an das Gedächtnis appellieren»: Aber was durch eine solche Vertiefung entstanden ist, das lässt sich nicht dem Gedächtnis einverleiben, das muss in jedem Augenblick immer wieder erlebt werden. Es kann zwar heruntergebracht werden in jene Regionen, wo wir über unsere Erkenntnis Worte machen, aber man muss sich mit seinem ganzen Menschen darum bemühen. Und deshalb ist es von mir tief erlebt, dass ich nun nur in der Lage bin, dasjenige, was mir gelingt, in der geistigen Welt zu forschen, der menschlichen Sprache einzuverleiben – und indem man es der menschlichen Sprache einverleibt, so verleibt es sich auch dem Gedächtnis ein, … wenn ich einige Striche zeichne oder aufschreibe, sodass nicht nur der Kopf, sondern auch die anderen Organsysteme beteiligt sind. […] Das Wesentliche daran ist, dass ich dem Gedanken durch Striche Ausdruck verleihe und ihn so fixiere. So kann man bei mir ganze Wagenladungen von alten Notizbüchern finden, die ich nie wieder ansehe. Sie sind auch nicht dazu da, sondern damit dasjenige, was ich mit Mühe aus dem Geiste herausgeholt habe, so weit gebracht werden kann, um es in Worte einzukleiden und es damit an das Gedächtnis heranzubringen.»⁵³

Der Verweis auf die Notwendigkeit des Schreibens oder Zeichnens, um die Ergebnisse der geistigen Forschung an die Sphäre des Gedächtnisses und der Mitteilbarkeit heranzubringen, wirft noch ein anderes Licht auf die Tafelzeichnung: Wenn es sich, wie Rudolf Steiner bei einer anderen

Gelegenheit sagt, bei seinen Vorträgen immer «um das unmittelbar augenblickliche Produzieren», «um das Sprechen aus dem Geiste heraus handelt»,[54] war ihm selbst vielleicht von dieser Seite aus die Zeichnung in besonders schöpferischen Augenblicken nötig.

In einem Vortrag für die Pädagogen spricht Rudolf Steiner davon, sogar den in der Schule üblichen Tafelanschrieb möglichst so zu gestalten, dass ein Bild entstehe: «Manchmal ergeben sich Gelegenheiten, das Bild aus einer ganz besonderen Ecke des Lebens, möchte ich sagen, herauszubringen. Mathematische Formeln oder Formelfolgen lassen sich manchmal durch Figuren umgrenzen, welche direkt als schön empfunden werden können. Solche Gelegenheiten sollten wir nicht vorbeigehen lassen …, wo man irgendetwas anschaulich machen kann, was vielleicht nur eine Art unnötige Ranke für denjenigen ist, der nur in philiströs-logischer Art zu denken vermag. Die philiströs-logische Art, die sollen wir allmählich für dieses Lebensalter – wenn ich mich so ausdrücken darf – aus unserer Seele herausimpfen. […] wir sollten mit aller Gewalt auf das Imaginative oder auf das Musikalische hinarbeiten, und kommen dann für dieses Lebensalter dem Rhythmus eigentlich bei.»[55]

Die Tafelzeichnung – in dem Sinne, wie sie von Rudolf Steiner gehandhabt wird – ist von daher also noch ein weiteres Mittel, um die Menschen zu innerlicher Tätigkeit anzuregen: die *Zuhörer* wurden zu *Zuschauern*, zu Zeugen einer Bild-Entstehung, die sie selbst Schritt für Schritt innerlich nachvollziehen, ‹mittun› konnten.

Die Tafelzeichnung im Vortrag: drei Beispiele

Um die spezielle Qualität, die durch die Zeichnungen in die Vorträge hereinkam, an konkreten Beispielen zu verdeutlichen, sollen abschließend drei Tafelzeichnungen vorgestellt werden.

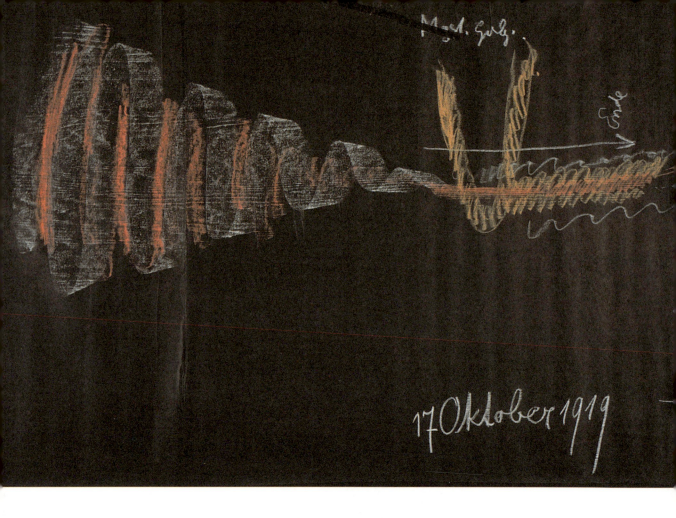

Naturerkenntnis und moralisches Wollen

Abb. 1:
Tafelzeichnung aus dem Vortrag vom 17. Oktober 1919, in: *Soziales Verständnis aus geisteswissenschaftlicher Erkenntnis* (GA 191).

Im Vortrag vom 17. Oktober 1919[56] spricht Rudolf Steiner von der heutigen Kluft zwischen Natur- und Moralerkenntnis. In früheren Zeiten «der alten heidnischen Weisheit» war das nicht so. In Ägypten z. B. war die Wissenschaft vom Kosmos zu gleicher Zeit Moralwissenschaft. Diese alte Urweisheit wurde im Laufe der Menschheitsentwicklung abgelähmt. Der Impuls, der mit dem Mysterium von Golgatha in die Welt kam, musste den Rest der moralischen Kraft gleichsam schützen. Statt der alten Urweisheit entwickelte sich ab der Mitte des 15. Jahrhunderts etwas Neues, ein «Na-

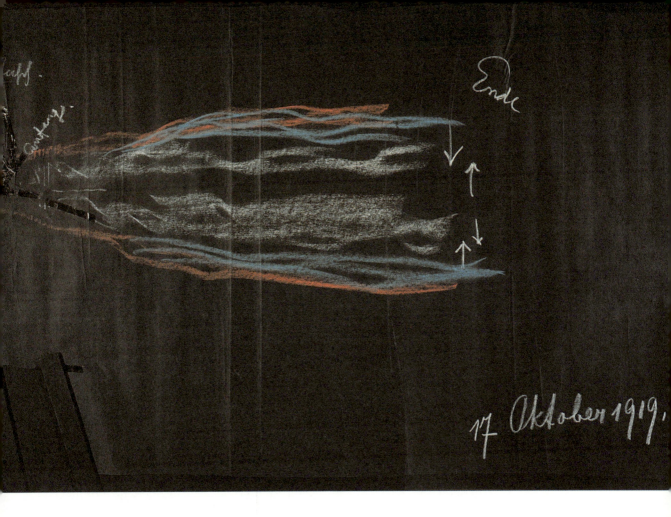

turwissen», das «gar keinen moralischen Impuls in sich enthält».⁵⁷ Neben diesem Naturwissen, so Rudolf Steiner, muss sich nun in unserer Zeit ein «neues übersinnliches Wissen» entwickeln, das «auch wiederum die Strahlen moralischen Wollens in sich enthalten»⁵⁸ kann.

Diesen hier in Kürze geschilderten Gedankengang begleitet Rudolf Steiner mit einer querformatigen Zeichnung auf zwei zusammengeklebten Tafeln. Mit der Längsseite der Kreide malt er in weißer Farbe rhythmisch schwingende, sich immer mehr verengende Wellenschleier auf die Tafel, in die hinein er senkrechte rote Farbbänder setzt, die er mit einer anderen Zeichentechnik erzeugt: Mit einer Seite des stumpfen Kreideendes fährt er jeweils einige Male in kräftigen Strichen hinauf und hinunter. Die einzelnen Bänder sind – fast unsichtbar, hauchartig zart – miteinander verbunden. Am Anfang sind die roten Stelen rhythmisch auf die Außenlinien der weißen Wellen gesetzt – dieser Rhythmus verliert sich jedoch gegen die Mitte der Zeichnung hin; zugleich nimmt die Intensität der roten Farbe deutlich ab.

Die weißen Wellen stehen für die «alte Urweisheit», die mit der moralischen Kraft respektive Weisheit (rote Bänder) einst verbunden war – ein «integrierender Bestandteil» derselben. «Nun ist die alte Urweisheit abgelähmt worden. Sie konnte nicht mehr der Träger sein des moralischen Impulses», fährt Rudolf Steiner fort. Was er hier gedanklich ausdrückt, hatten seine Hörer schon kurz vorher sehend ‹erfühlt›, nämlich im Unrhythmischer- und Schwächer-Werden der roten Akzente gegenüber den weißen, schwingenden Kreideschleiern. Ein harmonisches Zusammenspiel kommt sichtbar zu seinem Ende.

Der Einschlag, den das Mysterium von Golgatha für die Menschheitsentwicklung bedeutet, tritt durch eine neue Kreidefarbe auf der Tafel in die Sichtbarkeit: es entsteht eine nach oben offene, goldgelbe Parabel. In den horizontalen Zeiten- bzw. Zeichenstrom kommt ein vertikales Keilelement hinein. Nicht von der Form, aber von der Farbe her schließen sich an den rechten Ast der Parabel zwei Bänder, die die von der Weiße verlassenen, zum horizontalen Strich gewordene Röte nun einschließen. Entsprechend heißt es bei Rudolf Steiner: «Dieser moralische Impuls musste gewissermaßen in Schutz und Schirm genommen werden von dem Mysterium von Golgatha», in den Christus-Impuls musste hineingetragen werden, «was als moralischer Extrakt gewissermaßen von der alten Urweisheit geblieben ist».[59] Von der alten «Urweisheit» ist nur die Überlieferung geblieben: «sie perlt noch fort wie in Wellen», beschreibt Rudolf Steiner die das kompaktere rot-gelbe Gebilde locker begleitenden dünnen weißen Wellenlinien. – Nun zieht ein Neues herauf: das aller moralischen Impulse entkleidete moderne Naturwissen, das interessanterweise wieder die Farbe Weiß erhält. Ganz zart schließt es sich an die bisherige Zeichnung an: mit zögerlichen, horizontalen Strichlein, am Anfang noch begleitet von den weißen Wellchen der ‹Überlieferung›. Die

Weiße, die für die neue Art von Weisheit steht, breitet sich in schlierenhaft-unstrukturierten, horizontal fließenden Bändern aus, die zwischen sich einen schwarzen Streifen des Tafelgrundes offen lassen.

Die rote Innenlinie aber, die für die vom Christus-Impuls geschützte Moralität steht, stülpt sich in zwei Linien nach außen. Begleitet, teilweise übermalt wird sie von blauen, horizontalen, kräftig gezogenen Farbstrichen, die wiederum ein Neues signalisieren: «ein neues übersinnliches Wissen»,[60] das sich neben dem «Naturwissen nunmehr entwickelt» und «auch wiederum die Strahlen moralischen Wollens» in sich enthalten kann. Hier differiert die Zeichnung leicht von Rudolf Steiners Worten: Optisch betrachtet, umschließen die roten Strahlen (moralisches Wollen) die blauen (neues übersinnliches Wissen).

Am Erdenende, wird dann «zusammenfließen können dasjenige, was übersinnliches Wissen ist, mit dem sinnlichen Wissen, und es wird aus diesem eine Einheit entstehen können».[61] Dies deutet der Zeichnende mit vier Pfeilen an: zwei von innen nach außen, zwei von außen nach innen. Wiederum ein Rätsel: Warum benutzt Rudolf Steiner hier nur die gedanklich-abstrakten Pfeile, statt, wie er es sonst gerne macht, ein Farbenschleier-Konglomerat von Weiß, Blau, Rot zu malen? Und wie sind die diversen Formverwandlungen der roten Linie(n) zu deuten – was sagt dies über die Metamorphose des moralischen Elementes aus?

Die Fragen sollen hier nicht gelöst werden. Hier soll nur darauf aufmerksam gemacht werden, wie interessant es ist, darauf zu achten, wo offene Verhältnisse, wo Entsprechungen und Differenzen zwischen Gedankengang und Zeichnung zu finden sind. Wendet man hierauf die Aufmerksamkeit, wird man bemerken, dass man in die dargestellten Inhalte viel tiefer eingeführt wird, als wenn es diese ‹Verunklärungen› nicht gäbe. Die Tafelzeichnungen sind eben keine Verdoppelung des mündlich Dargestellten. Sie haben ihre eigene Dynamik, ihre eigenen Fragen – und können zu Erkenntnissen in der Sache führen, die Rudolf Steiner in seinen Worten gar nicht ausgeführt hat. Wichtig ist dabei, sich aus den Zeichnungen zu erschließen, *wie* er gezeichnet hat, *welche Bewegungen* er dabei ausgeführt hat. Der sinnlich-sittliche Eindruck ist eben ein ganz anderer, ob harmonisch-rhythmische Wellenschleier oder akzentuierte Linien angelegt werden. Man schaue sich unter diesem Gesichtspunkt die in Rede stehende Zeichnung nochmals an – und man wird erstaunen, wie viele verschiedene Bewegungsmuster darin zu finden sind.

Wandel der Weltanschaung

Werfen wir zunächst einen Blick auf die Tafel, die während Rudolf Steiners Vortrag vom 25. März 1922[62] entstanden ist. Man sieht drei annähernd kreisrunde hellgrüne Flächen, von links nach rechts etwas kleiner werdend. Während die erste Fläche von zarten roten Schleiern durchwebt ist, findet sich im Zentrum des zweiten Kreises eine runde Fläche in intensivem Gelb; oben ist ein blaues Kreuz aufgestellt, dessen Mitte von einem roten Kreis umfangen wird. Das dritte grüne Gebilde umschließt ebenfalls eine gelbe Fläche, in deren Zentrum sich ein roter Punkt befindet, der sechs Strahlen aussendet, die über das Gelb hinaus in die grüne Fläche reichen. Diese wird von einer Linie umgrenzt, die dieselbe Farbe (blau) aufweist wie das auf dem zweiten Körper stehende Kreuz. Auf diesem dritten Kreis steht ebenfalls ein Kreuz – hier aber in blauvioletter Farbe –, und der Schnittpunkt der Balken wird nicht von einem Kreis, sondern von einer rautenförmigen Linie umschlossen.

Die Grundfarbe ist in allen drei Gebilden dieselbe. Die rote Farbe, die die erste Kreisfläche verhalten durchwebt, kehrt im zweiten Gebilde als kleiner, aber intensiv leuchtender Kreis um den Schnittpunkt der Kreuzbalken wieder; im dritten Kreis ist das Rot ganz ins Zentrum gewandert, um von dort aus Strahlen auszusenden. Zuerst also durchzieht die rote Farbe diffus das ganze Gebilde, dann rückt sie als deutlich konturierte Figur (Kreislinie) außerhalb desselben, um schließlich vom Zentrum des dritten Gebildes als Stern auszustrahlen. Das Blau dagegen, das erst im zweiten Gebilde auftaucht und als Kreuz die Grünfläche gleichsam bekrönt, umschließt die dritte Kreisfläche. Das Kreuz auf dem dritten Gebilde nimmt die Bläue auf, aber in einer ins Violette gehenden Variante. Die gelbe Kreisscheibe im dritten Gebilde scheint derjenigen im zweiten Kreis zu gleichen; bei näherem Hinschauen kann man jedoch entdecken, dass sie anders gemalt ist –

in einer Art Spirale, die in der roten Mitte ihr Zentrum findet. – Man kann lange über die Bewegungen und Metamorphosen der Farben sowie die unterschiedliche Art ihres Auftrags auf den schwarzen Karton nachsinnen; mit dieser Vorbereitung wird sich die Gedankenlinie des Vortrags, während dem sie entstanden, noch einmal ganz anders erschließen.

Das Thema des Vortrags ist der ‹Wandel der Weltanschauung› von den alten vorgriechischen Kulturepochen bis heute. In den alten Zeiten konnte der Mensch in der Natur noch unmittelbar das Geistig-Seelische wahrnehmen. Dies finden wir visuell umgesetzt im linken Teil der Tafelzeichnung: Die grüne Farbe steht für die Natur, die vom Rot – dem Geistig-Seelischen – vollständig durchzogen erlebt wird. Das mittlere Gebilde gilt für die griechische Zeit: da empfand der Mensch zumindest zeitweise die Natur als tot, als entseelt – das Grün wird nicht mehr vom Rot durchzogen. Dafür aber konnte der Grieche gegenüber der Natur schon ein deutliches

Abb. 2: Tafelzeichnung aus dem Vortrag vom 25. März 1922, in: *Das Sonnenmysterium* (GA 211).

Ich-Erlebnis haben; im Bild dargestellt als die deutlich gegenüber dem Grünen abgegrenzte gelbe innere Kreisscheibe. Da wurde das Göttliche gesucht im Schauspiel, in der zunächst nur der Gott Dionysos, der «sich aus den geistigen Kräften herausarbeitete und an die Oberfläche der Erde drang»,[63] auftrat. Dionysos «lernte den Tod nicht an sich selbst erleben, aber er lernte ihn anschauen».[64] Der Zuschauer sah in der Tragödie «im Bilde das Dasein des Gottes im Menschen». Diesem gewissermaßen distanzierten Anschauen des Göttlichen, das man nicht mehr in der Natur und noch nicht in sich selbst erlebte, entspricht auf der bildlichen Ebene das nach außen gestellte Kreuz: das Rote, das für das Göttlich-Geistige steht, ist weder in der grünen (Natur) noch in der gelben Fläche (Ich-Bewusstsein) zu finden; es kann nur außerhalb als Bild angeschaut werden.

Erst indem im Mysterium von Golgatha das Drama «weltgeschichtliches Ereignis»[65] wurde, «geht das, was der Mensch ursprünglich verloren hatte, ihm in seinem eigenen Innern auf und strahlt aus dem eigenen Innern aus: Nicht ich, sondern der Christus in mir»: die rote Farbe ist in die gelbe Fläche (Ich-Bewusstsein) eingezogen und durchstrahlt diese.

Man könnte noch viele, hier nicht beschriebene Feinheiten in dieser Zeichnung entdecken – wie jedes Bild ist es unausschöpfbar. Doch muss man sich immer auch dessen bewusst sein, dass es nicht um eine Komposition im üblichen Sinne handelt, sondern um ein spontan angelegtes Bild. Deshalb muss man nicht jeden ‹zufälligen› Strich interpretieren wollen. Man würde die Zeichnungen so zu Illustrationen erniedrigen oder symbolisch missdeuten; vielmehr sollte das Betrachten und auch das Verstehen-Wollen der Zeichnungen im Freiraum der künstlerischen Empfindung bleiben. Dann kann immer wieder zum Erlebnis werden, dass man in dieser künstlerischen Empfindung eine ähnliche innere Bewegung vollzieht wie im Aufnehmen der Worte des Vortrags. Die innere Gebärde wird sich als verwandt erweisen; die dadurch gewonnenen Erkenntnisse aber werden sich nicht ganz decken – immer wird das Bild noch anderes als das Wort, das Wort noch anderes als das Bild offenbaren.

Die Wirkensart der Stoffe

Zum Schluss sei noch eine dritte Wandtafelzeichnung betrachtet, die sehr anschaulich zeigt, wie die Tafelzeichnung eine neue Dimension des im Vortrag Dargestellten erschließen kann.

Einer der Vorträge, mit denen Rudolf Steiner eine Neubelebung einer menschen- und naturgemäßen Landwirtschaft impulsieren wollte, ist betitelt: ‹Exkurs in die Tätigkeit der Natur: Die Wirkungsart der Stoffe in der Natur›.[66] Es werden die Elemente, die die Grundlage alles Organischen, das Eiweiß, konstituieren, vorgestellt: Kohlenstoff, Sauerstoff, Stickstoff. Aber, wie gesagt, es geht nicht um eine Substanzkunde, sondern um die ‹Tätigkeit›, die *Wirkensart* dieser drei Stoffe.

Zuerst wird der Kohlenstoff vorgestellt; dieser hat die Aufgabe, für das Geistige im Physischen Wege zu bahnen: «... allem Lebendigen [liegt] ein entweder mehr oder weniger festes oder mehr oder weniger fluktuierendes kohlenstoffartiges Gerüste zugrunde ..., auf dessen Bahnen sich das Geistige bewegt durch die Welt.»[67] Mit den Worten: «Ich will so ein Gerüste, das der Geist mithilfe des Schwefels irgendwie aufbaut, so hinzeichnen», beginnt Rudolf Steiner, die Zeichnung anzulegen. Die blaue Linie, die diese gerüstebildende Tätigkeit des Kohlenstoffs veranschaulichen soll, ändert in rhythmischen Abständen entschieden die Richtung, kreuzt sich dabei selbst und schließt sich auf diese Weise zu dreieckigen Formen zusammen. Im anschauenden Nachvollziehen dieses Zeichenprozesses wird einem die gerüstebildende Kraft des Kohlenstoffes zum inneren Erlebnis.

Als Nächstes wird der Sauerstoff vorgestellt, der «physische Träger des Geistigen, das im Ätherischen wirkt», die «wallende, vibrierende, webende Wesenheit des Ätherischen», das «wolkenartig überall hinfluten» will.[68] Und weil «das Ätherische ganz ausgebreitet sein [muss], wo das Gerüste ist»,[69] wird das blaue Gerüst mit einem grünen Netz in ausgreifenden Bewegungen kreuz und quer überzogen: der sich überall hin ausbreitende Charakter des Sauerstoffes respektive des Ätherischen wird damit sichtbar gemacht.

Schließlich gilt es noch, die spezielle Qualität des Stickstoffes dar-

Abb. 3:
Tafelzeichnung aus dem Vortrag vom 11. Oktober 1924, in: *Geisteswissenschaftliche Grundlagen zum Gedeihen der Landwirtschaft* (GA 327).

zustellen. Der Stickstoff ist der Vermittler zwischen dem Ätherisch-Sauerstofflichen und dem Geistig-Kohlenstofflichen, er ist «der große Schlepper»,[70] der das Lebendige zum Geistigen bringt. Auf der Tafel entstehen gelbe Akzente; schaut man genauer hin, so sieht man, dass die gelben Doppellinien jeweils eine blaue einschließen: sie bilden Brücken zwischen dem grünen Gewebe und dem blauen Gerüst.

Man könnte sich fragen, warum die omnipräsente Qualität des Sauerstoffes nicht entsprechend seiner Charakterisierung «wolkenartig» gemalt wurde. Hieran wird deutlich, dass die Bilder nicht eine 1:1-Umsetzung der Worte sind – eine nachgereichte Illustration –, sondern ihre eigenen Gesetze haben. Es kam Rudolf Steiner weniger auf ein fertiges Bild an, das die Qualitäten der drei Elemente veranschaulichen sollte, als vielmehr darauf, dass die Zuhörer/Zuschauer seine zeichnenden Gebärden innerlich mitvollziehen konnten. Wenn man sich diese Gebärden aus der Zeichnung rückerschließt, so kann deutlich werden, dass in unserem Beispiel die sich überall hin *ausdehnende* Qualität des Sauerstoffes durch die sehr kräftigen – und wie man an den Linien sieht, auch sehr schnellen – Hin- und Herbewegungen viel besser veranschaulicht wurde, als wenn Rudolf Steiner das blaue Kohlenstoffgerüst mit grünen Wolkenschleiern hinterlegt hätte.

Gerade die ‹Tätigkeiten› der besprochenen Substanzen, um die es ja hauptsächlich ging, wurden durch die zeichnenden Gebärden auf eine eindrücklichere Art vermittelt, als es in bloßen Worten möglich gewesen wäre.[71]

Das Lesen der Bilder

Vielleicht lässt sich an den oben besprochenen Beispielen anfänglich nachvollziehen, was die Tafel für den Zuhörer der Vorträge bedeutete, der sehen konnte, was Rudolf Steiner mit jedem Strich wollte. Warum aber wirken die Tafeln offensichtlich noch heute – wie im anfänglichen Zitat ganz deutlich wurde – anregend für den Betrachter, der nicht mehr Zeuge dieses kreativen Prozesses ist, ja, der den (Vortrags)Kontext, in den die Tafeln eigentlich gehören, meist gar nicht kennt?

Nicht ohne Bedeutung ist hierfür sicherlich, dass sich in den letzten hundert Jahren – nach dem Beginn der Moderne in der Kunst – die Sehgewohnheiten radikal geändert haben: ein gegenüber dem 19. Jahrhundert ganz neues Bildverständnis entwickelte sich. Insbesondere wurde die Erwartung, im Bild eine ausschnittartige Wiedergabe (Abbildung) der Wirklichkeit zu sehen – das Konzept des ‹offenen Fensters› –, verabschiedet. Man hat sich daran gewöhnt, keine Perspektive zu haben; es dürfen sogar ganz verschiedene Sehimpulse in einem Bild gekoppelt sein. Weiterhin war für die neue Art von Bildverständnis die Befreiung der bildnerischen Mittel von entscheidender Bedeutung: Farben und Formen mussten nun nicht unbedingt mehr ein anderes repräsentieren, sondern man lernte, ihr reines Spiel künstlerisch empfinden zu können.

Diese neue Art des Bildverständnisses kam den Wandtafelzeichnungen zugute. Der heutige Betrachter muss nicht unbedingt wissen, was dies oder jenes ‹bedeutet›, sondern erfreut sich an den auf schwarzem Grund leuchtenden Farben und an den teilweise ungewöhnlichen Formen. Er fühlt sich angeregt, über rätselhafte Textfragmente in Zusammenhang mit den Zeichnungen nachzudenken. Er schaut verschiedene auf der Tafel vereinigte Gebilde, die vielleicht ursprünglich gar keinen Bezug zueinander hatten, in einen neuen Zusammenhang.[72]

Schließlich aber empfindet der Mensch des ausgehenden 20. Jahrhunderts auch den Reiz des Skizzenhaften, Unfertigen, Improvisierten, Spontanen. Die Skizze regt an, der Betrachter fühlt sich an den Ursprung ihres Werdens zurückversetzt, fühlt sich als Zeuge einer Geburt, als Zeuge des Augenblickes, in dem sich ein Geistiges in den bildnerischen Ausdrucks umsetzt. Dieses Moment der ‹Frische›, der Unmittelbarkeit und dadurch der Modernität wird in vielen Besprechungen über die Tafelzeichnungen hervorgehoben.

Die innere Tätigkeit, die Beweglichkeit, das innerliche Mittun der Menschen anzuregen, wurde oben als zentrales Bestreben Rudolf Steiners beschrieben. Als *ein* Mittel unter vielen setzte er dafür auch die Wandtafelzeichnung ein. Offensichtlich hat er damit einen Weg gefunden, der auch heute noch – in einer Zeit, in der viele Menschen klagen, das Lesen seiner Texte sei zu schwierig – in das Innere der Menschen dringt. So kann sich der aufmerksame Betrachter, der sich den Tafelzeichnungen mit offenem Interesse nähert, wie der oben zitierte Monty Dipietro seine «imagination», seine Vorstellungskraft auf eine Weise herausgefordert fühlen, dass ihm bei den üblichen ihn umgebenden (Medien-)Bildern plötzlich eine Dimension zu fehlen scheint: Sie erscheinen nach dem Betrachten der Tafelzeichnungen belanglos, weil sie nicht darauf ausgehen, die «Selbsttätigkeit» des Menschen zu fördern, Keime imaginativer Fähigkeiten zu legen, sondern fertige Botschaften vermitteln wollen.

Rudolf Steiner hat sein ganzes Werk so mit dem Blick zum Imaginativen hin angelegt, dass es sich leicht ins visuell Bildnerische umsetzen ließe. 1917 sagte er in einem Vortrag: «Ich würde zum Beispiel sehr gern den Inhalt meiner ‹Philosophie der Freiheit› zeichnen. Nur würde man es heute nicht lesen können. Man würde es heute nicht empfinden können, weil man heute auf das Wort dressiert ist.»[72] – Vielleicht hat die Zeit des ‹In-Zeichnungen-lesen-Könnens› in allerersten Anfängen inzwischen begonnen?

Anmerkungen

1. Monty Dipietro in: *Asahi Evening News*, 6. Februar 1997: ‹Spirit of the blackboard›.
2. Vortrag vom 26. November 1921, in: Rudolf Steiner, *Die Wirklichkeit der höheren Welten*, GA 79, S. 53. Bände der Gesamtausgabe (sämtlich Rudolf Steiner-Verlag, Dornach) werden im Folgenden mit Angabe der Gesamtausgabe-Nummer (GA), aber ohne Jahresangabe zitiert. Die Seitenangaben beziehen sich auf die jeweils letzte Auflage.
3. Siehe z.B. den Sammelband *Was ist ein Bild?* (hrsg. von Gottfried Boehm), München 1994.
4. Jacob u. Wilhelm Grimm, *Deutsches Wörterbuch* (Nachdruck der Erstausgabe 1860-64), München 1999. Bd. 2, Sp. 9, Punkt 1.
5. Ebenda, Sp. 9, Punkt 3.
6. Ebenda, Sp. 12, Punkt 8.
7. Für die Grimms ist dies *eine* Möglichkeit von ‹Bild› unter vielen. Meiner Überzeugung nach gilt das jedoch für jedes ‹echte› Bild.
8. In: ‹Philostrats Gemählde. Nachträgliches› Weimarer Ausgabe im Nachdruck, München 1987. Bd. 56, S. 142.
9. Vgl. Anm. 4, Sp. 10, Punkt 4.
10. Ebenda.

11 Vgl. hierzu den Vortrag vom 30. August 1921 in: *Anthroposophie, ihre Erkenntniswurzeln und Lebensfrüchte,* GA 78.
12 Dieser Begriff stammt von dem Sprach- und Bildkritiker Uwe Pörksen; vgl. sein Buch: *Weltmarkt der Bilder: Eine Philosophie der Visiotype.* Stuttgart 1997.
13 Vortrag vom 1. Juni 1922, in: *Westliche und östliche Weltgegensätzlichkeit,* GA 83, S. 22f.
14 Vortrag 10. April 1922, in: *Damit der Mensch ganz Mensch werde,* GA 82, S. 125.
15 Vortrag vom 3. September 1921, in: *Anthroposophie, ihre Erkenntniswurzeln und Lebensfrüchte,* GA 78, S. 119.
16 *Die Geheimwissenschaft im Umriss* (1910), GA 13, Kap. ‹Die Erkenntnis der höheren Welten›, S. 320.
17 Siehe dazu Martina Maria Sam, *Bildspuren der Imagination,* Dornach 2000, Kap. ‹Die Verstärkung des Denkens. Rudolf Steiners Begriff der Imagination›, S. 30ff.
18 Vortrag vom 3. September 1921, GA 78 (vgl. Anm. 15), S. 120.
19 Ebenda. Den Schritt, der von den bloßen Bildern zur (geistigen) Wirklichkeit hinführt, nennt Rudolf Steiner ‹Inspiration›; der Weg zur Inspiration besteht im Wesentlichen darin, die durch die imaginative Erkenntnis erzeugten Bilder willkürlich aus dem Bewusstsein wieder wegzuschaffen.
20 In: *Von Seelenrätseln* (1918), GA 21, Kap. II: ‹Max Dessoir über Anthroposophie›, S. 43.
21 *Die Geheimwissenschaft im Umriss* (1910), GA 13, Kap. ‹Die Erkenntnis der höheren Welten›, S. 351.
22 Vortrag vom 18. September 1915, in: *Der Wert des Denkens für eine den Menschen befriedigende Erkenntnis,* GA 164, S. 36.
23 Ebenda, S. 38.
24 Ebenda.
25 Vortrag vom 25. November 1921, in: *Die Wirklichkeit der höheren Welten,* GA 79, S. 50.
26 Ebenda, S. 52.
27 Im Vortrag vom 28. März 1919, in: *Vergangenheits- und Zukunftsimpulse im sozialen Geschehen,* GA 190, S. 65.
28 Vortrag vom 25. August 1919, in: *Erziehungskunst. Methodisch-Didaktisches,* GA 294, S. 61.
29 Ebenda, S. 60.
30 Vortrag vom 11. März 1922, in: *Erneuerungs-Impulse für Kultur und Wissenschaft,* GA 81, S. 149.
31 Vortrag vom 19. Dezember 1917, in: *Die Mission der neuen Geistes-Offenbarung,* GA 127, S. 207. Kursivsetzung vom mir, MMS.
32 Erwähnenswert ist in diesem Zusammenhang, dass schon vor vielen Jahrhunderten ein bedeutender Denker ganz ähnliche Gedanken über den Umgang mit Bil-

dern äußerte: Johannes Scotus Eriugena. Er legt in seiner Schrift *De divisione naturae* das Gleichnis vom verlorenen Sohn aus. Der zu Hause gebliebene Sohn erfährt darin im Laufe der Geschichte zwei sehr verschiedene, zunächst einander widersprechende Deutungen. Dessen ist sich Eriugena bewusst, ja, er führt sogar aus, dass es grundsätzlich zwei Arten von Gleichnissen gibt: «Die eine Art behält die gleichmäßige und ununterbrochene Folge in Betreff einer und derselben Sache ohne irgendeinen Übergang in ein anderes Bild bei, während bei der anderen der Übergang in verschiedene Bilder vorkommt» (zitiert nach Halfen 2000, S. 107). Für Eriugena hat dieser ‹transitus parabolarum›, der Übergang der Bilder, sogar eine spirituelle Dimension: Der Prozess der vieldeutigen Auslegung enthüllt sich als «Medium einer Gotteserfahrung, bei welcher der Übergang von der einen zur anderen Deutung *(transitus parabolarum)* als Übergang des Herrn *(transitus Domini)* im Geiste des Auslegenden gefasst wird. Im Wandel des Deutungszusammenhangs für ein Gleichniselement vollzieht sich die *Theophanie* des vorüberwandelnden Herrn, der, wie es dort heißt ‹gefunden und doch nicht gefunden› wird» (Halfen, S. 108). Um die göttliche Natur also nur annähernd ‹verstehen› zu können, ist die Beweglichkeit des Geistes, ein Bild *so* und dann wieder *ganz anders* verstehen zu können, Voraussetzung. Gerade diese Beweglichkeit, die Fähigkeit des Übergangs vom einen zum anderen, deutet Eriugena als Weg, um «das in der Schrift verborgene Wesen als Realität» zu finden. Auch wenn Eriugenas Überlegungen sich ganz im theologischen Kontext bewegen, sind die Parallelen zu den Ausführungen Rudolf Steiners doch bemerkenswert: hier wie dort ist die innere Beweglichkeit, die der Umgang mit dem vieldeutigen Gleichnis respektive Bild erfordert, die Voraussetzung, sich dem Geistig-Göttlichen zu nähern. – Ich verdanke diesen Hinweis Roland Halfen, der in seiner Schrift über die Deutung des Schöpfungszyklus an der Nordvorhalle der Kathedrale von Chartres dieses Konzept des ‹Transitus parabolarum› mit einbezieht (Roland Halfen: Disposition und Stringenz. Zum Schöpfungszyklus an der Nordvorhalle der Kathedrale von Chartres. Sonderdruck aus: *Marburger Jahrbuch für Kunstwissenschaft*, 27. Bd., S. 83-119, Marburg 2000).

33 Wichtig ist dabei jedoch, dass die Seele zwar ganz aktiv im Nachvollziehen des Geschehens ist, sich aber nie darin verliert, sondern sich immer ihrer selbst bewusst bleibt. Das ist weder bei der Vision noch bei heftigen Emotionen oder gar Ekstase der Fall. Dort verliert sich die Seele im Erlebnis und hat kein Bewusstsein ihrer selbst als Erlebende mehr. Vgl. zum Bildgehalt der Märchen auch den Beitrag von Arnica Esterl in diesem Band.

34 Vortrag vom 14. Januar 1917, in: *Die Ergänzung heutiger Wissenschaften durch Anthroposophie*, GA 73, S. 187.

35 Ebenda. Vgl. hierzu auch den Beitrag von Johannes W. Schneider in diesem Band.

36 Vortrag vom 26. August 1913, in: *Die Geheimnisse der Schwelle*, GA 147, S. 58.

37 Ebenda, S. 53.
38 Vortrag vom 24. August 1911, in: *Weltenwunder, Seelenprüfungen und Geistesoffenbarungen*, GA 129, S. 147f.
39 Vortrag vom 12. Oktober 1921, in: *Anthroposophie, Soziale Dreigliederung und Redekunst*, GA 339, S. 41.
40 Vortrag vom 28. März 1913, in: *Eine okkulte Physiologie*, GA 128, S. 187f. Im Vortrag vom 5. Juni 1917 (in: *Menschliche und menschheitliche Entwicklungswahrheiten*, GA 176) betont er, dass das Beweglichmachen der Begriffe und Vorstellungen einer der zentralen Verdienste Goethes sei. Ohne dieses «Beweglichmachen» hätte Goethe den Metamorphosegedanken nicht entdecken können.
41 In: *Metamorphosen des Seelenlebens*, GA 59.
42 Ebenda, S. 39.
43 Ebenda, S. 40f.
44 Vortrag vom 31. Dezember 1919, in: *Geisteswissenschaftliche Sprachbetrachtungen*, GA 299, S. 52. – Als Beispiel gibt er u. a. die Fügung ‹Die Seele lebt und webt› an, womit ein bestimmter Zustand zwischen Passivität und Aktivität ausgedrückt wird.
45 So beispielsweise im Vortrag vom 28. März 1919 (*Vergangenheits- und Zukunftsimpulse im sozialen Geschehen*, GA 190, S. 65) auf seine *Kernpunkte der sozialen Frage* (GA 23), oder im Vortrag vom 18. Juli 1916 (*Weltwesen und Ichheit*, GA 169) auf seine Schrift *Vom Menschenrätsel*, GA 20.
46 Ebenda (GA 190), S. 65.
47 Ebenda, S. 67.
48 Ebenda, S. 68.
49 Ebenda, S. 69.
50 *Mein Lebensgang*, GA 28, Kap. XXXIII, S. 453f. Kursivsetzungen von mir, MMS.
51 Vortrag vom 18. Juli 1923, in: *Rhythmen im Kosmos und im Menschenwesen. Wie kommt man zum Schauen der geistigen Welt?*, GA 350, S. 206f.
52 Ebenda, S. 206.
53 Vortrag vom 30. April 1923, in: *Was wollte das Goetheanum und was soll die Anthroposophie?*, GA 84, S. 195f.
54 Vortrag vom 25. November 1919, in: *Idee und Praxis der Waldorfschule*, GA 297, S. 152f.
55 Vortrag vom 22. Juni 1922, in: *Erziehung und Unterricht aus Menschenerkenntnis*, GA 302a, S. 93f.
56 Enthalten in: *Soziales Verständnis aus geisteswissenschaftlicher Erkenntnis*, GA 191.
57 Ebenda, S. 133.
58 Ebenda, S. 134.
59 Ebenda, S. 129f.

60 Ebenda, S. 134.
61 Ebenda.
62 Enthalten in: *Das Sonnenmysterium und das Mysterium von Tod und Auferstehung*, GA 211, S. 47-61.
63 Ebenda, S. 54.
64 Ebenda.
65 Ebenda, S. 56.
66 Vortrag vom 11. Juni 1924, enthalten in: *Geisteswissenschaftliche Grundlagen zum Gedeihen der Landwirtschaft*, GA 327, S. 63-84.
67 Ebenda, S. 67.
68 Ebenda, S. 71.
69 Ebenda, S. 67.
70 Ebenda, S. 78f.
71 Obwohl Rudolf Steiner auch im sprachlichen Bereich zur Kennzeichnung der Elemente wunderbare Bilder gebraucht, über die man lange nachsinnen kann; vgl. z. B. die Bezeichnung des Stickstoffs als «Vermittler» oder «Schlepper».
72 Vgl. z. B. die Tafel zum Vortrag vom 5. Juli 1924; enthalten in: *Heilpädagogischer Kurs*, GA 317.
73 Vortrag vom 3. Dezember 1917 (noch nicht in der Gesamtausgabe publiziert); hier zitiert nach Walter Kugler ‹Vom Begreifen der Kunst zur Kunst des Begreifens›, S. 14, in: Martin Hentschel (Hrsg.) *Rudolf Steiner. Tafelzeichnungen – Entwürfe – Architektur*. Ostfildern 1994.

Johannes Denger

«Es quillt ein Bild heraus …»
Vom Überwinden der Abstraktion in der Menschenbegegnung

Vorbemerkung

Im folgenden Essay wird versucht, auf die Notwendigkeit eines neuen Bildbewusstseins in der Menschenbegegnung hinzuweisen. Darauf hinführend soll der Mensch in der postmodernen Sinnkrise skizziert und der Anteil der naturwissenschaftlichen Welt- und Menschenzuwendung daran deutlich gemacht werden.

Kein Weg mehr – Die verlorene Sinnsuche

> «Meine Grundthese lautet: Die Suche nach dem verlorenen Sinn ist eigentlich eine Flucht aus der Komplexität. Und daraus folgt: Nach dem Sinn zu fragen heißt, die postmoderne Gesellschaft nicht zu wollen.»
>
> Norbert Bolz[1]

So leicht wird man heute zum Anarchisten! Nicht wer einen *bestimmten* Sinn behauptet, etwa den bewaffneten Kampf gegen den Weltkapitalismus, ist Anarchist. Es genügt heute, *überhaupt* nach Sinn zu suchen, um Gegner unserer herrschenden Gesellschaftsform zu sein. Selbst wenn man davon ausgeht, dass Norbert Bolz wie jeder begabte Agoge ironisch überspitzt, um zu verdeutlichen, trifft seine «Grundthese» und charakterisiert den Zeitgeist. Das Wort Sinn hat althochdeutsche Wurzeln mit Bedeutungen wie «reisen», «eine Richtung einschlagen». Der Archetypos *Weg* aber, der den Menschen über Jahrtausende seiner Entwicklung getragen hat, der der Menschheitsentwicklung selbst als Sinn immanent schien, wird mit jedem neuen Forschungsresultat demontiert. Die Vorstellung einer Richtung, die sich durch einen Ausgangspunkt, einen sich (höher-)entwickelnden Weg und ein tatsächlich oder idealiter erreichbares Ziel definiert, weicht zusehends anderen Modellen wie Zyklen, Netzen, Systemen. Dabei ist einmal mehr zu beobachten, dass zunächst reichlich theoretische und abgehobene wissenschaftliche Erkenntnisse sich in die Gemütsverfassung der Menschen senken und das Selbstverständnis einer ganzen Epoche prägen: Wir werden die, als die wir uns denken. Der wandernd lernende Geselle, der pilgernd seinen Glauben Erfahrende, der seine Biografie von Stufe zu Stufe Durchlebende, ja der Geistesschüler auf dem Schulungsweg, diese sich auf einem Weg von A nach B Befindenden werden abgelöst von einer Bewegungsart, die als Begriff immer häufiger in den unterschiedlichsten Zusammenhängen auftaucht, dem *Surfer*. Der Wellensurfer nutzt den Augenblick, kurz bevor die sich aufbauende Welle sich bricht und durch das Chaos geht. Er reitet auf ihr nicht, um von A nach B zu kommen, sondern um der Bewegung selbst willen: Steht er zu früh auf, wird er langsam und sinkt, kommt er zu spät, wird er überrollt. Es geht einfach darum, den richtigen Augenblick zu erwischen!

Surfen ist in den verschiedensten Lebensgebieten zu beobachten als *die* zeitgemäße Bewegungsform. An der Börse steht und fällt der Erfolg mit dem richtigen Moment zu kaufen und zu verkaufen, egal was. Der Beziehungssurfer gleitet mit, solange ihn die Gefühlswelle trägt, und springt rechtzeitig ab. Der User im Internet sucht selten etwas Bestimmtes, sondern surft von Homepage zu Homepage, einem nektarsaugenden Insekt gleich. Selbst die veraltete Hilfskonstruktion der Karriereleiter im Berufsleben greift immer weniger: Der Absturz in die Arbeitslosigkeit kann jeden treffen. Es geht darum, im richtigen Augenblick den richtigen Job zu bekommen oder das passende Produkt auf den Markt zu werfen: Das allein bringt Erfolg. Skaten, Boarden, Surfen, Biken, Raven, Abtanzen sind Bewegungen zum Selbstzweck, nicht zielgerichtet. Die Bewegung selbst ist Beweggrund, das Motiv das Motiv. Das gilt auch weitgehend für den Straßenverkehr: Will ich ein bestimmtes Ziel zu einem bestimmten Zeitpunkt erreichen, nehme ich die Bahn. Die vielen Bewegungen der Selbstbeweger (Automobile) lösen sich gegenseitig auf und enden immer häufiger in einem Stillstand.

Wir verstehen nun, warum jemand, der in diesem mehr oder weniger sensiblen Chaos einen *Sinn* sucht, gegen eben diese postmoderne Beliebigkeit ist. Er gleicht einem Autofahrer, der den entgegenkommenden Fahrern erklären will, dass sie in die falsche Richtung fahren. Oder einem Wellenreiter, der sein Brett besteigt, um Brötchen zu holen …

Ähnliche Beliebigkeit finden wir in der Beurteilung moralischer Fragen. Man weiß heute auf dem Hintergrund der Chaosforschung, dass eine «gute Tat» ebenso zum Bösen wie eine «böse Tat» zum Guten führen kann. Der einzige kategorische Imperativ, der uneingeschränkt gilt: Es muss Spaß machen! Aber irgendwie reicht das nicht als Motiv für ein ganzes Leben – zumal es nicht immer hinhaut (siehe Wellenreiten).

Daher verwundert es eigentlich nicht, wenn Norbert Bolz sein Buch «Die Sinngesellschaft», aus dem das Motto dieser Einleitung stammt. mit dem Zitat enden lässt: «Das Thema der postindustriellen Gesellschaft wird die knappe Ressource Sonn, der Lebenssinn sein. Denn der Mensch ist an sich ein sinnproduzierendes Wesen; der Mensch lebt nicht in irgendeiner Nische, er lebt im Horizont ‹der› ganzen Welt und bringt in ihr eine Darstellung der Welt hervor, eben eine welterschließende Darstellung, eine symbolische Form, mit einem Wort: Kultur.»

Die knappste Ressource heute ist nicht Öl oder Strom oder sonst eine Energieform, sondern schlicht: Sinn. Woher aber soll er kommen, nachdem wir ihn mit der Zähigkeit eines Kindes, das einen Wecker auseinander nimmt, konsequent zerstört haben?! Das ist die Fragerichtung dieses Versuchs.

Der Mensch – sich selbst Objekt

> «Philosophie stellt diejenigen Fragen, die nicht gestellt zu haben die Erfolgsbedingung des wissenschaftlichen Verfahrens war. Damit ist also behauptet, dass die Wissenschaft ihren Erfolg unter anderem dem Verzicht auf das Stellen gewisser Fragen verdankt.»
> Carl Friedrich von Weizsäcker[2]

Der Mensch ist sich selbst zum Objekt unter Objekten geworden. Das ist kein Zufall, sondern Ergebnis einer bestimmten Art der Weltzuwendung, die unter dem Begriff *Wertneutralität* zur wissenschaftlichen Methode schlechthin wurde. C. F. von Weizsäcker nennt sie «eine Schule der Distanz gegen die eigenen Wünsche». Nicht was behagt oder aufgrund bestimmter Sehgewohnheiten gefällt, darf leitend sein, sondern nur was objektiv, d.h. zähl-, mess- oder wiegbar ist an den Erscheinungen. Denkt man an die Bannkraft der kirchlichen Dogmen, die Märtyrer wie Francesco Redi oder Galileo Galilei hervorgebracht haben, so versteht man den segensvollen Ansatz der Wertneutralität auf dem Wege zur wissenschaftlichen Wahrheitsfindung. Jedoch: Wie so oft in der Menschheitsgeschichte wird ein Prinzip, das zunächst hilfreich im Evolutionszusammenhang wirkt, im weiteren Fortgang selbst zum Problem. Worin besteht es in diesem Fall?

C. F. von Weizsäcker nennt die wertneutrale Haltung der Wissenschaftler eine Selbststilisierung: «Diese Stilisierung ist unter dem Titel der Wertneutralität eigens so gemacht, dass Fragen, die man normative Fragen nennen kann, außerhalb der Wissenschaft bleiben. Diese Stilisierung ist selbst eine Norm. Wertneutralität ist, so verstanden, wie die Wissenschaft sie versteht, selbst ein Wert; aber offenbar kann die wertneutrale Wissenschaft den Wert ihrer eigenen Wertneutralität nicht durch wissenschaftliche Argumente rechtfertigen.»

Indem ich a priori die Entscheidung treffe, nur das (für-)wahrzunehmen an der Erscheinung, was an ihr im weitesten Sinne zähl-, mess- und wiegbar ist, begegne ich der Welt innerhalb *dieses* bestimmten Rahmens, d.h. ich schaffe im Vornherein die Bedingungen, unter denen ich überhaupt wahrnehmen werde, das ist eine (neue) Norm. Diese Norm lässt alle nicht quantifizierbaren Erscheinungen außen vor. Wäre den Forschenden und Anwendenden die Tatsache, es mit einer äußerst brauchbaren Teilwahrheit zu tun zu haben, bewusst, so wäre gegen die Handhabung dieses Weltsezierbesteckes nichts einzuwenden. Zum Irrtum muss die Teilwahrheit, die Kraft dieser Methode gewonnen werden kann, *dann* werden, wenn sie für die umfassende Wahrheit gehalten wird. Das Problem besteht also darin, dass die wertneutrale Wissenschaft ihre eigene Methode nicht versteht, dadurch den quantifizierbaren Teil für das Ganze nimmt und in der Folge behauptet, es gäbe nichts Nichtzählbares, weil – und hier schließt sich der Kreis – dieses nicht wahrnehmbar sei. So gleichen wir dem alten Virchow, der sagen muss, er sei trotz dem Sezieren unzähliger menschlicher Körper nicht auf eine Seele gestoßen, ohne zu bemerken, dass wir für die Suche nach Seelisch-Geistigem schlicht das falsche Besteck handhaben.

Das solcherart unbewusst-bewusste Außenvorlassen sämtlicher Wertfragen in der Forschung führt bei deren Anwendung in der Lebenspraxis zu schwerwiegenden Konflikten. Die «wertfrei» entstandene Atombombe wirft eine nicht zu bewältigende moralische Frage auf. Stellt man mittels wertfreier Forschung vorgeburtlich fest, dass bei dem Embryo z.B. eine Trisomie 21 vorliegt, so sind Arzt und Eltern mit der Frage, ob dieses Kind abgetrieben werden oder geboren werden soll, in ihrem ethischen Dilemma allein gelassen: mit Macht treten die vernachlässigten Wertfragen auf.[3]

Unter der einseitigen Ausbildung dieses Blicks ist der Mensch sich selbst zum Objekt und letztlich zur manipulierbaren Biomasse geworden, zum geistlosen Ding unter Dingen. Die Folgen sind bekannt.

Der Pannwitz-Blick und das «Dingsda»

> «Könnte ich mir aber bis ins Letzte die Eigenart jenes Blickes erklären, der wie durch die Glaswand eines Aquariums zwischen zwei Lebewesen getauscht wurde, die verschiedene Elemente bewohnen, so hätte ich damit auch das Wesen des großen Wahnsinns im Dritten Reich erklärt.»
> Primo Levi[4]

Der Auschwitz-Häftling Primo Levi beschreibt in seinem autobiografischen Buch «Ist das ein Mensch?», wie er im Konzentrationslager in das Arbeitszimmer des Dr. Pannwitz befohlen wird und nun vor dem Schreibtisch stehend darauf wartet, dass jener mit dem Schreiben aufhört und ihn wahrnimmt. Als Pannwitz die Augen hebt und ihn anblickt, durchfährt es Levi: «… zwischen Menschen hat es einen solchen Blick nie gegeben … Der jene blauen Augen und gepflegte Hände beherrschende Verstand sprach: ‹Dieses Dingsda vor mir gehört einer Spezies an, die auszurotten selbstverständlich zweckmäßig ist. In diesem besonderen Fall gilt es festzustellen, ob nicht ein verwertbarer Faktor in ihm vorhanden ist.›»

Der Pannwitz-Blick ist eine Extremvariante des Blicks, der den anderen Menschen zum Gegenstand, zum «Dingsda» macht. Zwar tritt der Blick heute nicht mehr in jener historisch bedingten kalten, reinen Bösartigkeit auf, aber maskiert ist er in vielen Zusammenhängen zu finden. Wenn etwa im Zuge des um sich greifenden Nützlichkeitsdenkens, des Utilitarismus, der Philosoph Peter Singer dazu rät, abzuwägen, ob eine Kosten/Nutzen-Analyse eines Kindes mit Behinderung positiv oder negativ zu Buche schlägt und im negativen Falle die Tötung empfiehlt, so handhabt er exakt jenen Blick, der nicht imstande ist, den Unterschied zwischen einer Sache und einem Menschen zu erkennen.[3]

Wir alle neigen als Kinder unserer Zeit zum Pannwitz-Blick, dazu nämlich, den anderen zur Sache zu machen. Martin Buber unterscheidet in seinem Essay «Ich und Du» zwei grundsätzlich verschiedene Grundwortpaare. «Die Welt als Erfahrung gehört dem Grundwort Ich-Es zu. Das Grundwort Ich-Du stiftet die Welt der Beziehung».[5]

Die in den helfenden Berufen Tätigen kennen die große Gefahr des sich einstellenden «Therapeutischen Gefälles». Arzt – Patient, Heilpädagoge – Kind mit Behinderung, Lehrer – Schüler, die alles beherrschende Krankenschwester und der hilflos daliegende Patient. Überall, wo wir dem anderen als einem Exemplar seiner «Gattung» begegnen, stellt sich dieses Gefälle wie von selbst ein. Die Patienten, die Autisten, die Schüler – aber auch die Ausländer, die Frauen, die Männer – sind Beispiele solcher Gattungsbegriffe. Auch auf dem weiten Feld der Paarbeziehungen tritt das Problem auf. Der andere als Lustobjekt, als Hassobjekt, als das Objekt meiner Projektionen. Ja, man kann sagen, Ich-Es ist das Verhältnis, das von selbst auftritt, wenn nicht Seelenarbeit geleistet wird, wenn ich nicht aktiv die Welt der Beziehung im Ich-Du aufsuche, gestalte und pflege. «Die Beziehung zum Du ist unmittelbar. Zwischen Ich und Du steht keine Begrifflichkeit, kein Vorwissen und keine Fantasie, und das Gedächtnis selber verwandelt sich, da es aus der Einzelung in die Ganzheit stürzt. Zwischen Ich und Du steht kein Zweck, keine Gier und keine Vorwegnahme; und die Sehnsucht selber verwandelt sich, da sie aus dem Traum in die Erscheinung stürzt. Alles Mittel ist Hindernis. Nur wo alles Mittel zerfallen ist, geschieht die Begegnung.»[5]

Das Problem: Individuum als Objekt der Wahrnehmung

«… dass in der Zukunft jeder Mensch in jedem Menschen etwas Göttliches sehen soll …»
Rudolf Steiner[6]

Aus dem bisher Angeführten wird deutlich: Rudolf Steiners Zukunftsvision «… dass jeder Mensch in jedem Menschen etwas Göttliches sehen soll …» ist nicht ein netter idealistischer Gedanke, sondern es wird davon die ganze weitere Menschheitsentwicklung abhängen. Gelingt es dem Menschen, den Menschen als Menschen wahrzunehmen, oder wird er sich selber unter seinem materialistisch eingeschränkten Blick zum Ding unter Dingen? Es ist *die* Existenzfrage des Menschen schlechthin.

Es ist zu fragen: Ist der distanzierte, beobachtende Blick, den der Mensch in der wissenschaftlichen Weltzuwendung auf die Erscheinungen wirft, geeignet, um Wesen zu erfassen? Verändert die Methode des Beobachtens das Beobachtete? Oder anders: Wird das Ergebnis meiner Beobachtung nicht schon tendenziell vorbestimmt durch die Art meiner Beobachtung? Könnte es sein, dass der naive Realismus, mit dem wir selbstverständlich annehmen zu sehen, was ist, also objektiv zu sehen, eine große Illusion ist? Ist nicht jede Anschauung der Welt Weltanschauung?

Gibt es verschiedene Methoden, und auf welchem Wege findet man die dem jeweiligen Beobachtungsgegenstand angemessene?

Und dann eben: Welche Art der Beobachtung ist notwendig, um den Menschen als Menschen erkennen zu können?

Da mit diesen Fragen das Problem menschlicher Erkenntnis überhaupt und der Erkenntnis des Menschen im Besonderen angesprochen wird, folgt ein kurzer Exkurs in Rudolf Steiners *Philosophie der Freiheit*.[7] In derem ersten Teil «Wissenschaft der Freiheit» wird gezeigt, dass die Fragen, die dem Menschen der Welt gegenüber entstehen, nicht in den Erscheinungen selber liegen, sondern in der Organisation des Menschen. Jede Birke, so Rudolf Steiner sinngemäß, existiert als Wahrnehmungsgegenstand und enthält in ihrem Birke-Sein zugleich als Exemplar einer Gattung den Begriffsgehalt «Birke». (Man könnte auch sagen: die Gesetzmäßigkeit, die sie Birke sein lässt.) Für den Menschen aber sind Wahrnehmung und Begriff getrennt und müssen im Denken miteinander verbunden werden. Diesem Auseinandernehmen und Wiederverbinden verdanken wir unser Selbsterleben. Wir leben nicht einfach fraglos als Teil der Welt in der Welt. Am Gegenstandsbewusstsein entsteht Selbstbewusstsein, indem Wahrnehmung und Begriff, die nur für unsere Organisation voneinander getrennt wurden, im Denkakt wieder miteinander verbunden werden. Geschieht das in entsprechender Weise, entsteht Erkenntnis. Das richtige Denken ist somit das Heilen eines Zusammenhanges – eben von Begriff und Wahrnehmung –, den wir zuvor aus der Notwendigkeit, uns der Welt als Wahrnehmende *gegen-*

über zu stellen, unterbrochen haben. (Im Gegensatz zu etlichen zeitgenössischen Denkern ist Rudolf Steiner also kein Erkenntnis-Pessimist, sondern er hält Erkenntnis prinzipiell für möglich.)

Wie verhält es sich aber, wenn der Wahrnehmungsgegenstand kein Objekt der Natur oder der Zivilisation ist, sondern selber ein Mensch? Ich möchte im Folgenden von zwei Sätzen ausgehen, die im neunten Kapitel «Die Idee der Freiheit» zu finden sind. Sie lauten:
– «Beim Menschen selbst ist Begriff und Wahrnehmung zunächst *tatsächlich* getrennt, um von ihm ebenso *tatsächlich* vereinigt zu werden.»
– «Individualität ist nur möglich, wenn jedes individuelle Wesen vom anderen nur durch individuelle Beobachtung weiß.»

Wenden wir uns zunächst dem ersten Satz zu. Rudolf Steiner sagt hier nichts Geringeres, als dass Form und Inhalt, die bei anderen Erscheinungen in der Natur (Steinen, Pflanzen, Tieren) eins seien und nur bedingt durch die Art unseres Erkenntnisvermögens getrennt und wieder verbunden werden müssen, beim Menschen *tatsächlich* getrennt seien. Der Mensch als Gegenstand meiner Wahrnehmung wäre also unter dieser Annahme ein besonderer Fall, dem – siehe oben – nicht mit der gleichen Beobachtungsmethode beizukommen wäre wie beliebigen anderen Objekten. Das ist noch zu prüfen. Wie ist jedoch in einem ersten Schritt zu verstehen, dass Wahrnehmung und Begriff beim Menschen *tatsächlich* getrennt sind?

Auf der Ebene des Erkennens, dass es sich bei dem mir Gegenüberstehenden um ein Exemplar der Gattung homo sapiens handelt, kann dies Besondere nicht gemeint sein. Die menschliche Gestalt ist typisch, und ich erkenne einen Menschen so gewiss als Menschen, wie ich einen Baum als Baum erkenne (solange meine Sinne nicht getäuscht werden, z.B. durch Nebel). Aber das macht eben den Menschen nicht aus, dass er ein Naturwesen unter anderen ist. Selbstverständlich ist er dies, aber das spezifisch Menschliche erfasse ich gerade nicht, wenn ich auf das Exemplar der Gattung schaue, sondern erst dann, wenn ich ihn als *Individuum* erkenne. Auf dieser Ebene ist es richtig zu sagen, jeder Mensch sei seine *eigene* Gattung (siehe *Die Philosophie der Freiheit*).

Das heißt aber nichts anderes, als dass jeder Mensch seinen eigenen Begriff hat, der «zunächst tatsächlich» von dem getrennt ist, was er als Wahrnehmung darstellt. Etwas schlichter gesagt: Die Birke ist vollkommen – Wahrnehmung und Begriff sind eins –, der Mensch als Individuum ist unvollkommen – Wahrnehmung und Begriff müssen *von ihm* «tatsächlich vereinigt werden». Diese Unvollkommenheit macht ihn werde-offen, macht ihn erst entwicklungsfähig und ist somit das eigentlich Menschliche an ihm. Das Vereinigen von Wahrnehmung und Begriff – tatsächlich! – hat Tat-Charakter, und diese Tat ist das Handeln aus *Selbst-Erkenntnis*. Das unterscheidet den unvollkommenen Menschen von jedem vollkommenen Naturwesen, dass er erst durch den Akt der Selbst-Erkenntnis und der daraus folgenden bewussten Entwicklung seine Wahrnehmungsgestalt als Exemplar der Gattung homo sapiens mit seinem ureigenen individuellen Geistgehalt – oder eben Begriff – vereinigen muss: Er ist sich selbst Erkenntnisproblem und Aufgabe! (Was niemand von einem Tier behaupten können wird.)

Der zweite Satz – «Individualität ist nur möglich, wenn jedes individuelle Wesen vom anderen nur durch individuelle Beobachtung weiß» – macht die eigentliche Aufgabe der Menschenbegegnung deutlich. Die Verwirklichung der Menschenerkenntnis ist nur da möglich, wo in der konkreten Begegnung zweier Menschen der eine vom anderen durch individuelle Beobachtung weiß. Vom Individuum *wissen!* Wie *weiß* ich vom Du? Eine methodische Vertiefung des Begegnens im Sinne eines zu übenden Weges folgt weiter unten. Hier sei nur auf die bedeutsame Tatsache hingewiesen, dass das Erkennen des anderen als Individuum nur durch individuelle Begegnung möglich ist. (Dies zu betonen scheint mir gerade im Medienzeitalter wichtig.) Individualität lässt sich nicht postulieren. Reden wir von den Menschen allgemein als von Individuen, so haben wir nur eine neue *Norm* geschaffen, die gerade *nicht* die Geistgestalt des einen Menschen trifft.

Der Weg der Begegnung

Rudolf Steiner schildert in verschiedenen Zusammenhängen einen Weg der Vertiefung der Menschenbegegnung, der es nicht nur möglich erscheinen lässt, den anderen als Menschen (und nicht als Ding) wahrzunehmen, sondern der, eben weil er dem Menschen entspricht, sowohl den Wahrnehmenden als auch den Wahrgenommenen in seiner Entwicklung zum Menschen unterstützt. Es wird also nichts Geringeres behauptet, als dass Inhalt und Methode zusammenfallen! Das ist ja die vornehmste Aufgabe der Anthroposophie, dass sie nicht als Sophie vom anthropos, als Weisheit vom Menschen dem vielen Wissen weiteres abgehobenes Wissen hinzufügen, sondern *den Menschen* weiter entwickeln will. Nicht eine Lehre wollte Rudolf Steiner geben, sondern Hilfestellung, um Wahrnehmung und Begriff des Menschen zur besseren Übereinstimmung zu bringen. (Dass dies nur graduell geschieht, ist selbstverständlich.) Die Übereinstimmung von Inhalt und Methode ist ein Ideal, das auf der Verstandesebene als Paradox erscheint. Indem wir beide voneinander unterscheiden, sehen wir sie als zwei und nicht als eins. Genau dieses Paradox hat Martin Buber im Auge, wenn er (siehe oben) sagt: «Alles Mittel ist Hindernis. Nur wo alles Mittel zerfallen ist, geschieht die Begegnung.» Streng genommen dürfte er sein «Dialogisches Prinzip» also gar nicht formulieren, denn es dient ja als Mittel, die Begegnung zu vertiefen. Bildhaft gesprochen können wir sagen, jedes Mittel, jede Methode ist eine Krücke, und im entscheidenden Moment der Begegnung muss ich die Krücke wegwerfen! Dass dem so ist, zeigt die Lebenserfahrung: Die wahrhaftige Liebesbegegnung, das Urbild der Begegnung überhaupt, verträgt keine Absicht, keine Zwecke – und doch führen uns Absichten zusammen, indem wir die Begegnung anstreben. In diesem Sinne, als «Wegwerf-Krücke» möchte ich folgenden Stufenweg skizzieren. Ich folge dabei weitgehend, aber nicht vollständig, den Darstellungen von Athys Floride,[6] dessen Verdienst es ist, den Weg aus Rudolf Steiners Werk deutlich sichtbar gemacht zu haben.

Der ersten Stufe voraus geht ein Geschehen, das seiner Schlichtheit wegen leicht übersehen wird, obwohl es Grundlage des ganzen Geschehens ist: Zwei Menschen treten in den gegenseitigen Wahrnehmungshorizont ein. Wie kommt es, dass sich Menschen überhaupt begegnen? Es ist Schicksal. Rudolf Steiner sagt, bis zum ersten Zusammentreffen wirkt altes Karma. Vom Augenblick der ersten Wahrnehmung des anderen an bildet sich neues Karma; das heißt, in der Gegenwart, im Begegnungsgeschehen wird vergangenes in zukünftiges Schicksal umgewandelt. Hier finden wir das Freiheitsmoment nicht zuletzt in der Frage, ob wir es überhaupt zu einer richtigen Begegnung kommen lassen, also ob wir mit dem Wahrgenommenen weiter in Beziehung treten oder nicht.

Das Wahrnehmen

Die erste Stufe des bewussten Begegnungsgeschehens ist das *Wahrnehmen* des anderen. Das scheint lapidar. Aber nehmen wir den anderen Menschen *wirklich* wahr, als Phänomen, in seiner Erscheinung? In aller Regel sind wir zufrieden mit dem Erkennen: Aha, eine Frau, ca. dreißig Jahre alt usw., d.h. mit einer kurzen Einschätzung und Katalogisierung des Gegenübers. Das ist im Alltag, z.B. im Bahnhof oder beim Einkaufen, kaum anders möglich. Das Wahrnehmen im Sinne des Stufenweges meint aber mehr; nämlich «Das Erwachen an der Naturseite des anderen Menschen» (Rudolf Steiner).[8] Die Menschen sind ja über das oberflächliche Gefallen oder Missfallen hinaus sehr verschieden in ihrer Erscheinung, das heißt, in ihrer ganzen Physiognomie drückt sich etwas sehr Individuelles aus. Um dieses zu bemerken, muss ich richtig hinschauen. Könnte es sein, dass der andere in seinem So-Sein sich mitteilt? Der andere Mensch als Botschaft verstanden, als eine zu lesende Signatur, die bewusst wahrgenommen werden kann? Das würde bedeuten, dass man durch das Intensivieren der Sinneswahrnehmung – wie sieht er aus, wie fühlt sich seine Hand an, wie klingt seine Stimme etc. – die Voraussetzung für ein weitergehendes Erkennen des anderen schaffen kann. Rudolf Steiner nennt diese bewusst verstärkte Zuwendung im *Heilpädagogischen Kurs* «liebevolles Interesse ... für das Mysterium der menschlichen Organisation».[9]

Im Hinblick auf den Menschen mit Behinderung geht er so weit, auf das Bedeutsame der Beschaffenheit eines Haares oder Fingernagels, auf die Formung eines Ohrläppchens hinzuweisen. Warum? Weil sich bis ins Detail die Art, wie ein Mensch inkarniert ist, ausspricht.[10] Nicht nach einer Bedeutung soll gefragt werden, sondern die Physiognomie soll an sich intensiviert wahrgenommen und dadurch das Einmalige des Ausdrucks, die Ahnung des Bedeutungsvollen entstehen. Etwa wie der Altertumsforscher auf einer Tonplatte eingravierte Strukturen als mögliche Schrift erkennt, ohne sie deswegen inhaltlich schon zu verstehen. Könnte es also sein, dass die Erscheinung des anderen Verkündigungscharakter hat?

Das Nachschaffen

Beim Übergang von der Stufe des Wahrnehmens zur Stufe des Nachschaffens liegt eine große Klippe, an der wahrscheinlich die meisten Begegnungen scheitern: Es ist das Vorurteil! Das Vorurteil stellt sich ja in aller Regel und mit unglaublicher Geschwindigkeit ein. Nehmen wir ein Beispiel. Ein Vortrag hat begonnen, da öffnet sich die Tür und ein verspäteter Teilnehmer tritt ein. Die Zuhörer wenden die Köpfe zur Tür und taxieren den Eintretenden. Der groben Katalogisierung im obigen Sinne folgt sofort eine mehr oder weniger bewusste Sympathie oder Antipathie, ein erster Gefühlseindruck. In aller Regel beschäftigt uns das nicht weiter, es sei denn, es ist «Liebe auf den ersten Blick» oder, beinahe noch verstörender, Hass auf den ersten Blick. (In beiden Fällen stellt sich unvermittelt die Schicksalsfrage: Wie kann ich zu einem so gravierenden Gefühlsurteil kommen, obwohl ich diesen Menschen zum ersten Mal sehe?!) Nun, das sind die Extremfälle, an denen sich das Prinzip aber sehr gut erkennen lässt. Im Alltag ist es weniger spektakulär, aber doch stets erlebbar: Wahrnehmen und Urteilen fließen ineinander. Das ist einerseits «normal». (Es kann sogar sein, dass der erste Eindruck sich nach näherem Kennenlernen bestätigt.) Andererseits ist es eine große Gefahr, weil mein Blick im Weiteren durch mein Gefühlsurteil gelenkt wird.

Im Sinne unseres Übungsweges sollte ein Urteil an dieser Stelle absolut vermieden oder, wo das nicht gelingt, als eine Beimengung erkannt und als solche erst einmal beiseite gelegt werden. Denn die zweite Stufe dient dem Nachschaffen des Wahrgenommenen ohne Urteil, jenseits von Sympathie und Antipathie. Nachschaffen heißt, den anderen in seinem So-Sein in der eigenen Seele erstehen lassen, «Schale» zu bilden, einen Raum, in dem der andere Mensch sein kann. Das ist keine leicht zu lösende Aufgabe, weil sich laufend Momente des Interpretierens einschleichen wollen. Durch die antipathische Geste des Beurteilens halte ich mir ja den anderen vom Leibe. Diese Distanz soll also bewusst aufgegeben werden. Rudolf Steiner gibt als eine der grundlegenden Übungen der Bewusstseinsschulung die Rückschau am Abend an. Für den sozial Tätigen, etwa den Heilpädagogen, empfiehlt er, sich im Zusammenhang dieser Tagesrückschau ein Kind, zu dem man beispielsweise schwer Zugang findet, vor das innere Auge zu stellen. (Noch immer sprechen wir von der Physiognomie des Leibes!) Man wird rasch bemerken, wie schwer dieses Nachschaffen in der Vorstellung sein kann und wie oberflächlich man in der Begegnung wahrgenommen hat. Der Übcharakter besteht nun darin, durch neue Wahrnehmung und wiederholtes Nachschaffen dieses Bild immer vollständiger werden zu lassen. Wer dieses übt, macht die überraschende Erfahrung, dass psychologische Probleme im Zwischenmenschlichen sich schon allein dadurch relativieren oder ganz auflösen, dass ich eben richtig hinschaue und nachschaffe!

Was hier am Beispiel der Physiognomie des Leibes gezeigt wird, kann im Weiteren auch auf seelische Äußerungsformen ausgeweitet werden. Wie spricht ein Mensch? Wie äußert sich die Art seines Denkens? Wie zeigt er seine Gefühle und so weiter? Nehmen wir, um das bis dahin Ausgeführte zu konkretisieren, ein Beispiel aus der pädagogischen Praxis.

Als Lehrer in einer Heimsonderschule hatte ich einen Jungen in meiner Klasse, der eine höchst eigenartige Verhaltensweise zeigte: Jeden Morgen, wenn er das Klassenzimmer betrat, spuckte er sich auf die Hände und begann damit, alle Wände, Tische, Stühle, das ganze Klassenzimmer einzuspeicheln. Er war nun wie viele seelenpflege-bedürftige Kinder durch Ermahnungen oder Verbote in keiner Weise erreichbar. Die spontane Reaktion ist selbstverständlich Ablehnung, Antipathie gegen diese Handlungsweise: Es ist einfach widerlich! Nur, was dann?! Bleibe ich bei dieser – wirklich verständlichen! – Reaktion, werde ich nicht weiter mit dem Kind arbeiten können. (Versuchte man ihn körperlich davon abzuhalten, eskalierte die Situation augenblicklich.) Was tun?

Ich hatte damals einen jungen Schulhelfer in Ausbildung, und so setzten wir uns zusammen und versuchten uns einmal klarzumachen, was der Junge eigentlich tat. Wir vergegenwärtigten ihn uns zunächst in seiner Erscheinung und dann in seinem Handeln, indem wir u.a. seinen getriebenen Gang nachvollzogen, mit dem er jeden Tag den Klassenraum betrat. Als nächsten Schritt fragten wir uns: Was tut er eigentlich? Wie ist sein Handeln zu verstehen? (Diese Frage entsprach der dritten Stufe, die weiter unten methodisch erläutert wird.) Wir kamen übereinstimmend zum Eindruck, dass er den «großen» Klassenraum angstvoll betrat und hektisch begann, durch dieses Einspeicheln «das Territorium zu markieren», sich in den Raum «einzuwohnen». Diese Interpretation führte uns zu einer Idee: dem Jungen einen eigenen kleinen Raum in der Klasse zu schaffen. Der Schulhelfer, handwerklich begabt, setzte sie in die Tat um und baute ein kleines Häuschen für den Jungen, mit einer Tür und einem kleinen Fenster. Kaum stand dieses Häuschen in der Klasse, wurde es von dem Jungen bezogen und das Einspeicheln des Klassenraums unterblieb! Die Fensterläden aber nutzte er dazu, sich zurückzuziehen, wenn seine Aufnahmefähigkeit an diesem Schulmorgen erschöpft war …!

Das Urteilen und das Verwandeln

Unser kleines Beispiel führte uns bereits zur dritten Stufe. Gelingt es nämlich, wirklich wahrzunehmen und richtig nachzuschaffen, gelingt dies ohne Vorurteil, so ist jetzt der Zeitpunkt für ein bewusstes Urteil gekommen: das *Verstehen*. Was geschieht dabei idealtypisch? Folgen wir dem Wortlaut Rudolf Steiners: «Sie können sich ein Bild anschauen wie die

‹Gruppe› es ist: der Menschheitsrepräsentant, Luzifer, Ahriman. Da haben Sie erst dasjenige vor sich, was im ganzen Menschen wirkt, denn der Mensch ist der Gleichgewichtszustand zwischen dem Luziferischen und dem Ahrimanischen. Durchdringen sie sich im Leben mit dem Impuls, *jedem* Menschen so gegenüber zu treten, dass sie diese Trinität in ihm sehen, so konkret in ihm sehen, dann fangen sie an ihn zu verstehen.»[6] Bei besagter «Gruppe» handelt es sich um eine Holzplastik Rudolf Steiners, die er zusammen mit anderen Künstlern nach einem von ihm verfertigten Modell geschnitzt hat. Sie zeigt den Menschen, wie er zwischen zwei Polen steht, die Rudolf Steiner die wirkenden Geistwesen Luzifer und Ahriman nennt, zwei Vereinseitiger, zwischen deren Wirken der Mensch die Mitte schafft, die eigentlich menschliche Sphäre, indem er sie einerseits einbezieht, um ihnen andererseits den ihnen gebührenden Platz im Entwicklungsgeschehen zuzuweisen. Es ist das Gut-Böse-Problem, aus diesem Dualismus herausgelöst und verstanden als trinitarisches. «Böse», oder eben unmenschlich, wird der Mensch, wenn er sich einseitig mit einem dieser Wesen identifiziert, «gut» oder eben menschlich, wenn es ihm gelingt, die beiden Wirkungsprinzipien so aufeinander zu beziehen, dass sich durch ein Harmonisieren die Einseitigkeiten gegenseitig auflösen und ein Freiraum entsteht, jener Werde-Raum des eigentlich Menschlichen. Etwas abstrakter gesprochen erscheinen die beiden Wirkungsprinzipien z.B. als Aufbau und Abbau, als akzelerierend und retardierend, als erdflüchtig oder erdsüchtig machend.

Auf dem Hintergrund dieser – hier nur kurz und unvollständig – skizzierten Polarität erscheint nun jeder Mensch als in einer individuellen Art sein Gleichgewicht mehr oder weniger findend und darlebend.

Das Bild dieses individuellen Gleichgewichtes kann aus dem anderen Menschen «hervorquellen», wenn wir ihm im Sinne des aufgezeigten Weges begegnen. «Was aus dem Innersten des Menschen herausstrahlt, was sich verwirklichen will, ist, dass, wenn ein Mensch dem anderen gegenübertritt, gewissermaßen aus dem andern Menschen ein Bild herausquillt, ein Bild jener besonderen Art des Gleichgewichtszustandes, den individuell jeder Mensch ausdrückt. Dazu gehört allerdings jenes erhöhte Interesse, welches ich Ihnen als die Grundlage des sozialen

Lebens öfter geschildert habe, jenes erhöhte Interesse, das der Mensch am andern Menschen nehmen soll.»[6]

Es handelt sich also um eine Imagination seines ihn persönlich auszeichnenden Gleichgewichtszustandes. Da aber jeder Mensch dieses menschliche Harmonisieren der Vereinseitigungstendenzen nur graduell schafft, offenbart sich gerade im relativen Ungleichgewicht seine individuelle Art des Inkarniertseins – und darin spricht sich Schicksal aus. Gelingt diese Begegnung, das heißt, kommt es tatsächlich zu jener Imagination, so schauen wir zwar nicht den Wesenskern des anderen, aber die Art und Weise, wie dieser Wesenskern sich inkarniert hat. (Es handelt sich also um einen äußerst intimen Vorgang, der absolute Sorgfalt im Umgang verlangt und selbstverständlich Diskretion.)

Was gewinnen wir nun durch diese Imagination? Zum einen werden wir den anderen Menschen dadurch verstehen lernen: Das sind also die Bedingungen, unter denen er angetreten ist und mit denen er um seine Menschwerdung ringt. Das bedeutet schon außerordentlich viel für das soziale Miteinander einer Partnerschaft oder eines Kollegiums! Anstatt den dauernden Vorwurf zu erheben, dass der andere nicht wie ich ist – denn darauf beruhen doch die meisten Vorurteile –, erlebe ich, wie er, wie sie ist!

Habe ich aber einen therapeutischen oder einen Erziehungsauftrag – etwa einem Kind gegenüber –, so kann sich an dieser Imagination des individuellen Gleichgewichts und dadurch graduellen Ungleichgewichts die therapeutische Intuition entzünden. Und im Begegnen *seines* Gleichgewichtszustandes mit meinem Ringen um Gleichgewicht realisiert sich Schicksal und wird neues Schicksal zwischen uns gebildet. Es findet eine *Verwandlung* statt.

Die neue Begegnung

> »Der Geist, der uns zueinander geführt hat, offenbart sich. Wir kommunizieren. Christus ist der Herr des Schicksals. Er will, dass die Menschen sich wieder-finden, dass das Allgemein-Menschliche wieder unter ihnen waltet, webt. ER ist zu uns gekommen, um das zu ermöglichen.«
> A. Floride[6]

Gehen wir voll bewusst diesen Weg, so führt er auf der vierten Stufe zu einer neuen Begegnung, die man bezeichnen kann als das Einswerden im Geiste. Es bilden die Teilnehmer einer Begegnung eine Einheit, ohne ihre Individualität zu verlieren! Rudolf Steiner sagt, dass in Zukunft die Begegnung zwischen Menschen sakramentalen Charakter haben werde. Und in der Tat fällt eine Ähnlichkeit der vier Stufen mit den Stufen der Heiligen Messe auf: Der Wahrnehmung entspräche die Verkündigung, dem nachschaffenden Schalebilden das Opfer, dem Verwandeln die Transsubstantiationsstufe, und dem Einswerden schließlich die Kommunion.

Rudolf Steiner sagt: «Das Gewahrwerden der Idee in der Wirklichkeit ist die wahre Kommunion des Menschen.» Auf unseren Zusammenhang der Menschenbegegnung möchte ich variieren: Das Gewahrwerden des Wesens in der Hüllennatur ist die wahre Kommunion des Menschen. Heilen durch Begegnen! Jeder kann damit beginnen, hier und jetzt. Es braucht keinen Verein und keine Satzung, aber es könnten aus dieser Seelenarbeit auch neue Gemeinschaftsformen entstehen.

Die hier skizzierte Form der Begegnung ist ein Liebesdienst. Selbsterkenntnis und Erkenntnis des Du bedingen und beleuchten sich gegenseitig. Martin Buber formuliert es folgendermaßen: «Liebe ist ein welthaftes Wirken. Wer in ihr steht, in ihr schaut, dem lösen sich Menschen aus ihrer Verflochtenheit ins Getriebe; gute und böse, kluge und törichte, schöne und hässliche, einer um den anderen wird ihm wirklich und zum Du. Das ist losgemacht, herausgetreten, einzig und gegenüberwesend; Ausschließlichkeit ersteht wunderbar Mal um mal – und so kann er wirken, kann helfen, heilen, erziehen, erheben, erlösen. Liebe ist Verantwortung eines Ich für ein Du: Hierin besteht, die in keinerlei Gefühl bestehen kann, die Gleichheit aller Liebenden vom Kleinsten bis zum Größten und von dem selig Geborgenen, dem sein Leben in dem eines geliebten Menschen beschlossen ist, zu dem lebelang ans Kreuz der Welt Geschlagenen, der das Ungeheure vermag und wagt, die *Menschen* zu lieben.»

Schluss

Wir sind ausgegangen von der postmodernen Sinnkrise, in der wir Menschen heute stecken. Ich bin zutiefst davon überzeugt, dass der Mensch im Sinne des vierstufigen Weges als Botschaft zu verstehen ist, deren graduelle Entschlüsselung Begegnung, Verstehen und vor allem *Sinn* schafft, einen Sinn nämlich, der nicht von irgendwo abgeleitet wird, sondern der dem Wirken des Schicksals in der Begegnung selber entspringt. Den anderen Menschen als Du zu erkennen hat Aufforderungscharakter!

Anmerkungen

1 Norbert Bolz, *Die Sinngesellschaft*, Düsseldorf 1997.
2 Carl Friedrich von Weizsäcker, *Deutlichkeit*, München/Wien 1978.
3 Johannes Denger, *Plädoyer für das Leben*, Stuttgart 1994.
4 Primo Levi, *Ist das ein Mensch?*, zitiert nach Klaus Dörner, «Tödliches Mitleid».
5 Martin Buber, *Das dialogische Prinzip*, Heidelberg 1997.
6 Rudolf Steiner, *Die soziale Grundforderung unserer Zeit in geänderter Zeitlage*, Vortrag vom 7.12.1918, GA 186, zitiert nach Athys Floride, *Die Begegnung als Aufwacherlebnis*, Dornach 1992.
7 Rudolf Steiner, *Die Philosophie der Freiheit*, GA 4, Dornach 1995.
8 Vgl. hierzu: Rudolf Steiner, *Interesse für den anderen Menschen*, Stuttgart 1999.
9 Rudolf Steiner, *Heilpädagogischer Kurs*, GA 317, Dornach 1995.
10 Damit sind natürlich keineswegs festlegende oder gar denunziatorische Beurteilungen wie das «Verbrecherohrläppchen» oder Ähnliches gemeint. Zum einen widerspricht jede Beurteilung der Wahrnehmungsstufe, zum anderen sind generalisierende Bewertungen im Physiognomischen äußerst fragwürdig und somit abzulehnen.

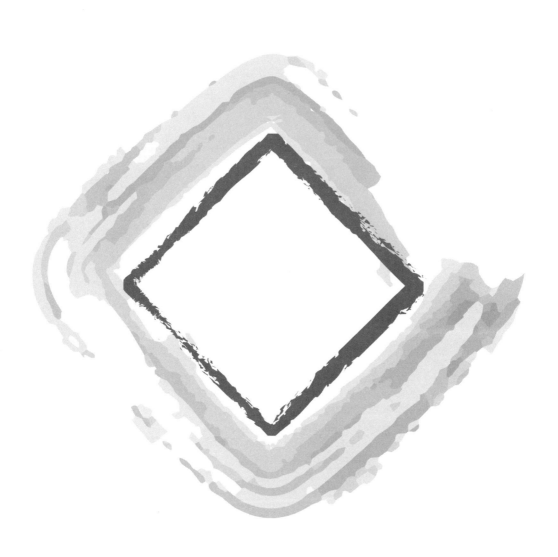

Roland Halfen

Aspekte des Imaginativen in der Kunst des 20. Jahrhunderts

> «...wir stehen im Beginne der Bewegung; erst die kommenden Jahrzehnte, vielleicht Jahrhunderte werden lehren, *wie tief die Wirkung war.*»
> Franz Marc

I.

«Und plötzlich zum ersten Mal sah ich ein Bild. Dass das ein Heuhaufen war, belehrte mich der Katalog. Erkennen konnte ich ihn nicht. Dieses Nichterkennen war mir peinlich. Ich fand auch, dass der Maler kein Recht hat, so undeutlich zu malen. Ich empfand dumpf, dass der Gegenstand in diesem Bild fehlt. Und merkte mit Erstaunen, dass das Bild nicht nur packt, sondern sich unverwischbar in das Gedächtnis einprägt und immer ganz unerwartet bis zur letzten Einzelheit vor den Augen schwebt. Das alles war mir unklar, und ich konnte die einfachen Konsequenzen dieses Erlebnisses nicht ziehen.»

Wer hier spricht, ist niemand anders als der wohl prominenteste unter den Bahnbrechern der abstrakten Kunst des 20. Jahrhunderts, Wassily Kandinsky.[1] Zu dem Zeitpunkt, als der 32jährige im Jahre 1898 zum ersten Mal ein Bild Monets in der Moskauer Impressionistenausstellung sieht, verhält er sich zunächst wie wohl die meisten der damaligen Ausstellungsbesucher: Auf der erfolglosen Suche nach einem klar umreißbaren Gegenstand, nach erkennbaren Objekten oder Personen, die das Thema des Werkes angeben, findet er sich enttäuscht und beinahe verärgert über die scheinbare Respektlosigkeit des Malers, sich den Erwartungen seines Publikums einfach zu entziehen. Was Kandinsky dagegen von seinen Mitbesuchern unterscheidet, ist die ungewöhnlich ausgeprägte Aufmerksamkeit auf die Art, wie das Gesehene später wieder im Bewusstsein erscheint.[2] Doch erst zehn Jahre später bringt ihm ein zweites Schlüsselerlebnis die Klarheit:

«Viel später, schon in München, wurde ich einmal durch einen unerwarteten Anblick in meinem Atelier bezaubert. Es war die Stunde der einziehenden Dämmerung. Ich kam mit meinem Malkasten nach einer Studie heim, noch verträumt und in die erledigte Arbeit vertieft, als ich plötzlich ein unbeschreiblich schönes, von einem inneren Glühen durchtränktes Bild sah. Ich stutzte erst, dann ging ich schnell auf dieses rätselhafte Bild zu, auf dem ich nichts als Formen und Farben sah und das inhaltlich unverständlich war. Ich fand sofort den Schlüssel zu dem Rätsel: es war ein von mir gemaltes Bild, das an die Wand angelehnt auf der Seite stand. Ich versuchte den nächsten Tag bei Tageslicht den gestrigen Eindruck von diesem Bild zu bekommen. Es gelang mir aber nur halb: auch auf der Seite erkannte ich fortwährend die Gegenstände und die feine Lasur der Dämmerung fehlte. Ich wusste jetzt genau, dass der Gegenstand meinen Bildern schadet.»[3]

Schon vor Kandinsky hatten Künstler des 19. Jahrhunderts die Möglichkeit des Wiedererkennens gegenständlicher Objekte in ihren Bildern eingeschränkt, um die Wirkung von Farbe und Form zu steigern. Auch gab es Künstler, die bereits im ersten Jahrzehnt des 20. Jahrhunderts gänzlich gegenstandsfreie Bilder schufen.[4] Doch erst Kandinsky war es, der mit seiner Schrift *Über das Geistige in der Kunst* von 1912 die theoretischen Grundlagen für die abstrakte Malerei des 20. Jahrhunderts lieferte.[5] In ihr wird unmissverständlich klar, dass das so genannte abstrakte Bild nicht einen wie auch immer reduzierten oder sonstwie modifizierten Gegenstand der sinnlichen Welt zum Thema hat, wie man etwa den von Braque und Picasso entwickelten Kubismus noch verstehen konnte. Kandinsky legt in seiner Schrift vielmehr dar, dass das Kunstwerk nicht als Objekt zu verstehen ist, das in irgendeiner Weise auf andere sinnliche Gegenstände oder Wesen verweist, sondern als ein vom sinnlichen Gegenstand zunächst nur angelegtes, letztlich aber allein im Prozess des Anschauens entstehendes *Kräftegefüge*.

Mit Kandinskys «Geistigem» ist somit kein übersinnliches Objekt oder

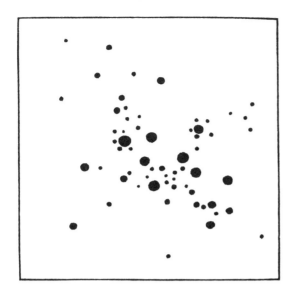 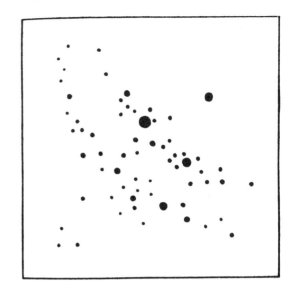

Wesen gemeint, auf das etwa mit neu entwickelten malerischen Mitteln wiederum nur hingedeutet würde, sondern konkrete Qualitäten, die von jedem Betrachter, der guten Willens ist, im Anschauen zu unmittelbarer Erfahrung gebracht werden können. In Fortführung von Goethes Darstellung der «sinnlich-sittlichen» Wirkungen der Farben[6] entfaltet Kandinsky seine Beschreibung der bildnerischen Mittel als *energetische Faktoren*, indem er die bekannten Assoziationen zwischen Farbe und Ton, Farbe und Geruch auf ihren Ursprung zurückführt: die dynamisch-qualitativen Eigenschaften von Farbe und Form. Diese hält er nicht nur für streng wissenschaftlich erforschbar, sondern auch deren Zusammenwirken kann für ihn nach dem Vorbild der traditionellen Musiktheorie in einer ungegenständlichen Formen- und Kompositionslehre erschlossen werden.[7]

Was der Betrachter ganz naiv als «Bewegung» von Farbe und Form, als ihre «Schwere» oder «Leichte», «Dichte» oder «Flüchtigkeit», ihr «Gleichgewicht» oder «Ungleichgewicht», ihren tiefen oder hohen «Klang», ihr «Herbes» oder «Süßliches», «Sprechendes» oder «Stummes» und so weiter beschreibt, sind für Kandinsky keine bloß subjektiven Assoziationen. Vielmehr weisen sie durch die Fülle und Reichhaltigkeit der darin angedeuteten Erlebnispotenziale hindurch auf ihnen zugrunde lie-

Abb. 1:
Wassily Kandinsky, «Kühle Spannung zum Zentrum», aus: W. Kandinsky, *Punkt und Linie zu Fläche* (1926), Abb. 1, S. 170.

Abb. 2:
Wassily Kandinsky, «Vorsichgehende Auflösung (angedeutete Diagonale d–a)», aus: W. Kandinsky, *Punkt und Linie zu Fläche* (1926), Abb. 2, S. 171.

genden objektiven Eigenschaften der bildnerischen Mittel (Abb.1, 2). In dem Maße, in welchem die Konstellation dieser Wirkungen durch den Künstler den Charakter der «inneren Notwendigkeit» anzunehmen beginnt, entsteht der «Klang» eines Bildes.[8] Wenn Kandinsky vom «Klang» der Bilder spricht, handelt es sich somit nicht um eine gewöhnliche akustische Synästhesie, sondern um eine spezifische Eigenschaft der *Gesamtheit* synästhetisch umschreibbarer Qualitäten, deren künstlerischer Zusammenhang wie bei der Musik streng autonomen Gesetzen folgt.

Mit der Beschreibung dieser Prozesse, ihrer Kräftewirkungen und Beziehungen als dem eigentlichen Arbeitsfeld der Künstler überschreitet die kunsttheoretische Reflexion Kandinskys zu Beginn des 20. Jahrhunderts eine Schwelle, an der deutlich wird, dass der Ort des Künstlerischen nicht mehr primär im Sinnlichen, sondern vielmehr im Übersinnlichen gesucht werden muss.[9] Das Bewusstsein des Künstlers, das sich seit dem Beginn der Neuzeit, seit Albertis Traktat über die Malerei an objektiv gegebenen Gegenständen oder Lebewesen orientierte, ist von nun an programmatisch an eine Welt der Beziehungen, Prozesse und Kräfte verwiesen.[10]

II.

«Kandinsky geht bewusst auf dem Wege zur reinen Malerei weiter und entfernt allmählich das Gegenständliche aus seinen Bildern. In den Jahren 1908 – 1911 ist er fast ganz einsam, von Spott, Hass und Misstrauen umgeben, zum Pfuscher, Betrüger und Wahnsinnigen gestempelt. Der Erste, der ihm die Hand reicht, ist Franz Marc.»[11] Marc, der bis auf wenige Ausnahmen in seiner Malerei den gegenständlichen Motiven treu blieb, teilte mit Kandinsky die Kritik an der Nachahmung der sinnlichen Welt als maßgeblichem Motiv künstlerischen Schaffens: «Haben wir nicht die jahrhundertelange Erfahrung gemacht, dass die Dinge um uns herum umso stummer werden, je genauer wir ihnen den Spiegel ihrer äußeren Erscheinung vorhalten?»[12]

Im Jahre 1912 organisiert er zusammen mit Kandinsky die erste Ausstellung von Künstlern, die später mit dem Namen des von den beiden herausgegebenen Sammelbandes *Der blaue Reiter* identifiziert wurden. Im Vorwort des Buches erläutert er die Schwierigkeiten und Missverständnisse, denen jeder ausgesetzt ist, der seiner Generation geistige Geschenke machen will, an Julius Meier-Graefes Buch über El Greco und Hugo von Tschudis Sammlung moderner Kunst. Dann fährt er fort, indem er auf den inneren Zusammenhang ihrer Intentionen hinweist: «Zu dem ‹Vater Cezanne› holten Meier-Graefe und Tschudi den alten Mystiker Greco; beider Werke stehen heute am Eingange einer neuen Epoche der Malerei. Beide fühlten im Weltbilde die *mystisch-innerliche Konstruktion*, die das große Problem der heutigen Generation ist.»[13]

In einer seiner letzten Arbeiten vor seinem Tode als Soldat an der Westfront, dem unvollendeten Bild «Die Vögel» von 1914 (Abb. 3), tritt dem Betrachter zunächst eine vielfarbig-intensive, linear strukturierte Farb- und Formenganzheit entgegen, die in sich bewegt und von manchem Betrachter auch als in sich tönend, wie von klirrendem Klang erfüllt erlebt wird. Die unwillkürliche Suche nach gegenständlichen Orientierungspunkten landet zunächst bei einer der drei Vogelgestalten. Doch gelingt es nicht, ihre Form aus dem Umraum herauszulösen, um sie als gegenständliches Objekt einer «Umgebung» oder einem «Hintergrund» gegenüberzustellen. Stattdessen wird der Blick anhand weiterführender Linien, Formanklängen oder -korrespondenzen fortwährend in das Bildkontinuum hinübergeleitet. Dieses Ganze ist aber durchaus nicht gleichförmig, sondern so gestaltet, dass der Blick des Betrachters kaum merklich durch das Bild geführt wird.

Lässt man sich auf diesen Prozess ein, erscheinen im Prozess des Anschauens eine Fülle verschiedenartiger Bewegungscharaktere. So etwa bei der Konzentration auf das Linienzentrum unten links, an dem der Blick einen Moment lang zur Ruhe kommen kann, um sich dann in einer schnellen, gleichsam auffächernden Bewegung diagonal über das Bild zu verbreiten. Oder aber in dem Bereich rechts oben, in dem eine Gruppe spitzwinkliger, unauflöslich ineinander verflochtener Dreiecksformen äußerste Beschleunigung in kurzen, gegenläufigen Bewegungen evo-

Abb. 3: Franz Marc, «Die Vögel», 1914. München, Museum am Lenbachhaus.

ziert. Von dort aus mag man nach rechts unten zu ausgebreitetem, gleichmäßigem Herab- oder Heraufgleiten übergehen, unten folgt weiter nach links ein Ort mit dem Charakter verhaltenen, leicht in sich bewegten Schwebens, während man von dort aus wiederum zur Auffaltungsbewegung oder auch zum plötzlichen Hervorbrechen des mittleren, pfirsichfarbenen Vogels übergehen kann. Selbst der noch unvollendete Vogel auf der linken Seite vermittelt in seinem eigentümlich ruckhaften Umwenden den Eindruck eines prägnanten Bewegungscharakters.

Beurteilt man Marcs «Vögel» im Hinblick auf gegenständliche Abbildungstreue, wird man enttäuscht. Achtet man dagegen auf den Prozess, der sich im Anschauen des Bildes entfaltet, wird man einer beeindruckenden Fülle an charakteristischen Qualitäten gewahr, die keineswegs dem subjektiven Eindruck des Betrachters zuzurechnen sind. Vielmehr handelt es sich um Bewegungseigenschaften, die das *Leben* der dargestellten Vögel kennzeichnen. Was keine noch so exakte Wiedergabe des Tierkörpers vermitteln kann, wird in der Betrachtung von Marcs Bild zur lebendigen Erfahrung. Eine Erfahrung jedoch, die erst durch die eigene Tätigkeit des Betrachters zur Realität wird und nur so lange existiert, als der Betrachter diese seine Tätigkeit entfaltet. Deshalb erscheinen die dabei erlebbaren Qualitäten des Vogellebens niemals von außen, sondern stets als eins mit dem Tun des Betrachters. Er bekommt somit nicht einfach nur weitere Informationen über das Leben der Vögel, sondern kann sich in seinem eigenen Anschauen mit dem Leben des Gesehenen eins fühlen. Dies ist es, was Marc meint, wenn er davon spricht, dass er nicht malen will, wie ein Tier oder ein Wald aussieht, sondern wie sich das Tier oder der Wald fühlt.[14]

Das ist aber noch nicht alles. Auf der einen Seite wird erst durch den Blick auf die Charakteristik des Anschauungsprozesses die Funktion von Bildelementen klar, deren Bedeutung aus gegenstandsorientierter Sichtweise unverständlich bliebe wie die schrägen Parallelflächen am rechten Bildrand. Auf der anderen Seite ist die «Auflösung» der gegenständlichen Vogelform in abstrakte Elemente nicht bloß ein funktional sinnvoller Übergang vom erkannten zum erlebten Bildthema. An den Formvariationen der bereits genannten Dreiecke im hoch dynamischen Bildbereich rechts oben wird genauso auch der *umgekehrte* Übergang von der charakteristischen Bewegung des schnellen Hin und Her in die spezifische Form des Vogelschnabels möglich. Das bedeutet aber, dass die Bewegungen der Vögel nicht bloß als äußerlich begleitende Eigenschaft ihrer einmal entwickelten Körperform erfahren werden, sondern darüber hinaus eine Einsicht in den Prozess erlangt werden kann, wie die spezifischen Körperformen der Vögel aus der Charakteristik ihres Lebens und dessen Bewegungen hervorgehen. So wird hier in Ansätzen erlebbar, wie sich aus charakteristischen Lebensbewegungen organische Formen konsolidieren. Erst im Blick auf diese Tiefen der Bilderfahrung versteht man besser, was Marc mit seinem rätselhaften Wort von der «mystisch-innerlichen Konstruktion» gemeint haben mag. Zugleich wird deutlich, dass nicht nur Kandinskys, sondern auch Marcs Arbeiten mit einem Betrachter rechnen, der die Fähigkeit hat, die erst im tätigen Anschauen sich entfaltenden Kräfte und Bewegungscharakteristiken als solche zu entdecken.

III.

Obgleich von zwei verheerenden Weltkriegen zurückgeschlagen, hat sich das, wofür Kandinsky und Marc eintraten und zunächst Beschimpfungen und Verspottungen zu ertragen hatten,[15] als Grundtenor der Kunst des 20. Jahrhunderts erwiesen. An einem Werk Barnett Newmans aus der zweiten Jahrhunderthälfte kann auf eklatante Weise deutlich werden, wie die Mitbeobachtung des Anschauungsprozesses bereits zur unumgänglichen Voraussetzung für die sachgemäße Betrachtung vieler moderner Werke geworden ist. Zu einer Voraussetzung, die auf so kompromisslose Weise selbstverständlich ist, dass für den Betrachter, der sich nicht auf diese Betrachtungsart versteht, kaum noch etwas an Kunst übrig bleibt.

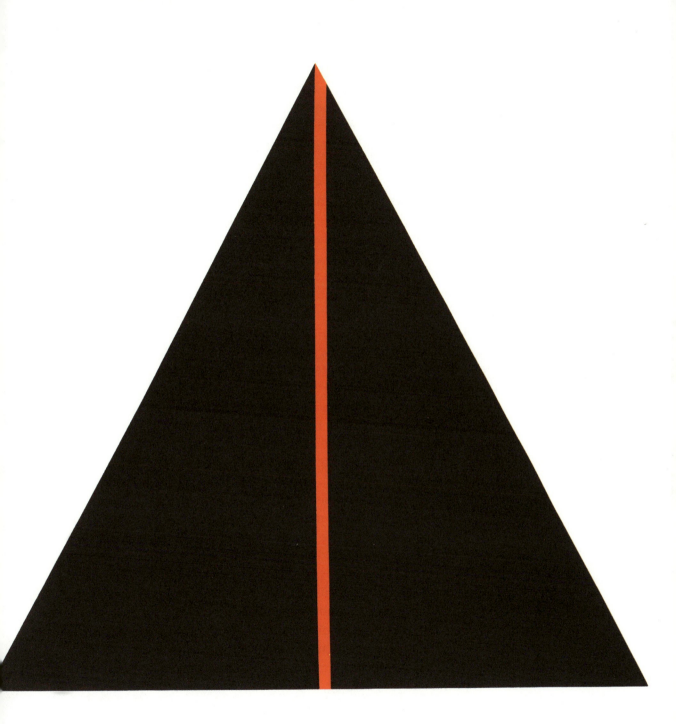

Abb. 4: Barnett Newman, «Jericho», 1968. New York, Museum of Modern Art.

Die dreieckige Bildtafel (Abb. 4) ist 1968 entstanden und hat das Format 269 x 290 cm. Hier ist das sinnliche Objekt in seiner Gestalt so extrem vereinfacht, dass es bereits mit einem einzigen Satz erschöpfend beschrieben werden kann: Ein gleichschenkliges schwarzes Dreieck mit einem roten senkrechten Streifen in der Mitte, dessen linke Begrenzung identisch mit der Symmetrieachse des Dreiecks ist. Dies ist, zusammen mit der zunächst eher unspektakulären, nuancenlos homogen deckenden Farbe des Werkes der Grund dafür, dass die meisten Museumsbesucher nichts Besonderes an der Arbeit entdecken zu können glauben und verständnislosen Blickes weitergehen.

Eine Anweisung Newmans, seine Werke möglichst nicht aus einer Distanz zu betrachten, in der sie als schnell überschaubare Objekte erscheinen, kann bereits darauf aufmerksam machen, dass sich der Betrachter in ein Verhältnis zu dem Bildträger setzen soll, das ihm ermöglicht, den Zeitraum des Anschauens auszudehnen. Steht man einmal etwas näher vor dem Bild, ändern sich die Verhältnisse erheblich: Statt sich sogleich am äußeren Umriss des Bildes zu orientieren, wird dem Betrachter nun der rote Streifen in der Mitte zum Ort, an dem sich sein Blick festhalten möchte. Das Schwarz erscheint zunächst nicht nur äußerlich gesehen von der Flächenausdehnung her überwiegend, sondern geradezu übermächtig, indem es sich zu einem halt- und grenzenlosen Tiefenraum entwickelt, der sich auch hinter dem roten Streifen ins Unabsehbare auszudehnen scheint.

Der rote Streifen bildet aber nicht bloß einen gewissen Halt vor der bedrohlichen Unendlichkeit des Schwarz, sondern besitzt durch seine rote Farbe eine vernehmliche innere Kraft und Dynamik, die den Blick unmerklich in die Vertikalrichtung der parallelen Begrenzungslinien überführt. Denn trotz allen Haltes, den der Streifen dem Blick zunächst bietet, findet sich gleichwohl kein Ort, an dem man wirklich zur Ruhe kommen könnte. Der Streifen leitet den Blick fort, während bei entsprechender Nähe zur Bildtafel die Schrägen des dreieckigen Bildträgers in den Augenwinkeln zusätzlich dazu beitragen, mit dem Blick langsam nach oben aufzusteigen statt nach unten abzusinken.

Folgt man dieser Richtung, beginnen sich langsam, aber vernehmlich die Verhältnisse zu ändern. Während der Streifen in seiner Breite stets konstant bleibt, verringert sich die Menge an gesehenem Schwarz aufgrund der Dreiecksform des Bildes beim langsamen Aufsteigen des Blicks kontinuierlich. Das bedeutet, dass der rote Streifen, blickt man tatsächlich nur auf das, was in Moment gesehen wird, im Verhältnis zum Schwarz immer mehr Raum einnimmt. Obgleich selbst unverändert, gewinnt das Rot im Prozess des Betrachtens zunehmend an Ausdehnung, bis es schließlich, und das ist die überraschende Schlusspointe dieses Vorganges, an der Spitze des Dreiecks nicht, wie zuvor angenommen, die verbreitete Mittellinie des Dreiecks bildet, sondern die linke Hälfte eines Dreieckes ausfüllt, dessen rechte Hälfte schwarz ist.

Obgleich flächenmäßig nur von geringer Ausdehnung, ist die Spitze des Bildes doch von besonderer Bedeutung, da der Prozess des Betrachtens auf diesen Punkt wie auf sein Resultat zuläuft. Ein Resultat jedoch, das keineswegs in sich abgeschlossen ist. Denn während eine lediglich verbreitete Mittellinie schließlich die gesamte Spitze des Dreiecks ausfüllen würde, liegen hier die Dinge anders. Obwohl Rot und Schwarz am Ende des Prozesses exakt genau die gleiche Flächenausdehnung besitzen, scheint doch das Rot auf rätselhafte Weise überlegen, ja es scheint sogar, als befinde sich das Rot auch noch hinter der Spitze des nunmehr als Fläche erscheinenden Schwarz und verdränge es nach vorn und zur Seite hin. Manche Betrachter erleben es in gesteigerter Form geradezu wie ein Aufsprengen der äußeren Kontur des Gesamtdreiecks durch die dem Rot innewohnende Energie.

Das Blatt hat sich also gewendet. Was im distanzierten Überblick, im schnellen Beschreiben der simultanen Ganzheit abstrakt bleibt, wird im betont prozessualen Anschauen und Mitwahrnehmen der darin erlebten Qualitäten zu einem dramatisch kulminierenden Vorgang. Dies aber nicht durch einen mechanischen, beim bloßen Ablaufen einer vorgeformten Gestalt vollzogenen Prozess, sondern durch die den Farben innewohnenden Energien, ihre Charakterzüge, ihre Taten und Leiden, deren Steigerung auf einen Kulminationspunkt hin der Künstler geradezu inszeniert hat.

Der Titel des Werkes lautet «Jericho». Statt gegenständlich die äußeren Verhältnisse und Einzelheiten des wundersamen Sieges der Israeliten über die zunächst scheinbar uneinnehmbare Stadt gemäß Jos 6,1-21 wiederzugeben, ermöglicht Newman mit seiner geradezu lapidaren Arbeit das unmittelbare Erlebnis des dramatischen Nervs, des eigentlichen Kerns des biblischen Geschehens. Statt schwitzende Krieger, trompetende Nomaden, vielleicht noch den aus einer Wolke herabschauenden Gott der Israeliten zu bemühen, ermöglicht Newman dem Betrachter auf diese Weise, das Innere und Wesentliche des Berichtes als Geschehen selbst zu erfahren. Dabei kann er sogar bis zu dem Punkt gelangen, an dem die Frage auftritt: Was ist es, das als Energie im Rot wirkt und es «siegen» lässt über das Schwarz, obgleich beide dieselbe physische Ausdehnung besitzen?

IV.

Ein wichtiger Schritt in der Entwicklung der Kunst des 20. Jahrhunderts ergab sich aus der Einsicht in die Tatsache, dass der Existenzraum des Kunstwerkes nicht mehr in den (dargestellten) Gegenständen, sondern in den anschaulich evozierten Prozessen, Kräften und Bezügen zu suchen ist. Eine der Konsequenzen dieser Einsicht bestand darin, dass der Künstler auch bereits vorgeformte Objekte in die Gestaltung eines Kunstwerkes einbeziehen oder sich sogar auf die Arbeit mit vorgeformten Objekten wie zum Beispiel Gebrauchsgegenstände beschränken kann. Was zunächst eher spielerischen oder provokativen Charakter hatte wie bei Picasso, Duchamp oder den Dadaisten, etablierte sich in der zweiten Hälfte des 20. Jahrhunderts zu einer eigenen, innerhalb der Kunstszene selbstverständlich anerkannten Gattung.

Wie man sich leicht vorstellen kann, wurde damit die Kluft zwischen denjenigen, die wissen, in welchem Gebiet die möglichen künstlerischen Eigenschaften dieser Arbeiten zu suchen sind, und denjenigen, die weiterhin ausschließlich künstlerisch bearbeitete Objekte erwarten und daher in den Werken dieser Künstler von vornherein nichts anderes als Surrogate, Anti-Kunst oder einfallslose Gerümpelsammlungen erblicken können, immer größer. Und sie besteht bis heute.

Zunächst mit alltäglichen Gegenständen aus Kunststoff befasst, entfaltete der gegenwärtig in Wuppertal lebende Tony Cragg die Bandbreite seiner Materialien bis hin zu Zahnrädern aus Metall oder Glasflaschen aus dem Supermarkt. In «Eroded Landscape» von 1998 (Abb. 5) wurden mit Sandstrahlgebläse behandelte Flaschen und Gefäße aus blaugrünem Glas in mehreren Etagen so zusammengestellt, dass der Blick in das stellageartige Objekt hineinschauen kann und sich dabei der Objektcharakter der Formen so weit verliert, dass man wie in eine Landschaft, wie in eine blaugrüne Welt voll reiner, gleichsam schwebender Formen hineinzublicken glaubt (Abb. 6). In dieser Reinheit wird die zur freien Linie gewordene Form fast mühelos in andere Formen überführbar. Wie das Blaugrün der Gefäße sich zu einem meeresgleichen, halb transparenten Kontinuum zusammenschließt, rückt auch das innerlich Verbindende der Formen in den Vordergrund. So entfaltet sich nach und nach der Charakter einer eigentümlich stummen Poesie, einer verhaltenen Sprache der Formen, in der trotz Gegensätzlichkeit gleichwohl Zusammenstimmung und Überführbarkeit des einen in das andere herrscht. Doch bleibt bei aller Poesie stets die Alltäglichkeit der verwendeten Materialien als verhalten humorvoller Beiklang im Hintergrund spürbar.

In einer anderen Arbeit mit dem Titel «Blood Sugar» von 1999 (Abb. 7) tritt der Aspekt der Formverwandlung besonders deutlich in den Vordergrund, ohne dass der Grundcharakter scheinbar beliebig zusammengestellter Alltagsgegenstände dabei verloren ginge. Hier lässt sich auf der einen Seite der beidseitig bestückten Fläche ohne große Mühe von der flachen blauen Schale zur grünlichen Vase mit breiter Öffnung, von dort zur weißen Vase mit schmaler Öffnung und schließlich zur schlanken blauen Flasche übergehen. Im Laufe dieses Vollzuges verwandelt sich das einzelne, bereits vorgeformte Element in die Station einer durchgängigen Gestaltverwandlung, in den «eingefrorenen Moment» (frozen moment)[16] eines durchgängigen Prozesses. Im selben Maße aber, indem die einzelne Flasche durch die Tätigkeit des Betrachters vom

Abb. 5: Tony Cragg, «Eroded Landscape», 1998. Ausstellung «Spyrogyra» in Stuttgart 2000.
Abb. 6: Tony Cragg, «Eroded Landscape», 1998. Detail. Fotos: Roland Halfen.

abgeschlossenen Objekt zum gestaltgewordenen Moment wird, entfaltet sich der Eindruck plastischer Kraft. Und diese Kraft wird um so stärker erlebt, je größer der gestaltliche Abstand zwischen den einzelnen Stationen ist. Das bedeutet aber auch, dass die plastische Qualität jedes einzelnen Elementes nicht so sehr in diesem selbst als sinnlichem Objekt gefunden wird, sondern vielmehr in dem sinnlich-übersinnlichen Prozess, den der Betrachter an den Beziehungen zwischen den Objekten entfaltet. Auf diese Weise kann das gewöhnlichste Element im entsprechend zusammengestellten (kom-ponierten) Kontext zur Herausforderung des prozessual-plastischen Anschauens werden. Cragg versteht seine Werke daher nie als vollständige, in sich abgeschlossene Gebilde, sondern stets als bloße «Vorschläge» (Prä-positionen), die den Betrachter zu einem produktiven visuellen Dialog einladen sollen.[17]

Der in Liverpool geborene Künstler, der sich erst nach einem abgeschlossenen naturwissenschaftlichen Studium der Kunst zuwandte, versteht seine Werke als «Ergänzung und Erweiterung» der modernen Naturwissenschaft.[18] Werktitel wie «Blood Sugar» oder Ausstellungstitel wie «Spyrogyra», eine Blaualge, weisen bereits äußerlich darauf hin, dass sich Cragg intensiv mit dem mikrobiologischen Bereich auseinandergesetzt hat und seine Anregungen aus dem Formenreichtum dieser dem gewöhnlichen

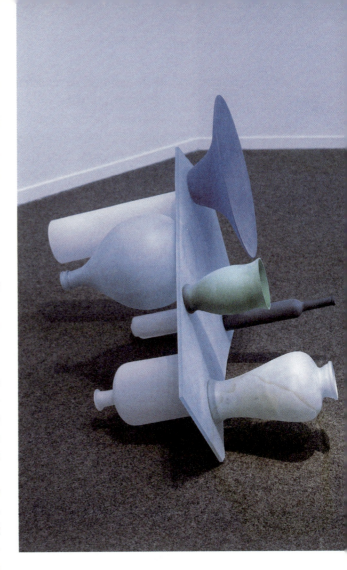

Abb. 7: Tony Cragg, «Blood Sugar», 1999. Detail. Ausstellung «Spyrogyra» in Stuttgart 2000. Foto: Roland Halfen.

Wahrnehmen verschlossenen Welt schöpft. Die naturwissenschaftliche Orientierung mag ferner mit ein Grund dafür sein, dass Cragg bisher stets den gesellschaftlichen Kontext der Gegenwartskunst im Auge behalten hat. Aus der Erkenntnis, dass «die Notwendigkeit, sowohl subjektiv wie objektiv mehr über die feinen, zarten Beziehungen zwischen uns, den Dingen, den Bildern und den wesentlichen natürlichen Prozessen und Bedingungen zu erfahren, [...] langsam kritisch»[19] geworden ist, fordert Cragg die intensivere Ausbildung einer «visuellen Kultur»: «Die visuelle Kultur erfreut sich eines erneuerten Interesses vielleicht aus dem Bedürfnis heraus, eine neue Art der Freiheit zu finden, unentdeckte Territorien zu finden, die nicht physischer Natur sind. [...] Vielleicht können wir durch größere Aufmerksamkeit auf die visuelle Kultur, die lange ignoriert wurde, Freiheit einer mehr geistigen Art entdecken»,[20] eine Freiheit, die für Cragg «zwischen den Ohren»[21] beginnt.

V.

In ganz anderer Weise als Tony Cragg greift der russische Künstler Ilya Kabakov auf vorgeformte Alltags- und Gebrauchsgegenstände zurück, die er in seinen Installationen verwendet. Für ihn waren es vor allem zwei Erlebnisse, die ihn auf seinem künstlerischen Weg beeinflussten. Das erste war die schmerzvolle Erfahrung, dass all diejenigen Werke, für die er im Kreis seiner russischen Freunde Verständnis fand, für westliche Augen zumeist verschlossen, unverständlich und sogar wertlos blieben.[22] Dies machte ihn darauf aufmerksam, dass kein Kunstwerk im luftleeren Raum entsteht oder von dort her betrachtet wird, sondern immer aus einem spezifischen Kontext heraus seinen Erlebnis- und Verständnisgehalt schöpft. Diese Erfahrung bestärkte ihn darin, Werke zu schaffen, in denen das einzelne Objekt stets innerhalb eines größeren, möglichst zusammenhängenden und in sich geschlossenen Umfeldes wahrgenommen wird – die Installation.

Die zweite Erfahrung beruht auf einem Erlebnis Kabakovs in Florenz, wo er zum ersten Mal eine byzantinische Taufkapelle, das Baptisterium des Florentiner Domes, betrat: «Ende 1993 waren wir in Florenz, und ich ging dort zum ersten Mal im Leben durch die offene Tür in ein Baptisterium. Dort gab es sehr viele Touristen, wir schoben uns durch einen ziemlich engen Gang, aber das beeinträchtigte nicht im geringsten die Ergriffenheit und den Schock, den ich momentan verspürte. In der Mitte angekommen, blieb ich an der Absperrung stehen und gab mich ganz meinem Eindruck hin. Ich hätte ewig im Zentrum dieses Kreises stehen können: die Installation funktionierte.

Der runde Raum war fast dunkel, dunkel war auch das Innere der hohen Kuppel. Licht fiel nur aus zwei Türen an gegenüberliegenden Seiten ein und aus der kleinen runden Öffnung in der Kuppel. Aber je länger man dastand, desto mehr gewöhnten sich die Augen an das Halbdunkel, und der gesamte Raum erleuchtete sich nach und nach mit bräunlich-trübem Licht. Das Halbdunkel blieb, aber ‹alles war zu sehen›.

Ich stand im Zentrum der Welt, wie ich sie im Kleinen in meinem eigenen Innern gesehen hatte, als wollte ich sie nun als klares, anschauliches Modell sehen. Und nun existierte sie nicht in meinen Träumen und Absichten, sondern in ihrer ganzen materiellen Realität, in einer blitzenden und vollendeten Installation.

Über mir war die Kuppel, ‹der Himmel› das Gewölbe.

Im Zentrum des Himmels ein Fenster, ein Auge, das himmlische Licht, das herabfiel auf mich, auf die Erde.

Ich stand auf dem Boden, d.h. auf der Erde, stand genau in ihrem Zentrum.

Ich stand allein (trotz der vielen Leute um mich herum). Hinter mir war die Tür, durch die ich hereingekommen, auf dieser Erde geboren war. Vor mir lag eine ebensolche Tür, von der gleichen Größe und Form, die Tür, durch die ich die Erde verlassen werde. Der Abstand von Tür zu Tür war der Weg, den ich auf der Erde zurücklege (der Punkt, wo ich stehe, ist die Mitte dieses Wegs, und er liegt immer genau unter der Mitte der Kuppel).

Wenn ich auf der Horizontalen nach links schaue (das Gesicht zur Eingangstür), so sehe ich im Halbdunkel das Mosaik an den Wänden, zwei Bilder und zwei Tische und etwas darauf – und das alles sehe ich mit dem Gefühl, dass es mir schon lange vertraut und bekannt ist, und ich habe es erkannt wie sehr, sehr alte Bekannte – das alles ist meine Vergangenheit. Ich kann sehr lange hinschauen, in einer sonderbaren und leichten Entrückung.

Wenn ich mich nach rechts drehe, sehe ich einen kleinen Sockel, eine Art Altar, darauf zwei Kerzenständer, und ich habe das unabweisbare Gefühl, gleich, gleich wird etwas kommen neben diesem Altar, gleich tritt jemand aus der kleinen, mit einem Metallgitter verschlossenen Tür daneben.

Alles, was links von mir liegt, ist in eine stille, helle Melancholie getaucht, und wenn meine Augen von den Bildern zum goldenen Hintergrund der Fresken wandern, sehe und erkenne ich die Vergangenheit, die ganz dicht bei mir steht.

Alles, was rechts von mir liegt, ist voller Erwartung dessen, was jetzt gleich, in der nächsten Minute geschehen soll, etwas, das ich begreife und erwarte …

Vielleicht haben die dunkle Kühle des Baptisteriums und der sonnige Tag vor seinen Türen plötzlich so auf mich gewirkt.

Vielleicht ergreift uns ein solches Gefühl in jedem runden Raum …

Vielleicht begrenzen die hölzernen Absperrungen zu beiden Seiten, von Tür zu Tür, den dir und den anderen Touristen zugewiesenen Weg von einer Tür zur anderen.

Und hinter den Absperrungen Leere und Stille, die man nur sehen und hören konnte … Die runde Öffnung, der helle Himmel in der hohen dunklen Kuppel …

Aber wahrscheinlich schlug all das zusammen in einer wunderbaren kalkulierten Balance in die Seele ein, die noch vor einer Sekunde gar nicht vorbereitet war auf dieses Wunder, das sich plötzlich in der Welt eröffnete, und auf die Berührung mit dem Geheimnis der Existenz aller Dinge, doch dies für dich, gemeinsam mit dir – und alles geschah in einem einzigen Augenblick, und ich konnte mich nicht von der Stelle rühren und diese unendliche Minute einer ungewöhnlichen Fülle und ungewöhnlichen Glücks unterbrechen.»[23]

Kabakov betritt das Innere des Baptisteriums gänzlich unverbildet; statt das Gesehene kunstgeschichtlich einzuordnen, statt vorgewusste Einzelheiten wiederfinden zu wollen, statt einzelne Bilder zu betrachten oder Alltagsgedanken nachzuhängen, nimmt er den Raum sogleich als Ganzes, als Einheit und Gesamtheit wahr. Und indem er dies tut, entfaltet sich in seiner offenen Seele eine Qualität, in der die einzelnen Elemente des Innenraums, die Kuppel, der Eingang und der Ausgang eine Art «symbolischen» Charakter gewinnen. Doch findet nicht etwa ein intellektueller Vorgang statt, indem die Kuppel als ein Symbol des Himmels usw. betrachtet wird. Vielmehr vollzieht sich ein in die tiefsten Seelengründe hineinreichender Vorgang, bei dem der Innenraum des Gebäudes auf merkwürdige Weise gleichsam durchsichtig wird. Dies aber nicht in äußerlichem Sinne, von einem Betrachter aus, der sich im Zentrum befindet, und von dort aus auf Objekte hin- oder in Räume hineinblickt. Vielmehr scheint Kabakov die Grundgestalt seines eigenen Lebens in dem Gesehenen aufzuschimmern, und in dem Maße, wie dies geschieht, das Gesehene mit Bedeutungshaftigkeit, wie mit symbolischer Energie zu erfüllen: Der Eingang in den Innenraum wird zum Eingang in das eigene Leben, der Ausgang zum Bild des künftigen Hinausgangs, und die sich über alles hinwölbende Kuppel zu dem, was beides zusammenschließend überfängt.

Während sich äußerlich nichts verwandelt hat, hat sich in der Seele Kabakovs etwas Entscheidendes geändert: Er sieht als Betrachter den Raum nicht mehr im Normalbewusstsein, sondern in einer Verfassung, in der er sich des erfahrenen Raumes im unmittelbar präsenten Kontext seines eigenen Lebens bewusst wird. Dabei scheint die Grenze zwischen Subjekt und Objekt zu verschwimmen, das Gesehene scheint Kabakovs Eigenstes und doch wiederum allgemein Menschliches zur Sprache zu bringen. Mit verhaltener und zugleich machtvoller Gebärde lässt der Raum die wesentlichen Dinge seines und des Lebens allgemein auftauchen. Die Installation funktioniert, oder: das Vergängliche wird zum Gleichnis.

Weiß man dies, wird man Kabakovs Installationen vorsichtiger entgegentreten, man wird weniger der Gefahr ausgesetzt sein, in seinen

Räumen nach traditionell bearbeiteten Kunstgegenständen zu suchen und beim bloßen Blick auf die dortigen Alltagsgegenstände kaum etwas zu finden, was sich von einem Haufen Sperrmüll unterscheidet. In Vorlesungen über sein Konzept der Installation lässt Kabakov jedoch keinen Zweifel daran, dass er bis in die kleinsten Details alle Einzelheiten seiner Installationen aus bewusster Wahl und umsichtiger Behandlung hervorgehen lässt. Ziel ist es, beim Betrachter und Durchwanderer seiner Räume ganz spezifische Erlebnisse hervorzurufen, indem dessen Aufmerksamkeit in besonderer Weise gelenkt und dabei gestaltet wird.[24] Dies zu sehen und als eigentlichen Ort der Kunst anzuerkennen fordert vom Betrachter eine noch höhere Aufmerksamkeit als bisher, denn schon vor dem Betreten, und erst recht in der Installation, hat er die Vorgänge seines eigenen Bewusstseins mitzubeobachten, Erwartungen, Erinnerungen, Gefühle, Denkprozesse, die Art seiner Aufmerksamkeit auf das Gegebene, und dies alles als ein sich fortwährend verändernder komplexer Prozess. Ohne Aufmerksamkeit auf die vielfältigen und vielschichtigen Vorgänge des eigenen Bewusstseins bleibt man als Besucher schlichtweg blind für die der jeweiligen Installation zugrunde liegenden Absichten.

So beschreibt Kabakov etwa die Bemalung der Wände des Raumes als Mittel, das Erleben des Besuchers auf einen beweglichen Gleichgewichtspunkt hinzuleiten, von dem aus er in zwei Richtungen gehen kann. Wenn zum Beispiel der obere Teil der Wände grau bemalt wird, dann ein schmaler grüner Streifen angefügt und der untere Teil braun gefärbt, entspricht dies auf der einen Seite einer Art Landschaft mit grauem Himmel, grünem Horizont und braunem Boden (Abb. 8). Dies ermöglicht dem Betrachter, den optischen Rahmen der Installation in gewissem Maße aufzuheben, indem die Wände ihm den Eindruck einer natürlichen Umgebung vermitteln. Auf der anderen Seite kann die Bemalung, entsprechend nuanciert, mit ihrem Grau und Braun ebenso gut an das Aussehen öffentlicher Räume erinnern, die in ihrer Vernutztheit das Erlebnis von Ödnis, Enge und Beklommenheit hervorrufen. Die Bemalung der Wände ist für Kabakov aber erst dann gelungen, wenn sie dem Betrachter sowohl das positive Erlebnis der Grenzüberschreitung,

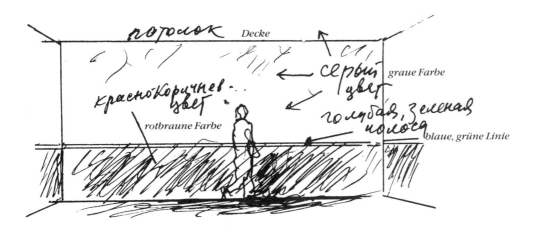

Weitung, Frische und Natürlichkeit bieten kann als auch das negative Erlebnis der Eingeengtheit, Ödnis und Beschränkung.[25] Es wird darin eine Art Schwebezustand veranlagt, der es dem Betrachter ermöglicht, aus dem Erleben bedrückender Enge, Beschränktheit und Ödnis in die Weitung, ins Frische überzugehen, um, wie es Kabakov formuliert, die Installation verlassen zu können, ohne aus ihr heraustreten zu müssen.

Dieses Erlebnis wird auch durch die Gestaltung der Räume selbst, den Weg des Betrachters durch die Zimmer und Korridore der Installation angestrebt. Die Räume sollen weder von vornherein komplett überschaubar sein, noch zu Labyrinthen werden, in denen man fortwährend nach dem Ausgang sucht. Vielmehr soll der Betrachter immer wieder von der Konzentration auf die Betrachtung der einzelnen Dinge zur äußerlichen Überschau größerer Bereiche kommen können, bis er schließlich in der Mitte der Installation das bis dahin Erlebte in einer Ganzheit innerlich überschauen kann. Dabei soll zugleich eine Art Gleichgewicht zwischen sukzessivem Betrachten und simultaner Überschau erreicht werden.[26]

Ein ähnliches Gleichgewicht ist in der Auswahl der Dinge angestrebt, die in den Räumen der Installation begegnen. So sollen es auf der einen Seite vertraute Dinge sein, auf der anderen Seite sollen sie etwas an sich haben, was sie zu besonderen, rätselhaften oder auf andere Weise die

Abb. 8:
Ilya Kabakov, Skizze für die Bemalung einer Installation, aus: I. Kabakov, *Vorlesung über die «totale» Installation*, Ostfildern 1995, S. 69.

Aufmerksamkeit anziehenden Gegenständen macht (Abb. 9). Vor allem versucht Kabakov in einer Reihe seiner Installationen dem Betrachter auf verschiedene Weise das Gefühl zu vermitteln, in einen Raum einzutreten, den sein Bewohner oder Benutzer soeben, vielleicht nur für kurze Zeit, verlassen hat. Er soll das Gefühl haben können, einer Persönlichkeit näher zu treten, die sich in all den ihm vor Augen liegenden Dingen und der Art, wie sie im Raum stehen oder liegen, ausspricht. Er soll die Illusion haben können, für einen Moment in ein fremdes Leben hineinzuschauen.[27]

Dabei soll keineswegs eine bloße Illusion erzeugt werden. Denn Kabakov ist sich vollständig bewusst, dass ein Tisch in einem Museum nicht dasselbe ist wie im gewöhnlichen Leben oder auch im Theater. In der Installation bekommen die Gebrauchsgegenstände sogleich einen herausgehobenen, geradezu repräsentativen Charakter, der geeignet ist, den Betrachter über sie selbst als einmalige Dinge hinauszuführen.[28] Und dies führt zugleich auf die Spur des Erlebnisses, das Kabakov mit seinen Installationen anstrebt: Der Betrachter soll in der Installation die Möglichkeit bekommen, einen gewöhnlichen, bekannt-unbekannten Lebensraum ebenso «durchsichtig» werden zulassen, wie es Kabakov selbst in Florenz erleben durfte. Nur mit dem Unterschied, dass Kabakov mit seiner Installation zugleich auf die Erfahrung des anderen Menschen hinlenken will. Im Eintritt in den individualisierten Lebensraum wird die Umgebung formuliert und das Grundthema angeschlagen, im Wechsel zwischen Einzelbeobachtung und Blick auf das Ganze, im Wechsel von Sukzessivität und Simultaneität wird der Moment vorbereitet, in welchem alle gesehenen Einzelheiten sich vor dem geistigen Auge des Betrachters zu einem simultan-sukzessiven Ganzen zusammenschließen. Dies soll aber kein bloß äußerlich zusammenfassender Akt sein. Vielmehr soll in diesem Moment der Blick des Betrachters durch die Lebenswelt des anderen hindurch in dessen Wesen hineinschauen können. Ein Blick allerdings, der in der Lebenswelt des anderen zugleich das Allgemeinere, das Überindividuelle aufscheinen sieht. In diesem Aufscheinen des Allgemeineren, des Überindividuellen wird aber wiederum zugleich das Eigene des Besuchers offenkundig: Das Leben des Betrachters und das

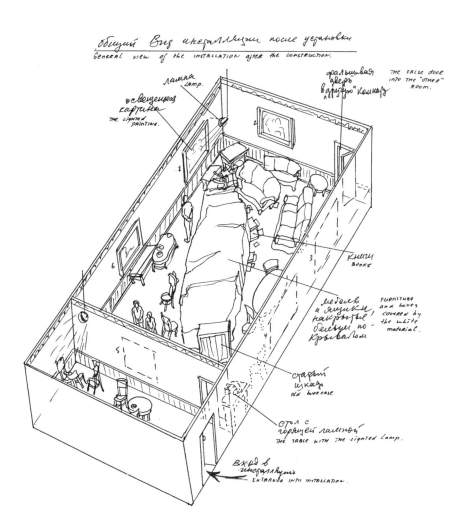

betrachtete Leben durchdringen sich, verfließen in eins wie im Florentiner Baptisterium. Damit ist das Thema vieler, wenn nicht aller Installationen Kabakovs angesprochen: ein Erwachen für sich selbst am Raumobjekt, oder ein Erwachen am anderen Menschen durch seine Lebenssphäre hindurch – als künstlerisches Grundthema.

Gelungen ist die Installation für Kabakov dann, wenn sich alles Einzelne im Prozess des Durchwanderns, im fortwährenden Wechsel zwischen verschiedensten Perspektiven und Aufmerksamkeitsformen, zwischen

Abb. 9:
Ilya Kabakov, Skizze zur Installation «Zu verkaufen», aus: I. Kabakov, *Vorlesung über die ‹totale› Installation*, Ostfildern 1995, S. 354.

Konzentration und diffuser Gesamtwahrnehmung, zwischen Erwartung und Erinnerung, Prozess und Zustand zu einem Ganzen zusammenschließt, das «symbolisch» transparent wird. Zugleich darf und soll der Betrachter den Eindruck haben, dass sich im Durchschauen des Einzelnen auf das Allgemeine, des Vielen auf das Eine und des Belanglosen auf das Bedeutungsvolle hin eine Art Befreiungsprozess vollzieht. Das «Aussteigen aus der Installation ohne Verlassen derselben» ist jedoch alles andere als eine Entfernung. Es bedeutet vielmehr eine innere Befreiung aus der Enge, aus der Stummheit des bloßen Gegenüberstehens in die inhaltsvolle Transparenz eines charakteristischen Subjektiv-Objektiven hinein. Ziel ist eine doppelte Empfindung: die der konzentrierten Last des Lebens und zugleich die der inneren Befreiung davon, in einer Art Darüberschweben.[29] Ziel ist ein Zustand zwischen Wachen und Träumen, den der Betrachter mit der Installation gemein hat, die er wie aus einem Dornröschenschlaf mit liebender Aufmerksamkeit erst erweckt.[30] Ziel ist das Erreichen jener «mythologischen» Ebene des Bewusstseins, in der alles Vergängliche Gleichnis wird.[31] Diesen Vorgang bezeichnet Kabakov in Anlehnung an traditionelle Termini zuweilen auch als «Ekstase» (*ekstasis* = Heraustreten[32]). Er kann so den eigentlichen Zweck seiner Installationen sogar an die Funktion traditioneller Kultorte anschließen, eine Engführung, die dem äußerlichen Betrachter seiner Installationen mit ihren vernutzten Gebrauchsgegenständen, ihrer «erbärmlichen Banalität» und ihrem Müll als reine Blasphemie erscheinen muss.[33]

VI.

In eigentümlicher Verwandtschaft zu den geschilderten Vorgängen aus dem Bereich der bildenden Kunst steht die Darstellung, die Rudolf Steiner im zweiten Jahrzehnt des 20. Jahrhunderts über die tiefere Natur des menschlichen Denkens gibt. In seinem 1917 erschienenen Buch *Von*

Seelenrätseln hebt er hervor, dass die eigentliche Aufgabe des menschlichen Denkens nicht darin bestehe, die sinnliche Außenwelt zum Zwecke bloßer Abbildung nachzuformen. Die eigentliche Bestimmung des Denkens sei vielmehr erst dann erfasst, wenn es als Mittel verstanden wird, die Erziehung und Entwicklung der menschlichen Seele voranzubringen. Steiner veranschaulicht diesen Sachverhalt mit zwei verschiedenen Weisen, Samenkörner zu verwenden, indem sie entweder zur Nahrung dienen, oder aber in den Boden gepflanzt sich zu einer neuen Pflanze entwickeln.[34]

Diese Position schließt zum einen an Steiners frühe erkenntnistheoretische Schriften an, in denen die Annahme widerlegt wird, die menschliche Erkenntnis sei nichts anderes als die innere Wiederholung einer äußerlich bereits vollständig vorliegenden Außenwelt. Während dort der produktive Charakter des menschlichen Denkens betont und Wahrheit nicht als Abspiegelung, sondern als freies Erzeugnis des Menschengeistes verstanden wird, differenziert Steiner in *Von Seelenrätseln* diese Grundauffassung dahingehend, dass die Möglichkeit einer abbildlichen Nachformung der Außenwelt durch das menschliche Denken zwar besteht, aber nicht als Hauptaufgabe, sondern nur als eine Nebentätigkeit des Denkens. Damit führt Steiner das menschliche Denken besonders nahe an das Selbstverständnis der damaligen künstlerischen Avantgarde heran. Indem er dazu mit Kandinsky wie mit Goethe die Kunst als Produkt «innerer Notwendigkeit» versteht, rücken Kunst und Erkennen tatsächlich so nah wie kaum jemals zuvor zusammen.

In *Von Seelenrätseln* wird daran anschließend ausgeführt, dass ein Denken, das nicht mehr die Außenwelt nachbildet, sondern seiner eigenen Natur folgt und die beim gegenständlichen Abbilden in Anspruch genommenen Kräfte in sich selbst zur Entfaltung bringt, statt zu gegenständlichen zu «imaginativen» Vorstellungen gelangen würde. Dabei ist für Steiner zu beachten: «Man verkennt, was hier als *imaginativ* gemeint ist, wenn man es verwechselt mit der bildlichen Ausdrucks*form*, die angewendet werden muss, um solche Vorstellungen entsprechend anzudeuten.»[35] Den Unterschied zwischen dem imaginativen Erlebnis und dessen bildlicher Ausdrucksform erläutert Steiner daraufhin am Beispiel der *Farben* unter Hinweis auf Goethes Darstellung ihrer «sinnlich-sittlichen Wirkung».[36] Während das imaginative Erleben Kräfte wahrnehmen kann, deren Eigentümlichkeit auf die menschliche Seele so wirkt wie die Farbe Gelb, ist die Form, das Erlebte dann als «gelb» zu bezeichnen, lediglich ein *Bild der Imagination*, nicht sie selbst. Damit wird noch einmal deutlich gemacht, dass alles Imaginative nicht als ruhendes, sonder als primär Dynamisch-Krafterfülltes zu verstehen ist, auf das mit ruhenden Bildern, mit Formen und Farben immer nur hingewiesen werden kann. Kommt man dagegen von der anderen Seite und erfasst den Kraftaspekt der Farbe, bewegt man sich bereits auf das Gebiet des Imaginativen zu, von dem die sinnliche Farbe als Bild fungiert.

Ein Jahr zuvor schildert Steiner in dem letzten, «Ausblicke» genannten Kapitel des Buches *Vom Menschenrätsel* einen weiteren Aspekt der genannten Bewusstseinsentwicklung. Hier wird die Entfaltung von Kräften, die für gewöhnlich durch die Abbildungsfunktion des Denkens abgelähmt und absorbiert werden, an der Betrachtung einer Pflanze geschildert: «Man sucht zum Beispiel eine Pflanze so anzuschauen, dass man nicht nur ihre Form in den Gedanken aufnimmt, sondern gewissermaßen mitfühlt das innere Leben, das sich in dem Stengel nach oben streckt, in den Blättern nach der Breite entfaltet, in der Blüte das Innere dem Äußeren öffnet und so weiter.»[37] Im anschauenden Nachvollzug der Formübergänge und -variationen entfalten sich die sonst verborgenen Kräfte, die das Denken zum imaginativen Vorstellen emporheben, ohne dass sich das Bewusstsein dabei von der exakten Sinneswahrnehmung zu lösen hätte. Musterbeispiel für dieses Feld imaginativen Vorstellens ist die wiederum von Goethe entwickelte und von Rudolf Steiner auf weitere Bereiche des menschlichen Lebens angewandte Metamorphosenlehre.

Dieser Möglichkeit, das vorstellende Denken durch das übende Verfolgen prozessualer Formverwandlungen zum imaginativen Vorstellen zu steigern, steht eine andere gegenüber, die von zunächst ruhenden, dafür in sich bedeutungsvollen Bildern ausgeht, wie es als Teil geistiger Schulung in Steiners *Geheimwissenschaft im Umriss* skizziert wird. Dort wird das innerlich aufgebaute und dann mit voller Konzentration innerlich angeschaute Bild eines schwarzen, mit roten Rosen umwundenen Kreuzes im Laufe der Schulung als wirkmächtiges Sinnbild für einen spezifischen Aspekt der persönlichen Läuterung erfahren.[38] Das innere Leben des Bildes entfaltet sich hier nicht als quasi-linearer Prozess sich verwandelnder Formvariationen, sondern in Gestalt einer sich nach und nach eröffnenden Bedeutungstiefe, die erahnen lässt, dass das ruhende Bild etwas Unauslotbares in sich zusammenfasst und zur Sprache bringt. Die Einfühlung in die Formverwandlungen einer Pflanze bildet keinen Gegensatz hierzu, sondern kann als Teil der Vorbereitung dienen, das Bild in seiner ganzen Bedeutungstiefe zu erleben. Eine Bedeutungstiefe, die nicht in objektiv-gegenständlicher Weise erfahren werden soll, sondern als etwas den Betrachtenden in seinem eigenen tiefsten Wesen Betreffendes. Je tiefer das Bild in seiner Bedeutungshaftigkeit erlebt wird, desto wirksamer wird es, die Seele des Betrachtenden zu der Verfassung hin zu führen, die durch das bedeutungsvolle Bild selbst ausgedrückt wird.

Während die erstere Spielart des Imaginativen den Werken Tony Craggs näher steht, scheint die letztere eher Verwandtschaft mit den Erlebnissen und Intentionen Ilya Kabakovs zu besitzen. Während bei der einen die prozessuale Integration einzelner Elemente in einen durchlaufenden Prozess im Vordergrund steht, dessen innere gesetzmäßige Einheit als simultaner «Sinn» der Verwandlungen erfahren wird, steht im anderen Fall die simultane Einheit eines Bildes im Zentrum, zu dem der geistige Hintergrundraum erst aufgebaut und im Aufbauen ausgelotet werden muss.

VII.

Der Blick auf einige Werke der bildenden Kunst des 20. Jahrhunderts, vom Beginn der abstrakten Malerei bis zur modernen Installation, hat gezeigt, dass die durch Kandinsky erstmals programmatisch formulierte Wendung von den Objekten auf die Beziehungen, Prozesse und Kräfte zu einer Grundlage geworden ist, auf die nachfolgende Künstler bis heute vielfach unausgesprochen aufbauen.

Mit der verkündeten Unabhängigkeit vom ästhetischen Prinzip der Repräsentation objektiv gegebener Bildgegenstände war die bildende Kunst einen großen Schritt weiter gegangen, sich das Wesentliche ihres Tuns zu Bewusstsein zu bringen. Kandinsky brachte mit seinen theoretischen Fundierungen einen Prozess der Besinnung zum Abschluss, der vor allem mit der Erfindung der Fotografie im 19. Jahrhundert einen wesentlichen Impuls empfangen hatte.[39] Seit der Entwicklung technisch perfektionierter Möglichkeiten der Gegenstandsabbildung stellte sich der bildenden Kunst immer wieder die Frage nach ihrer eigentlichen Aufgabe.

Die Beschränkung auf Wesentliches, das in ungleich höherem Maße als bisher mit dem Bewusstsein zu durchdringen ist, verleiht der Kunst des 20. Jahrhundert einen spürbar wissenschaftlichen Zug. Der kompromisslose, zuweilen radikale Blick auf Wesentliches lässt Werke entstehen, die zuvor stets als unvollständig, als bloße Studien betrachtet worden wären. Die sich daraus ergebende Notwendigkeit der Konzentration auf wenige, überschaubare Phänomene, deren Tiefe es nach und nach auszuloten gilt, verleiht der Betrachtung dieser Werke zugleich den Charakter einer Meditation. Während sich so die Kunst des 20. Jahrhunderts auf der einen Seite in eine schier unüberschaubare Fülle einzelner Ausdrucksformen ausgefaltet hat, scheinen auf der anderen Seite in den einzelnen Werken Kunst, Wissenschaft und Religion auf eigentümliche Weise einander wieder nähergerückt.

Die Verwandtschaft zwischen den von Rudolf Steiner beschriebenen Aspekten der Imagination und den gezeigten Kunstwerken ist freilich nicht so zu verstehen, als handele es sich bei den künstlerischen Prozessen, aus denen die gezeigten Werke hervorgegangen sind, um imaginative Erkenntnisformen im Sinne Steiners. Die hier genannten Gemeinsamkeiten können vielmehr darauf hinweisen, inwiefern der Künstler und der geisteswissenschaftlich Erkennende aus ähnlichen Quellen zu schöpfen scheinen. Während beide in ihrer Tätigkeit über das gewöhnliche Gegenstandsbewusstsein hinausgehen, ist das Ergebnis der einen

Tätigkeit das künstlerische durchgestaltete Bild, das der anderen die begrifflich formulierte Erkenntnis.

Die Zeit der historischen Avantgarden ist vorbei. Schon die avantgardistischen Bewegungen der sechziger und der siebziger Jahre des 20. Jahrhunderts griffen in wesentlichen Aspekten auf Ideen zurück, die schon zu Beginn des Jahrhunderts formuliert waren. Doch lebt aller Avantgardismus von dem mehr oder weniger ausgesprochenen Gefühl, mit dem eigenen Bewusstsein und seinen Intentionen der Zeit, zumindest aber den meisten Mitmenschen einen Schritt voraus zu sein. Insofern im künstlerischen Schaffen instinktiv ein höheres Bewusstsein, eine tiefere Einsicht, ein erweitertes Wahrnehmen angestrebt wird, sind auch in Zukunft von dort her immer wieder neue und andere Versuche zu erwarten, im Schritt über das Alltagsbewusstsein hinaus die Quellen des künstlerischen Schaffens zu erschließen. Tony Cragg ist optimistisch. Er vermutet, «dass die Suche nach neuen Bildern und Visualisierungen in der Zukunft auf einer höheren Ebene stattfinden wird. […] Möglicherweise werden die Menschen nicht mehr so sehr in Worten, sondern mehr in Bildern denken. An der Entwicklung dieses Denkens ist die Kunst sicher beteiligt.»[40]

Anmerkungen

1 *Rückblicke*, in: H. K. Roethel / J. Hahl-Koch (Hgg.), *Kandinsky. Die gesammelten Schriften*, Bern 1980, S. 32. In der russischen Ausgabe dieses Textes stehen statt «packt» die Worte «bewegt und packt».

2 Kandinsky hatte ein so extrem ausgeprägtes Bilderinnerungsvermögen, dass daneben die Fähigkeit des begrifflichen Erinnerns zurückstand: «Ich besaß nie ein so genanntes gutes Gedächtnis: besonders war ich von je her unfähig, Zahlen, Namen, sogar Gedichte auswendig zu lernen. Das Einmaleins bot mir immer unüberwindliche Schwierigkeiten, die ich bis jetzt [im Jahre 1913, also mit 47 Jahren!] nicht beseitigt habe und die meinen Lehrer in Verzweiflung brachten. Ich musste von vornherein das Augengedächtnis zu Hilfe nehmen, dann ging es. Bei dem Staatsexamen in Statistik habe ich eine ganze Seite Zahlen genannt, nur weil ich in der Aufregung diese Seite *in mir* sah. So konnte ich schon als Knabe Bilder, die mich in Ausstellungen besonders fesselten, zu Hause auswendig malen, soweit meine technischen Kenntnisse es erlaubten. Später malte ich manchmal eine Landschaft ‹nach der Erinnerung› besser, als nach der Natur.» Kandinsky litt selbst oft unter dieser starken Einwirkung alles Sichtbaren auf seine Seele, die offenbar in Stresssituationen nicht ab-, sondern sogar noch zunahm: «Ich sehnte mich nach stumpfsinniger Ruhe, nach Augen, die Böcklin Packträgeraugen nannte. Ich *musste* aber ununterbrochen sehen.» *Rückblicke* (wie Anm. 1), S. 39f.

3 *Rückblicke* (wie Anm. 1), S. 38.

4 Als ein Beispiel sei das Bild «Imagination» des italienischen Futuristen Romolo Romani aus dem Jahre 1908 genannt. Raphael Rosenberg wird in Kürze eine Habilitation über die weit zurückreichenden Wurzeln des abstrakten Bildes vor dem Zeitalter der abstrakten Malerei vorlegen.

5 Die Fortführung des in *Über das Geistige in der Kunst* Begonnenen ist das 1926 erschienene Werk *Punkt und Linie zu Fläche*, in dem Kandinsky sein Konzept inhaltlich und methodisch weiterentwickelt.

6 Zur Farbenlehre, 6. Abteilung: Sinnlich sittliche Wirkung der Farbe, in: *Goethes naturwissenschaftliche Schriften*, hrsg. von R. Steiner, Dornach ⁴1982, Bd. III, S. 289-330.

7 Auch die Beziehung der Malerei zur Musik war bereits bei Goethe vorgebildet. So heißt es in *Über das Geistige in der Kunst* (Bern ¹⁰o.J., S. 66) über die «tiefe Verwandtschaft der Musik und Malerei insbesondere»: «Auf dieser auffallenden Verwandtschaft hat sich sicher der Gedanke Goethes konstruiert, dass die Malerei ihren Generalbass erhalten muss. Diese prophetische Äußerung Goethes ist ein Vorgefühl der Lage, in welcher sich heute die Malerei befindet.» Zur Herkunft des Zitates sowie den verschiedenen anderen Stellen, an denen es Kandinsky verwen-

det hat, siehe *Der Blaue Reiter. Dokumentarische Neuausgabe von Klaus Lankheit*, München ³1979, S. 333f.
8 Auch Kandinskys zentraler Begriff der «inneren Notwendigkeit» (vgl. etwa seine Selbstcharakteristik in *Die gesammelten Schriften,* wie Anm. 1, S. 61) scheint von Goethe, vielleicht auch von Schiller beeinflusst zu sein. Vgl. dazu Klaus Lankheits Anmerkungen in *Der Blaue Reiter* (wie Anm. 7), S. 305. Zur Goetherezeption in der Kunst des 20. Jahrhunderts siehe ferner C. Lichtenstern, *Die Wirkungsgeschichte der Metamorphosenlehre Goethes* (Habil. Bonn 1986), 2 Bde. Weinheim 1990.
9 Ähnliches findet sich sogar explizit in den programmatischen Texten des frühen Futurismus.
10 Ein anderes Erlebnis Kandinskys war an dieser Umorientierung wesentlich beteiligt: «Die weitere Teilung des Atoms […] war in meiner Seele dem Zerfall der ganzen Welt gleich. Plötzlich fielen die dicksten Mauern. Alles wurde unsicher, wackelig und weich. Ich hätte mich nicht gewundert, wenn ein Stein in der Luft vor mir geschmolzen und unsichtbar geworden wäre. Die Wissenschaft schien mir vernichtet; ihre wichtigste Basis war nur ein Wahn ...» Aus: *Rückblicke* (wie Anm. 1), S. 33, sowie die zugehörige Anmerkung auf S. 167.
11 Biografische Notizen, nach Mitteilungen von W. Kandinsky, in: *Kandinsky. Die gesammelten Schriften* (wie Anm. 1), S. 63.
12 Die absolute Malerei, in: *Franz Marc. Schriften*, hrsg. von K. Lankheit, Köln 1978.
13 *Der Blaue Reiter* (wie Anm. 7), S. 23.
14 Aufzeichnungen auf Bogen in Folio (1912/1913) in: Franz Marc, *Briefe und Schriften*, Leipzig 1980, S. 251.
15 Vgl. die Dokumentation der Kritiken in: *Kandinsky. Die gesammelten Schriften* (wie Anm. 1), S. 178-187.
16 Katalog London 1987, S. 24.
17 Katalog Hannover 1985, S. 35.
18 Katalog Brüssel 1985, S. 31 (Übersetzung R.H.). Neben Matisse, Duchamp und Beuys nennt Cragg deshalb auch Naturwissenschaftler wie Leonardo da Vinci, Newton und Einstein als Persönlichkeiten, die den größten Einfluss auf seine Entwicklung hatten.
19 Katalog Bern 1983, S. 13.
20 Katalog Brüssel 1985, S. 31 (Übersetzung R.H.).
21 Katalog London 1987, S. 14 (Übersetzung R.H.).
22 Ilya Kabakov, *Über die ‹totale› Installation*, Ostfildern 1995, S. 37: «Erst im Ausland […] versteht man die Rolle des Kontexts, versteht man, dass ein ‹Tisch› zu sein, ein richtiger Tisch, nur möglich ist umgeben vom Sinn des ‹Tisches›, der nur an diesem Ort (und hinzuzufügen ist, nur zu dieser Zeit) besteht und ‹lebt›; in jeder anderen Situation ist er schon kein Tisch mehr oder er ist ein ‹anderer Tisch›. Ich

sage es noch einmal, wenn man in den Westen übersiedelt, erlebt man dies sehr schmerzlich, als Verlust eines wichtigen – nun entbehrlichen – Teils des eigenen Wesens. Aber das betrifft die Ebene des täglichen Umgangs. Noch belastender erlebt man das Verschwinden des Kontexts, wenn es die eigenen Arbeiten angeht, das, was man in einer neuen Situation produziert und zeigt.»

23 *Über die ‹totale› Installation* (wie Anm. 22), S. 57f.
24 «Der Verlust der Aufmerksamkeit des Betrachters ist das Ende der Installation.» *Über die ‹totale› Installation* (wie Anm. 22), S. 46.
25 a.a.O., wie Anm. 22, S. 69.
26 a.a.O., S. 46 und S. 54.
27 a.a.O., S. 46.
28 a.a.O., S. 62 und S. 64.
29 a.a.O., S. 50.
30 a.a.O., S. 50 und S. 63.
31 «...den Betrachter aus seinem gewöhnlichen, aktuellen – so nennen wir das – Zustand in einen besonderen Zustand zwischen Realität und Traum zu versetzen, in dem er, wie es sich zeigt, in der Lage ist, sich in die Wolke der überraschend und unwillkürlich in ihm aufsteigenden Assoziationen zu versenken, tief in Erinnerungen einzutauchen und im Extremfall jene mythologische Ebene zu erreichen, wohin ihn zu führen Sinn und Zweck jeder totalen Installation ist.» Zum Auftauchen von Bildern, die «weniger individuell, als vielmehr universal» sind», heißt es dort ferner (S. 95): «Interessanterweise kommt es in jeder totalen Installation zu diesem Bild-Mysterium, ganz gleich, welche Dinge darin stehen und von welcher erbärmlichen Alltäglichkeit sie sind. Sogar andersherum – je banaler, alltäglicher das Milieu der Installation, desto bekannter ist jedem Betrachter die Serie der in der Luft hängenden «Bilder», desto größer, vollständiger und vor allem intimer wird jede seiner Erinnerungen und Assoziationen sein, die sie hervorrufen.» *Über die ‹totale› Installation* (wie Anm. 22), S. 71.
32 a.a.O., wie Anm. 22, S. 115.
33 a.a.O., S. 113.
34 *Von Seelenrätseln*, Dornach ³1960, S. 23.
35 a.a.O., (wie Anm. 34), S. 27.
36 a.a.O., (wie Anm. 34), S. 28.
37 *Vom Menschenrätsel*, Dornach ⁴1957, S. 163.
38 *Die Geheimwissenschaft im Umriss*, Dornach ²⁸1968, S. 309-313. Steiner weist dort zugleich auf «andere Beispiele von Mitteln zur inneren Versenkung» hin. «Besonders wirksam» seien hierbei «Meditationen über das Werden und Vergehen einer Pflanze ...»
39 Daguerre, der die Fotografie im zweiten Viertel des 19. Jahrhunderts popularisierte, stammte – anders als ihre eigentlichen Erfinder Niepce und Talbot – aus dem

Schaustellerbereich. Dort war mit den so genannten Dioramen, rückseitig beleuchtetenen Leinwänden, die häufig mit Hilfe einer camera obscura gemalt wurden und in gewissem Sinne Vorläufer der späteren Kinos («Lichtspielhäuser») darstellen, die Aufmerksamkeit bereits in besonderem Maße auf die Behandlung des Lichtes und seiner vorübergehenden Wirkungen gerichtet worden. Im gleichen Zeitraum entstand mit der Schule von Barbizon und ihrer plein-air-Malerei die wesentliche Vorläuferin des Impressionismus. Die erste Impressionistenausstellung fand in Paris in den Räumen des Fotografen Nadar statt.

40 Tony Cragg, *Zeichnungen*, Ostfildern 1993, S. 22f.

Arnica Esterl

Vom besonderen Bildcharakter der Märchen

Zögernd steht Rotkäppchen auf der Schwelle zum Häuschen der Großmutter. Es ist ihr ängstlich zumut.[1] Die Tür steht offen, aber die Großmutter empfängt sie nicht. Vergeblich erinnert sich Rotkäppchen an die Mahnungen der Mutter und sagt tapfer:
«Guten Morgen». Es kommt keine Antwort.

Bleiben wir einmal an dieser Tür stehen. Sie ist da, wie unzählige andere Türen auch, eine ganz konkrete Tür. Sonst ist sie geschlossen, aber sie kann geöffnet werden. Entweder öffnet die Großmutter sie, oder man braucht nur auf die Klinke zu drücken, dann springt sie auf. Sie ist eine Tür, die wir mit unseren Augen anschauen und die wir uns vorstellen und in unserer Vorstellung ausschmücken können. Erstaunlicherweise wird sie nur selten abgebildet. Die Illustrationen zu den Märchen folgen eigenen Pfaden.

Hier soll zunächst versucht werden, diese und weitere märchenhafte Türen als ein Objekt wahrzunehmen, wie aus einem Material gefertigt, fassbar für unsere äußeren Sinne.

Wir kennen solche Türen auch in anderen Märchen. Hänsel schleicht in der Nacht, als die Eltern beschlossen haben, ihre Kinder im Wald auszusetzen, durch die Untertür des elterlichen Hauses hinaus.[2] Draußen sammelt er weiße Kieselsteine, die im Mondlicht glänzen wie Batzen. Diese Tür ist so greifbar wie jede Haustür, und so wundern wir uns nicht, dass die Frau sie, wenn Hänsel das nächste Mal sie öffnen und durch sie hinausgehen möchte, fest verschlossen hat. Auch diese Tür könnten wir malen und darstellen. Aber sie spricht nicht so stark unsere ausschmückende Vorstellung an wie die andere Tür in diesem Märchen, die Tür zu dem Häuschen der Hexe, durch die Hänsel und Gretel mit süßen Versprechungen hereingelockt werden. Obwohl diese Hexentür nur einmal kurz erwähnt wird, ist sie viel verlockender für eine Nachbildung, sei es mit Farben und Stiften oder aus Teigwaren. Hierbei lassen wir unserem Genuss freien Lauf und realisieren nicht, dass diese Tür – dem Grimmschen Text nach – keineswegs aus Lebkuchen, sondern wie das ganze Haus aus Brot gebaut wurde. Nur das Dach ist aus Kuchen. Wir wünschen uns eben vor allem anderen Süßigkeiten, genauso wie die beiden Kinder, und gestalten die Tür wunschgemäß. Eine ganze Industrie ist aus diesem süßen Wahn entstanden und zeigt eindrücklich, wie realistisch ein erster Blick auf ein Märchen sein und wirken kann.

Anschaulich und greifbar ist auch die kleine Tür, zu der Dornröschen oben an der Wendeltreppe gelangt, wenn sie an ihrem fünfzehnten Geburtstag ihren Wohnsitz erkundet. In dem Schloss steckt ein verrosteter Schlüssel, und man hört förmlich das knarrende Geräusch, wenn Dornröschen ihn umdreht und die Tür aufspringt.[3] In diesem Augenblick fragen wir noch nicht, wie es möglich ist, dass hinter der von außen verschlossenen Tür eine alte Frau sitzt, die emsig ihren Flachs spinnt!

Ebenso handfest ist die Tür zu der Kammer in einem königlichen Schloss, die ganz voll Stroh liegt.[4] Der goldgierige König führt jeden Abend eine unglückliche Müllerstochter in diese Kammer hinein, damit sie das Stroh zu Gold verspinnt, und schließt dann hartherzig und eigenhändig die Tür zu. Wie eine Gefangene sitzt das Mädchen in einer Strohhöhle, bis sie zu weinen anfängt. Da geht auf einmal diese geheimnisvolle Tür auf. Hat Rumpelstilzchen den Schlüssel umgedreht? Schließt er nachher auch wieder zu, damit der König seine Hilfe nicht merkt? Oder ist diese Frage dann nicht mehr wichtig, hat die Tür inzwischen, nämlich zwischen Abend und Morgen, eine andere Qualität bekommen?

Es ist anregend, immer mehr Türen in Märchen und auch in Sagen und Mythen zu entdecken, die als Objekt da, also fast greifbar sind und auf die wir trotzdem bisher kaum geachtet haben. Dabei ist es ein himmelweiter Unterschied, ob eine Tür im Winter zur Nachtzeit verriegelt wird, um das inwendige Leben zu schützen, wie Schneeweißchen es im Märchen von Schneeweißchen und Rosenrot tut,[5] oder ob sie niemals geöffnet werden darf, obwohl der Schlüssel dazu vorhanden ist, wie bei

Marienkind[6] oder Blaubart.[7] Gerade diese letzteren, verbotenen Türen werden sehr eindringlich beschrieben. Zu ihnen gehört der kleinste Schlüssel am Schlüsselbund oder der einzige, der zwar ausgehändigt wird, aber nicht benützt werden darf.

Bei den verbotenen Türen spüren wir aber auch, dass diese so drastisch dargestellten Sperren eine ganz andere Bedeutung, eine neue Funktion bekommen können. Wir ahnen schon bald, dass dem Verbot nicht Folge geleistet wird und dass dadurch die allergrößten Schwierigkeiten hervorgerufen werden. Und die Wahrnehmung eines Objektes gleitet hinüber in eine Vorstellung, dann in eine Frage oder in einen Gedanken von dem, was jenseits dieser Schwelle sein könnte.

Marienkind (im gleichnamigen Märchen der Brüder Grimm)[8] hat von der Jungfrau Maria einen kleinen Schlüssel ausgehändigt bekommen und erblickt, nachdem sie den kleinen Schlüssel im Schloss der verbotenen Tür umgedreht hat, das erhabenste Bild der christlichen Ikonografie, die Heilige Dreifaltigkeit in Feuer und Glanz. Sie hat zwar vorher zu den Englein, die mit ihr spielen und sie begleiten, gesagt, dass sie nicht hineingehen, sondern nur aufschließen und ein wenig durch den Ritz sehen will. Aber ohne den Schutz der Englein kann sie ihre Neugierde nicht bezwingen. Dieser erhabene Anblick lässt sich allerdings nicht im Vorübergehen bewältigen. Es ist nicht verwunderlich, dass sie diesen Eindruck nicht vergessen, die Berührung mit dem himmlischen Feuer nicht verkraften kann, dass sie aber auch nicht zugeben kann, das Verbot übertreten zu haben. Nun muss sie einen langen stummen Erdenweg zurücklegen, um ihr Glück und das Weiterleben zu gewinnen. Das Öffnen der Tür in diesem Märchen bedeutet für uns das Brechen eines Tabus. Die Tür ist zu einem Symbol geworden.

Gilt diese Vorstellung auch für die eine Tür, die vom Hexenmeister (er ist bei den Brüdern Grimm der Blaubart im Märchen von Fitchers Vogel)[9] verschlossen und verboten wurde, obwohl er den Schlüssel aushändigt? Rechnet er damit, dass die Frauen, die er in sein Haus holt, der Neugierde nicht widerstehen können? Und welches Gut erwirbt diejenige, die den Mut hat, sie trotzdem und mit Vorbedacht zu öffnen, und die dann dem Tod gegenübersteht? Oder ist es gerade dieser Anblick des Todes, der neue Erkenntnis, neue Kraft bringen kann? Nie wieder wird das Leben so leichtfertig gelebt werden wie vorher.

Ein anderes Beispiel für diesen Blick in eine völlig neue Welt, für diesen Sichtwechsel, der nicht den Eintritt in ein gewöhnliches, wenn auch verbotenes Zimmer, sondern den ersten Schritt in ein fremdes Reich darstellt, ist jene Tür, die letzte Tür in einem langen Gang, die einem jungen König verwehrt wird. In diesem Märchen hat ein alter König auf seinem Sterbebett seinem vertrauten, überaus treuen Diener Johannes das Versprechen abgenommen, nach seinem Tode seinen Sohn, den neuen König in allem zu unterrichten, was er wissen muss. Sein Erbe, das ganze Schloss soll er dem jungen Mann zeigen, mit allen Kammern, Sälen, Gewölben und Schätzen. Nur die letzte Kammer nicht.[10] Warum nicht? Welche Gefahr geht von dieser Kammer aus? Und vor allem: Was heißt es, vor diesem verbotenen Raum stehen bleiben zu müssen?

Wir wissen, was der Ausdruck heißt: vor verschlossenen Türen stehen. Es steigen sogleich Empfindungen auf, Neugierde und Lust, Abwehr und Empörung gegen das Verbot. Und wir merken: Bei diesen Türen ist es nicht mehr wichtig, aus welchem Material sie gezimmert wurden, welchen Anstrich sie bekommen haben. Wir schauen durch die Stofflichkeit und Räumlichkeit der Tür hindurch auf ein Gefühl und einen Gedanken, die sich in uns bilden. Einzig wichtig ist nur noch, dass diese Tür etwas verbirgt, was wir sehen wollen. Und wir wollen es sehen, gerade weil es verborgen und verboten ist.

Dieses Verborgene kann ja auch sehr schön, sehr positiv sein. Der junge König erblickt, wenn er vom treuen Johannes das Öffnen der Tür erzwungen hat, ein überaus schönes Bild, das von Gold und Edelsteinen glänzt und das die Königstochter vom goldenen Dach darstellt. Sie ist die Schöne der Welt (wie sie in einem anderen Märchen heißt), die für den König bestimmt ist, aber nur unter Lebensgefahr heimgeführt werden kann. Ist es deshalb verboten, sie zu sehen? Hat der alte König die Tür geschlossen, um seinem Sohn die Not zu ersparen? Begreift er nach seinem langen Leben nicht, dass sein Sohn gerade das Unbekannte suchen wird? Oder ist er selbst derjenige, der nie den Mut hatte, über diese Schwelle zu gehen? Wir folgen gerne dem jungen König und wissen oder glauben erfahren zu haben, dass nur unter Einsatz des Lebens das wirkliche Glück erworben werden kann. Diese Tür zeigt uns besonders bildhaft, wo der Weg in die Zukunft weiterführt.

Eine solche verbotene Tür kann dann auch zu einem Symbol für die Freiheit werden, die, wenn auch schmerzhaft, durch die Tabuverletzung errungen wird. Wir erleben, wenn wir diese Märchen erzählen oder vorlesen, bei allen zuhörenden Kindern (ab dem Schulalter) und bei Erwachsenen, wie sie dem Geschehen entgegenfiebern und dass sie von Anfang an wissen um die Möglichkeit, neugierig oder ungehorsam zu sein. Dann wird die Tür zum Bild dafür, dass wir wählen können, «ja» oder «nein» zu sagen, sie wird zum Symbol für den Eintritt in ein eigenständiges Leben.

Damit entfernt sie sich allerdings immer mehr von der sinnlichen Anschauung. Sie wird zu einem Tor, einer Pforte, zu einem Durchgang, einem Neuanfang, auch wenn es zunächst so aussieht, als ob alles Glück verscherzt wurde. Dieses Tor ist als Objekt kaum noch vorhanden. Auch als Symbol verblasst es, nachdem wir den neuen Raum betreten haben. Es ist nicht mehr Zeichen für ein begriffliches Erfassen. Wichtig ist, was beim Öffnen und nachher *geschieht*.

Wir erleben ein solches ‹umfassendes› Tor wieder, wenn Frau Holle es aufschließt, um erst das fleißige, später auch das faule Mädchen nach Hause zu entlassen.[11] Gerade an Illustrationen zu diesem Märchen kann man sehen, wie schwer es ist, die nicht mehr konkrete Anschauung darzustellen. Gezeigt werden soll, was unter dem Torbogen *geschieht*, und so fließen Gold und Pech herab, mal als Münzen und schwarze Flecken, mal als Licht und Schatten abgebildet. Das Gegenständliche sollte sich verlieren, es muss dem Anblick eines inneren, geistigen Geschehens weichen.

Wenn wir uns fragend diesem Bild nähern, zeigt sich schon die Un-Gegenständlichkeit. Wo steht denn dieses Tor? Es wurde vorher nie erwähnt. Die Tür, der Zugang zum Reich der Frau Holle war ja ein Brunnen! Und dieses große Tor kann doch kaum Zugang oder Ausgang des kleinen Hauses der Frau Holle sein. Es verdichtet sich erst im Laufe des Geschehens, der Erzählung, und steht dann ebenso unvermittelt da auf weiter Flur, wie anfangs der Brotofen oder der Apfelbaum, die ebenfalls erst während der Wanderung entstehen.

Wie kann aber ein Tor aus diesem unterbrunnischen Reich hinausführen, zu dem ein Wasser der Zugang war? Und hinter dem Tor ist schon die obere Welt, wo der Haushahn (wieder auf einem Brunnen!) sitzt und wartet und kündet. Dieses Tor ist also mehr als ein Symbol für einen Durchgang oder einen Neuanfang. Es enthält alles, was im Innern, im Wesen der beiden Mädchen vor sich geht, wenn sie heimkommen. Es ist kein Bild mehr, sondern ein Ereignis. Rückblick, Erkenntnis und Neugestaltung, neue Orientierung finden unter diesem Tore statt. Wenn wir es wagen, uns in diese Bewegung, in dieses Geschehen hineinzubegeben, wenn wir den Augenblick erleben, da der Hahn laut verkündet, wer da kommt, wenn unsere Seele sich mit den Gestalten des Märchens bewegt und von ihnen bewegt wird, dann zeigt sich, was der Märchenforscher Max Lüthi schrieb: «Das Märchen ist nicht Bild von etwas, sondern für etwas.»[12] Nicht die übliche moralische Vorstellung von einem nur guten und einem nur bösen Mädchen bildet sich dann in unserem Inneren. Frau Holle wird nicht zur statischen Figur einer lohnenden oder rächenden Natur. Wenn wir uns unter dem Torbogen umschauen, *sehen* wir, was geschieht, und gleichzeitig *hören* wir den Weckruf, der uns erzählt, wie zwiespältig wir sind, wie hell-dunkel auch unsere Gestalt aus diesem unterbrunnischen Reich auftaucht und uns dann so lange wir leben … begleiten wird. Wir spüren, wie die Erkenntnis dessen, was wir getan haben, in uns wächst. Denn die Mädchen kommen nach Hause. Sie sind und bleiben Schwestern!

Gehen wir in diesem so bekannten Märchen noch einmal in Gedanken den Weg von Tür zu Tor und beobachten wir, wie sehr sich unser Horizont ändert. Es ist, als ob wir unterwegs den Blick abwenden von einem Uneigentlichen, wenn auch Materiellen und Greifbaren, hin zu einem Eigentlichen, Wesentlichen, das schließlich seinen statischen Charakter verliert.

Wenn wir die Märchenbilder so durch*leben*, ändern sie sich in ihrem inneren Gepräge. Sie führen uns von der sinnlichen zur imaginativen Wahrnehmung. Die Tür verliert jegliche Gestalt. Wir nehmen, wenn wir nach dem Schlüssel greifen, weil wir eine Märchentür öffnen wollen, nicht länger seine Beschaffenheit wahr, sondern wir empfinden den Aufbruch in ein Unbekanntes. Die Tür wird zur Ouvertüre, und unbekannte Gerüche und Empfindungen, Farben und Klänge spielen zusammen, um uns auf das Neue vorzubereiten.

Anfänglich war die Tür da und wir bildeten sie in unserer Vorstellung nach; nun aber leben wir in einem Geschehen, und die Tür bildet sich durch unser inneres Tun um zu einer neuen Wirklichkeit.

Wenn wir *wirklich* in das Märchengeschehen eindringen wollen, ist es allerdings notwendig, hier auch noch Begriffe und Definitionen zurückzulassen und den Schritt ins Abenteuer zu wagen.

Das Wort Abenteuer kommt vom lateinischen ‹advenire› und bedeutet ursprünglich nicht das, was ich suche, sondern das, was auf mich zukommt. Dass diese unbekannte Welt, die noch nicht ist, sondern erst allmählich Gestalt annimmt, gefährlich sein kann, wissen die Märchen uns immer wieder zu erzählen. Und so löst sich unsere Vorstellung von der Tür ab, unser Begriff einer möglichen selbst gewählten Freiheit verblasst, immer gegenwärtiger und stärker wird das Abenteuer, der Weg über die Schwelle in ein Land, das sich uns offenbaren möchte. Es erscheint uns zunächst wie ein noch zu malendes, keineswegs fertiges Bild, eher wie eine sehr bewegte und bewegende Impression, die uns bis ins Innerste erschüttern kann. Aber erst, wenn wir diese Erschütterung erfahren, wenn wir glauben, den Boden unter den Füßen zu verlieren, wenn nichts mehr ist, wie es ehedem war, erst dann können wir in ein Märchen hineingehen und lernen, uns neu zu orientieren. Die Märchen selbst helfen uns dabei. Sie schulen unser Gefühl, sie bieten eine viel reichere Skala an Empfindungen, als wir je für möglich gehalten haben. Sie sind Erlebniswelten. Nicht umsonst heißt es: «Es gibt nichts, was es nicht gibt im Märchen!»

Dann spüren wir in uns selbst «unmittelbar die Verwandlungsfähigkeit des Menschen überhaupt», wie es Max Lüthi ausdrückt: Denn im Mittelpunkt des Märchens steht immer der Mensch in der Begegnung mit der Welt. Welche Wege er auch geht, welche äußere soziale Erscheinungsform er in der Erzählung einnimmt, die Bilder des Geschehens sind «Bilder für Wesentlicheres, für die Erlösung des Menschen aus einem uneigentlichen zu seinem eigentlichen Dasein».[13]

Diese Wandlungsfähigkeit, die Schulung der Gefühle fordert innere Aktivität von uns. Umschauen müssen wir uns auf dem neuen Felde, wahrnehmen, was mit den Märchengestalten und durch sie auch mit uns geschieht. Es stimmt, dass die Märchen oft antworten auf unsere persönlichen Lebensprobleme; es stimmt, dass sie einen Ausblick geben auf jene Lebensfragen, die seit eh und je alle Menschen bedrängen. Aber hierzu müssen wir die Wahrbilder der Märchen auch erforschen. Und dazu brauchen wir Fantasie. Unsere Fantasie ist gewissermaßen das Material, womit das Märchen in uns malen und gestalten kann. Für C. G. Jung gehört diese «aktive Fantasie» zu den höchsten menschlichen Geistestätigkeiten. Denn diese schöpferische Fantasie wurzelt ebenso im Bewusstsein wie im Unbewussten.[14] Dadurch wird sie uns unerlässlicher Helfer auf unseren Wegen als Grenzgänger.

Wenn wir den Fortgang zur Fantasie wagen und wenn Symbole noch im Entstehen sind und uns zunächst als in Sprache gefasste Imaginationen erscheinen, dann ist «das Symbolische das alles erhellende Licht, das uns der Mühsal des alles Begreifen- und Betastenmüssens erhebt, das uns den freien Blick gibt und den vollen Genuss der Dinge verschafft (…) Das Symbolische gehört zur Welt des Geistes wie die Farbe zur sinnlichen Welt; es ist das geistige Licht der Gegebenheiten und Dinge.»[15]

Dieses neue Symbolische, das heißt die lebendigen Bilder, die aus der Sprache des Märchengeschehens erwachsen, sollten wir also auf keinen Fall mit den Begriffen verwechseln, die wir so gerne in die Märchen hineintragen. Als Symbole werden hier jene Bilder bezeichnet, die in der Fantasie entstehen, wenn diese von der Imagination berührt wird. Und die Symbolsprache ist eben eine Sprache, eine lebendige Sprache und kein Wörterbuch.

Folgen wir den Ausführungen Rudolf Steiners, dann erzählt er von jenen Menschen, die in alten Zeiten auf natürliche Weise in Zwischenzuständen zwischen Wachen und Schlafen wahrnehmen konnten. Dieser Zustand war der Wahrnehmung im Traume ähnlich, aber nicht gleich. In diesen Zwischenzuständen schwiegen die äußeren Sinne, und «das, was im Inneren war, in dem Seelischen, das wurde rege». Innere, seelische Kräfte wurden zu Fähigkeiten, zu Wahrnehmungsorganen für die geistige Umgebung. So sind die Märchenbilder ursprünglich entstanden. Dabei machten die Menschen die Erfahrung, wie wenn ein Schleier vor ihnen weggezogen würde, «nämlich der Schleier der physischen Welt, und sichtbar wurde die geistige Welt. Und alles, was in der geistigen Welt war, stand in einer gewissen Beziehung zu dem, was in dem Innern der Menschen war.»[16]

Kehren wir jetzt in einem großen Bogen zu Rotkäppchen zurück, die mitten in der Stube in Großmutters Häuschen steht. Versuchen wir, dieses Bild zu sehen und uns dann hineinzuleben und es schließlich zu durch-schauen. Rotkäppchen steht mit einem riesengroßen Blumenstrauß da, nicht mit dem Sträußchen, das sie sich zu pflücken vorgenommen hatte. Der Wolf, der sie zunächst auf ihrem eigentlich nur halbstündigen Weg eine Weile begleitete, hatte ihr Augen und Ohren für das Leben geöffnet, hatte ihr gezeigt, dass es lustig ist, haußen in dem Wald. Und Rotkäppchen hatte sich dieser Welt weit geöffnet, hatte immer schönere Blumen gesucht und gebrochen, bis sie keine mehr tragen konnte. Jetzt hat sie Welt satt.

Da fällt ihr ein, dass sie der kranken Großmutter Labung bringen sollte und wollte. Und nun zieht sich diese weite Welt wieder zusammen. Rotkäppchen findet den Weg, das Häuschen, die offene Tür, und es wird ihr eng und enger ums Herz. Wo ist die Großmutter? Sie wagt den Schritt über die Schwelle, geht hinein und zieht den Vorhang am Bett auf: Da lag die Großmutter und sah so seltsam aus. Auch dieser Vorhang ist eine Tür und ein Tor und schließlich ein Schleier. Wenn er zur Seite gezogen wird, zeigt sich ein Bild, das wir so oft auf Illustrationen gesehen haben, dass es uns schwer fällt, es mit dem Vorhang beiseite zu schieben. Um aber eine Ahnung zu bekommen von dem, was hier geschieht, müssen wir unsere eigene Fantasie tätig werden lassen.

Wir kennen alle den nun folgenden Dialog, er gehört zu den bekanntesten und auch dramatischsten Szenen der Literatur. Aber was sieht Rotkäppchen wirklich? Wer – oder was – liegt im Bett?

Der Wolf hat die Großmutter verschluckt und dann ihr Kleid angezogen, die Haube aufgesetzt. Er liegt in ihrem Bett. Ganz tief in seinem Inneren kauert jene Ahne, zu der Rotkäppchen die Verbindung verloren hat. Der Wolf hat sich buchstäblich dazwischengelegt. Nur das Nachtkleid ist von ihr noch sichtbar, aber angsteinflößend sind gerade jene Beschaffenheiten, die hervorstechen. Ganz Ohr, ganz Auge, ganz Hände, ganz Maul ist das, was Rotkäppchen erblickt. Sind das nicht die Sinne, mit denen sie sich selbst zuvor der Welt hingegeben hatte? Dort, wo es so lustig war? In einem erschütternden Moment erkennt Rotkäppchen, was sie getan hat. Diese Erkenntnis in der Rückschau verdichtet sich für uns zu der Imagination des Wolfs, zu der nahenden Dunkelheit, die nun Rotkäppchen verschlingt. *Erst im Wolf weiß sie, dass sie im Wolf ist.* Ach, wie ist sie erschrocken, wie ist es dort so dunkel. Und wie befreiend wirken dann die Worte, die dieses Dunkel aufbrechen können: «Finde ich dich hier (…)! Ich habe dich lange gesucht», sagt der Jäger. Wir brauchen nichts hineinzudenken, wenn wir den Klang dieser Worte, das wiederholte I, auf uns wirken lassen und die unendliche Erleichterung spüren, dass der schwere Wolfspelz von Rotkäppchen und von der Großmutter abgenommen wird. Der Jäger nimmt ihn mit nach Hause.

Wir haben versucht zu erleben, wie das Abenteuer Wolf auf uns zukommt, wie das Erleben zur Imagination wurde. Es ist dies ein Beispiel dafür, wie die Märchen als Ganzes fließende Bilder sind. So wie das Wesentliche in unserer Welt erst dann wesen kann, wenn es sich in einem Stoff verwebt und ausgestaltet und dadurch in Erscheinung tritt, so können sich die Erlebnisse in den Untergründen der Seele zu jenen Imaginationen gestalten, die wir Märchen nennen.

Rudolf Steiner sieht in den Märchen eine künstlerische Ausgestaltung, ein tastendes Schildern innerer Erlebnisse. Dieses Empfinden der in der Seele liegenden Ereignisse hängt mit geistigen Tatsachen zusammen. Es wird erlebt wie das Empfinden des Hungers. «Es ist etwas da in der Seele, wie im Organismus der Hunger da ist (…) Und wie man für den Hunger etwas braucht, so braucht man etwas für diese unbestimmte Stimmung, die aus dem tief in der Seele gelegenen Erlebnis stammt.»[17] Alle Worte, die man theoretisch brauchen kann, sind nur wie ein Stammeln, sodass man zu einem Märchen greift oder versucht, das Empfinden in eine Märchenstimmung hineinzubringen.

Wenn wir auch nicht mehr jenem älteren hellseherischen Wahrnehmen der geistigen Innenerlebnisse der Seele nahe stehen, so sind es doch gerade die Märchen, die uns helfen können, neue Fähigkeiten zu entwickeln. In der oben geschilderten Weise können wir lernen, im Übergang von einem äußeren Bilde zu einer klaren Vorstellung unser inneres Anschauungsvermögen zu schulen. Dann sollten wir aber versuchen, unsere begriffliche Vorstellung zum Schweigen zu bringen, damit sich das innere Bild selbst aussprechen kann. So wird es vielleicht auch möglich sein, eine neue schöpferische, künstlerische Verbindung zu jener geistigen Wirklichkeit zu finden, die sich uns in Imaginationen offenbaren möchte.

Denn die Seele hungert.

Anmerkungen

1. Rotkäppchen, Grimm: *Kinder- und Hausmärchen* 26. Weil sie leicht zugänglich sind, habe ich die meisten Beispiele aus den Märchen der Brüder Grimm gewählt. Es empfiehlt sich, einen vollständigen (ungekürzten) Text zugegen zu haben.
2. Hänsel und Gretel, Grimm: KHM 15.
3. Dornröschen, Grimm: KHM 50.
4. Rumpelstilzchen, Grimm: KHM 55.
5. Schneeweißchen und Rosenrot, Grimm: KHM 161.
6. Marienkind, Grimm KHM 3.
7. Blaubart, Charles Perrault: *Feenmärchen aus alter Zeit* 3. Bei Grimm vergleichbar mit: Fitchers Vogel, KHM 46.
8. Marienkind, Grimm: KHM 3.
9. Fitchers Vogel, Grimm: KHM 46.
10. Der treue Johannes, Grimm: KHM 6.
11. Frau Holle, Grimm: KHM 24.
12. Max Lüthi: *Es war einmal.... Vom Wesen des Volksmärchens,* Göttingen 1962.
13. Max Lüthi: a.a.O., S.106.
14. C. G. Jung: Studienausgabe Typologie: Stichwort Phantasie. Olten 1979.
15. Franz Vonessen: *Signaturen des Kosmos.* Die graue Edition, Witzenhausen 1992, S. 21.
16. Rudolf Steiner: *Märchendeutungen,* Berlin, 26. Dezember 1908. Sonderdruck im Rudolf Steiner Verlag, Dornach 1979, S. 46.
17. Rudolf Steiner: *Märchendichtungen im Lichte der Geistesforschung,* Sonderdruck Dornach 1969, S. 15.

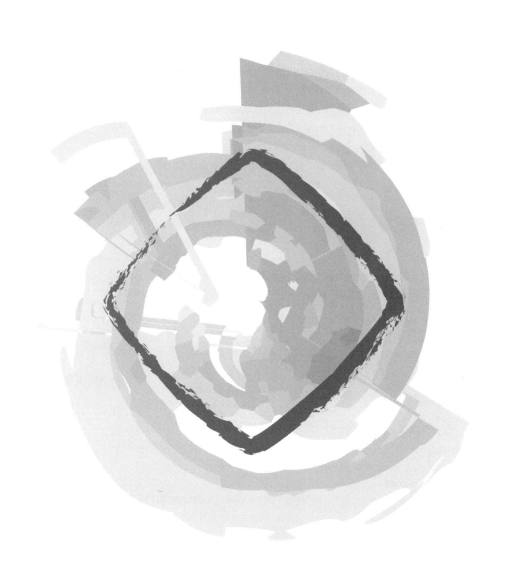

Volker Harlan

«Urpflanze» und «Soziale Plastik» – Bild und Imagination

Was lässt uns Pflanzen als *Pflanze* erkennen, auch wenn sie so verschieden aussehen wie Kaktus und Palme, wie Glockenblume und Tanne? Was lässt uns den Löwenzahn als diesen erkennen, wenn er am warmen Misthaufen Blütenstände von einem Meter Länge treibt oder wenn er auf trockenem Platz in der Rille zwischen zwei Steinen in winziger Blattrosette nahezu stiellos ein Blütenköpfchen treibt? Sollte jemand ein Blatt des Löwenzahns zeichnen – würde er es können? Und wenn es jeder wirklich könnte – würden diese gezeichneten Blätter gleich aussehen? Sie würden es ganz sicher nicht – und dennoch wären sie alle nach dem Gestaltungsprinzip «Löwenzahn» geformt.

Das war es, was Goethe «in einen peinlich süßen Zustand»[1] versetzte, als er das Prinzip der Bildung und Umbildung der einjährigen zweikeimblättrigen Pflanzen entdeckte und davon aus Italien nach Weimar schrieb. Er nannte es im Moment der Entdeckung «Urpflanze», ließ diesen Begriff aber bald fallen, weil er ihm zu wenig plastisch und zu abgehoben platonisch erschien. Denn dieser «Proteus»[1] war für ihn ein *in der Natur* kraftvoll wirkender und in jeder Pflanzenerscheinung gegenwärtiger. Wenn er im selben Brief sagte, die Pflanze sei «vorwärts und rückwärts immer nur Blatt» – was für ein plastischer Begriff muss in diesem Augenblick in seinem Bewusstsein gelebt haben! In seiner Schrift «Versuch die Metamorphose der Pflanzen zu erklären», die er im Anschluss an die Italienische Reise 1790 veröffentlichte, beschrieb er Paragraph für Paragraph die Gesetzlichkeit, in der sich das Blatt der Pflanze vom Keimblatt bis zum Fruchtblatt gestaltet und umgestaltet. Noch viel umfassender hatte er den Begriff «Blatt» in Italien gesehen:

«Alles ist Blat. und durch diese Einfachheit wird die größte Mannigfaltigkeit möglich.

Das Blat hat gefäße die in sich verschlungen wieder ein Blat hervorbringen [...]

Ein Blat das nur Feuchtigkeit unter der Erde einsaugt nennen wir Wurzel [...]

Ein Blat das sich gleich ausdehnt einen Stiel. Stengel.»[2]

In der Metamorphoseschrift beschreibt Goethe vor allem, welche Formverwandlungen das der Anlage nach immer gleiche Organ der Pflanze, das der Botaniker Blatt nennt, durchmacht: Es kommt meist einfach gestaltet und oft rundlich aus dem Samen hervor, es dehnt sich aus, nimmt die der jeweiligen Art am deutlichsten entsprechende Form an, wobei es gewöhnlich spitzer wird und gegliedert werden kann, zieht sich wieder zusammen, indem es die arttypische Form aufgibt und als Hochblatt unterhalb der Blütenbildungen stiellos und oft flammenförmig wird, und dehnt sich dann wieder zu Blütenblättern aus. Dann zieht es sich erneut zusammen zu den oft winzigen Staubblättern und konzentriert sich endlich in den Fruchtblättern, die sehr oft – wie z.B. bei der Mohnkapsel gut sichtbar – zu mehreren miteinander verwachsen.

Er zeigt also erstens die Reihe charakteristischer *Formveränderungen (die Metamorphosen)*, die dann besonders bei den Dikotyledonen von der jeweiligen Pflanzenart ins Arttypische überformt werden, und er beschreibt zweitens die allen Pflanzen gemeinsame *Abfolge der Funktionen*, die von den am Spross nacheinander gebildeten Blättern getragen wird. Damit hat er den Typusbegriff, den er schon bei der Suche nach dem Zwischenkieferknochen gehandhabt hatte, erneut in die Naturwissenschaft eingeführt und die vergleichende Morphologie als wissenschaftliche Disziplin begründet. 1794 wird er ihn in seiner Schrift zur Schädelbildung explizit verwenden. Der Typusbegriff beschreibt die Grundorgane eines Organismus in ihrer Lage zueinander und – bei Goethe, später kaum noch[3] – ihre regelhafte Gestaltmetamorphose.

An den Zeichnungen, die er zu verschiedenen Pflanzenbildungen macht oder machen lässt, wird aber noch mehr deutlich: Was als ein arttypisches Blatt angesprochen werden kann – z.B. beim Geißfuß[4], von dem er vierzehn aufeinander folgende Blätter zeigt –, bildet sich am Spross Blatt für Blatt stufenweise heran und auch wieder zurück, wenn der Blühimpuls[5] eingreift und die Gestaltung reduziert.[6] Was normalerweise Blüte genannt wird und z.B. an der Färbung der Blütenblätter zu erkennen ist, ist eigentlich ein Prozess, der sich in der «Epoche der Blüte»[7] zum Ausdruck bringt und durchaus schon ein unter der Blüte stehendes Hochblatt ergreifen und färben kann, wie Goethe es an einer Tulpe zeigt.[8] Gerade die das einzelne Organ übergreifenden und in einen größeren Zusammenhang stellenden Gestaltungsprozesse sind es, die ihn besonders ansprechen – und so scheint ihm das Wort «Bild*ung*» richtiger als das Wort «Gestalt»:

«Der Deutsche hat für den Komplex des Daseins eines wirklichen Wesens das Wort Gestalt. Er abstrahiert bei diesem Ausdruck von dem Beweglichen, er nimmt an, dass ein Zusammengehöriges festgestellt, abgeschlossen und in seinem Charakter fixiert sei. – Betrachten wir aber alle Gestalten, besonders die organischen, so finden wir, dass nirgend ein Bestehendes, nirgend ein Ruhendes, ein Abgeschlossenes vorkommt, sondern dass vielmehr alles in einer steten Bewegung schwanke. Daher unsere Sprache das Wort Bildung sowohl von dem Hervorgebrachten als von dem Hervorgebrachtwerdenden gehörig genug zu gebrauchen pflegt. – Wollen wir uns eine Morphologie einleiten, so dürfen wir nicht von Gestalt sprechen; sondern wenn wir das Wort brauchen, uns allenfalls ... ein in der Erfahrung nur für den Augenblick Festgehaltenes denken.»[9]

Gerade die Abweichungen von den Normalbildungen sind es, die die «Bildungstriebe»[10] erst recht bestätigen, obgleich sie nicht mit dem jeweils Erschienenen identisch sind. Ihnen galt Goethes Aufmerksamkeit; sie machen die Pflanze zur Pflanze, die Art zur Art.

Wenn das «Blühen» (als ein Bildungstrieb) die Vertikalität der Pflanze enden lässt und die Blätter sich im wesentlichen in der Horizontalen ordnen, dann entsteht ein Bild, das aus Einzelgliedern zusammengesetzt ist. Das Blühen ist ein Gestaltungsprozess, der Einzelheiten räumlich zu einem Ganzen zusammenfasst und zeitlich geordnet eine bestimmte

Funktionenfolge bestimmt. Jeder Mensch wird eine Tulpe als Tulpe erkennen, weil er die Tulpenblüten-Gestalt als Ganze wiedererkennt, auch wenn er nicht genau weiß, wie viele Blütenblätter eine Tulpe hat. Wenn das «Blühen» den Stängel der Pflanze in Verzweigungen auseinander treibt und z.B. Dolden oder Scheindolden entstehen lässt, deren Blüten sich so ordnen und ausgestalten, dass die Randblüten größer sind als die inneren, oder wenn viele Einzelblüten sich zu einer Blume zusammenfügen wie bei der Margerite oder beim Gänseblümchen, dann tritt vor Augen, wie die Bildungskraft «Blüte» gar nicht mit Einzelorganen identisch ist, sondern ein Gestaltfeld, ein «morphogenetisches» oder «morphisches Feld» (Gurwitsch, Troll, Sheldrake[11]) ist, in dem sich die Einzelheiten zu einem Übergeordneten zusammenfügen. Die geistige Kraft, die die Einzelheiten als zu einem organischen Ganzen gehörig zu erkennen vermag und die – hat sie diese Ganzheit erst einmal erfasst – auch in einem veränderten Erscheinungsbild diese Ganzheit erkennt, nannte Goethe mit Kant «intellectus archetypus» oder «anschauende Urteilskraft». Kant schrieb nämlich in seiner *Kritik der Urteilskraft* (§ 77):

«Wir können uns einen Verstand denken, der ... intuitiv ist, vom *synthetisch Allgemeinen,* der Anschauung eines Ganzen als eines solchen, zum Besonderen geht, das ist, von dem Ganzen zu den Teilen.» Dieser Verstand trägt nicht – wie beispielsweise Linné auf der Suche nach einer Ordnung innerhalb des Pflanzenreichs – eine Begriffsschablone oder ein Ordnungsschema in die Naturanschauung hinein, um danach die Erscheinungen zu ordnen (Linné ordnete die Arten gemäß der *Zahl* ihrer die Blüte bildenden Blattorgane), sondern lässt sich von der Natur selbst sagen, was im Anschauen durch die Urteilskraft zu einem Begriff der Sache werden kann. So ruft Goethe in seiner Elegie zur «Metamorphose der Pflanzen» der Freundin, der das Gedicht gewidmet ist, zu: «O könnt ich dir ... überliefern sogleich glücklich das lösende Wort!» – um dann fortzufahren: »Werdend betrachte sie nun, ...», um am Schluss, nachdem er ihre Bildung und Umbildung geschildert hat, sagen zu können: «Jede Pflanze verkündet dir nun die ew'gen Gesetze, /Jede Blume, sie spricht lauter und lauter mit dir.»

Zieht der Urteilende seinen an der Natur selbst gewonnen Begriff von dieser wieder ab und lässt ihn zu einer Idee werden, die außerhalb des Erscheinenden ihre eigentliche Wirklichkeit habe, so begründet er «*idealistische* Morphologie».[12] So verstand Schiller Goethe, als dieser ihm die Art seiner Naturwissenschaft anhand der Pflanze zu erläutern versuchte, worauf Goethe ihm die bekannten Worte zurief: «Das kann mir sehr lieb sein, dass ich Ideen habe, ohne es zu wissen, und sie sogar mit Augen sehe».[13] Goethe zog den gefundenen Begriff nicht von der Erscheinung ab, sondern betrachtete ihn als in dieser selbst gestaltend wirksam. – Dieses Motiv: *mit den Augen des Leibes und des Geistes sehen* durchzieht das ganze Goethesche Werk.[14]

In einem Vortrag vom 28.7.1922[15] nennt Rudolf Steiner, der erste wissenschaftliche Kommentator von Goethes naturwissenschaftlichen Schriften, die er seit 1883 herausgab,[16] genau diese Goethesche Art zu sehen in Bezug auf die Pflanze «Imagination». Er nennt die Fähigkeit, «das ganze Pflanzensystem als eine Einheit mit beweglichen Ideen (zu) fassen, ... Goethe(s) ... Ansatz zu imaginativer Betrachtungsweise. […] ... alles, was in der physischen Natur ist, wirkt noch auf das Pflanzenreich; aber es ist unsichtbar geworden, sichtbar geworden ist eine höhere Natur, ist dasjenige, was innerlich fortwährend beweglich ist, was innerlich lebendig ist. – Es ist die ätherische Natur in der Pflanze das eigentlich Sichtbare .... das, was wir sehen, das ist die ätherische[17] Form. [Eine Pflanze ist] ein Beispiel für eine Imagination, nur für eine solche Imagination, die nicht unmittelbar in der geistigen Welt sichtbar wird, sondern die durch physische Einschlüsse sichtbar wird.»

Die hier geschilderte Goethesche Imagination der Pflanze ist im Wesentlichen an der Metamorphose der Blätter gebildet. Steiner verwandelt diese Imagination, indem er in dem Vortragszyklus *Geisteswissenschaft und Medizin*[18] eine neue Betrachtungsweise der Pflanze vorschlägt. Er greift auf Worte des Paracelsus zurück und bildet zugleich dessen Begriffe neu. Sie lassen die Pflanze als ein plastisches Gebilde erscheinen, das die Metamorphose als das «Merkurielle» zwischen der kristallinen Anlage der Wurzel («Sal») und der «sulfurischen», gestaltaufhebenden Kraft des Blühprozesses kennzeichnet.[19] Tatsächlich ist das Wurzelsystem in seiner Anlage so gebaut, dass aus der senkrecht in den

Boden hineinwachsenden Primärwurzel in schrägem Winkel Seitenwurzeln hervorsprießen, die in Reihen übereinander, nie in Spiralen (wie die Blätter) angeordnet sind. Julius Sachs hat schon 1882 eine Zeichnung einer jungen zweikeimblättrigen Pflanze angefertigt,[20] die, durch Troll in ein starres Schema verwandelt, heute vielfach in Lehrbüchern abgebildet ist (Abb. 1). Das Wurzelsystem als Liniengebilde erinnert an einen Phantomkristall, in dem ein schubweise gewachsener Bergkristall eine Schar jeweils parallel liegender, größer werdender Pyramidenflächen übereinander zeigt. Außerdem ist die Wurzel bei den meisten Pflanzen mineralhaltiger als der Spross, hat oft die Tendenz, Stoffe zu speichern (Möhren, Rüben), bleibt bei Stauden über den Winter erhalten, während das Kraut vergeht, und wächst im neuen Jahr ohne Formveränderung weiter. Diese Eigenschaften: kristallinische Formtendenz, Stoffanreicherung, Überdauern, Bewahren können unter dem Begriff *Sal* zusammengefasst werden.

Sie stehen im Gegensatz zu den in der «Epoche der Blüte» wirksamen Prinzipien: Der dem Licht entgegen gewachsene Spross kommt zur Blüte, indem er, sich teilend, zu einem Blütenstand zersprießt. Das wird bei den Doldenblütlern besonders deutlich. In der Blütenbildung hört das Längenwachstum der Sprossachse auf (das im Wurzelstock immer weitergeht), und die Blattorgane werden horizontal ausgerichtet. Die Blüten offenbaren den verschiedenen Sinnen verschiedene Qualitäten (Geschmack, Duft, Farbe, Bildhaftes), die, kaum hervorgetreten, oftmals sehr schnell wieder verschwinden, indem die Blütenblätter abfallen, die Staubgefäße zerreißen, der Staub verfliegt. Später werden die kleinen Samenkörnchen vom Wind fortgetragen (Löwenzahn, Birke) oder auch versprengt (Spritzgurke, Springkraut), oder sie rieseln einfach aus den Samenkapseln heraus, wenn der Wind weht (Klappertöpfchen, Mohn). Diese, im alchemistischen Sinn dem Feuer- oder *Sulfur*prozess folgenden, gestaltaufhebenden Bildevorgänge stehen den in der Wurzel wirkenden diametral entgegen. Zwischen ihnen ereignet sich in rhythmischer Wiederholung die stete Verwandlung der grünen Blätter zwischen Samenkeimung und Blütenbildung: *Merkur*. Die von Troll gezeichnete – und von ihm selbst «Schema [sic!] der Urpflanze» genannte – Pflanze

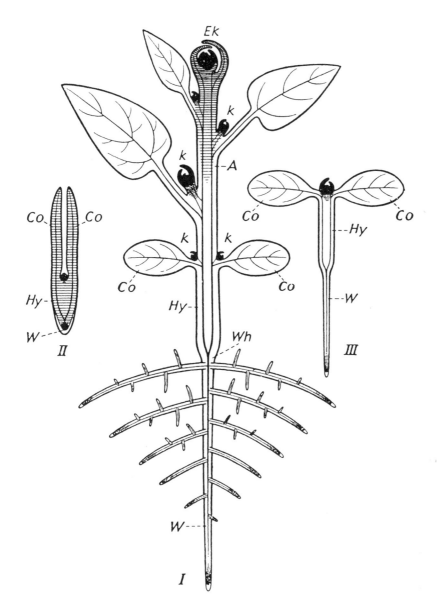

Abb. 1: W. Troll, *Schema der Urpflanze*, nach J. Sachs, *Allgemeine Botanik, Ein Lehrbuch auf vergleichend-biologischer Grundlage*, Stuttgart, S. 19, Abb. 7.

hat, da sie nicht zum Blühen kommt, auch keine Metamorphose. Das Bild, das er gibt, ist ganz aus dem Salprozess heraus gedacht.

Da die Lehrbücher der Botanik immer weniger Makromorphologie zeigen, sondern sich der Biochemie und Biophysik stärker zuwenden, weisen sie auch auf die dreigliedrige plastische Pflanzengestalt nicht hin. Künstler aber, die von der Pflanze, wenn sie sie darstellen, ja nur die Gestalt darstellen können, haben eher Zugang zum Ganzen des gestaltbildenden Prozesses. Im Werk des Malers Paul Klee, vor allem im pädagogischen Nachlass seiner Bauhausvorlesungen, zeigen sich auf vielfache Weise Gestaltungsbeispiele, die auf Wachstumsbewegungen von Pflanzen Bezug nehmen.[22] Im Werk des Künstlers Joseph Beuys findet sich eine – von Steiners Medizinerkurs angeregte[23] – Pflanzenzeichnung, die die drei alchemistischen Prozesse als die die Pflanzengestalt bestimmenden wiedergibt (Abb. 2). Auf diese und parallele Zeichnungen von Beuys soll hier vor allem eingegangen werden. Unten ist das ins Kristalline tendierende Wurzelsystem, in der Mitte die Verwandlung der Blattgestalt vom Rundlich-Kleinen über das Ausgedehnt-Gegliederte hin zum flammenförmig Zusammengezogenen. Oben sieht man die horizontale aus- und einschwingende Lemniskatengestalt der Blüte. Mit dieser Zeichnung – es gibt keine treffendere in der Literatur – ist eine Sicht der Pflanze gegeben, die ebenfalls im oben von Steiner angeführten Sinn eine «Imagination» genannt werden kann. Nur geht sie über das von Goethe Geschilderte hinaus, indem sie nicht allein auf den Prozess der Metamorphose Acht gibt, sondern diese als Mitte zwischen dem ins Starre führenden Salprozess und dem die Gestalt aufhebenden Sulfurprozess zeigt. Erst die einjährige zweikeimblättrige Pflanze zeigt im großen Reich der Pflanzen diese Imagination – und auch erst dann, wenn sie durch eine Zeichnung wie die von Beuys sichtbar gemacht wird. Unter den verschiedenen Pflanzenzeichnungen Steiners, die er ebenfalls beim Sprechen auf Wandtafeln gezeichnet hat, ist die im Theologenkurs am 2.10.1921 (GA 343, 2, S. 15) gemachte der Beuysschen am ähnlichsten. Steiner hebt den Wurzelpol der Pflanze auf zahlreichen Wandtafelzeichnungen hervor, indem er die Wurzel als stoffsammelnde Rübe skizziert.

Abb. 2: J. Beuys, Wandtafelzeichnung aus der 100-Tage-Aktion «Honigpumpe am Arbeitsplatz» – während der Dokumenta 6, 1977, entstanden. Heute als Wandtafel 9 im Schaffhausener *Kapital Raum* montiert. Zu diesem Werkkomplex siehe M. Kramer, *Das Kapital Raum 1970-1977*, Heidelberg 1991, S. 102, Abb. 58.

Beuys geht aber zeichnend noch einen Schritt weiter. Er löst das Dreigliedrig-Plastische von der mimetischen, wiedererkennbaren Pflanzengestalt ab, und formt eine Figuration, die die an der Pflanze gewonnene Imagination so gestaltet, dass allein die plastischen Prinzipien der alchemistischen Dreigliedrigkeit sichtbar werden. Damit ist ein Gebilde geschaffen, das zwar der Sichtbarkeit angehört, aber nicht mehr wiedergibt, was die Augen in der Natur sehen könnten. Die zur Imagination der Pflanzengestalt führenden Bildeprozesse selber werden anschaubar. Eine dieser Zeichnungen trägt die Merkmale einer Pflanze noch deutlich an sich, aber diese Zeichnung ist als «Diagramm zur plastischen Theorie» – wie alle diese Diagramme, die Beuys immer wieder gezeichnet hat – horizontal angelegt (Abb. 3). Erst wenn man die Zeichnung gegen den Uhrzeigersinn um 90 Grad dreht und nur den jetzt oberen Teil der Zeichnung genau anschaut, zeigt sie den Anklang ans Pflanzliche: das Geometrische der Wurzelanlage, das Keimblatt, die Ausdehnung der Sprossblattgestaltung, die zusammengezogenen, beieinander sitzenden Hochblätter und schließlich, nach verlängertem Internodium, die Dynamik des die Gestaltung beendenden Blühens in der aus- und einschwingenden Linie.

Wie Goethe in seiner Elegie nach anschaulich entwickelter Metamorphose sagt: «... entzifferst du hier der Göttin heilige Lettern, / Überall siehst du sie dann, auch in verändertem Zug», so wendet Beuys den Begriff des Plastischen, wie er aus der alchemistischen Pflanzenbetrachtung gefunden werden konnte, jetzt auch in anderen Daseinsgebieten an. Er fordert einen anthropologisch verstandenen Begriff des Plastischen und einen soziologischen Bezug: So kommt er zum Begriff der «Sozialen Plastik» oder «Sozialen Skulptur». Und da er sich selbst als Künstler diesem umfassenden Begriff des Plastischen unterstellt, erweitert sich sein Kunstverständnis radikal. Er fordert einen «erweiterten Kunstbegriff» und beginnt für die «Dreigliederung des sozialen Organismus»[24] zu wirken, indem er die gesellschaftliche Wirklichkeit am Begriff des Dreigliedrig-Plastischen misst und darin einen Maßstab zur Erfahrung des Gesunden oder des Kranken dieses Organismus findet.[25]

Am einen Pol dieses Maßstabs, zu dem der Sal-Prozesses führt, steht –

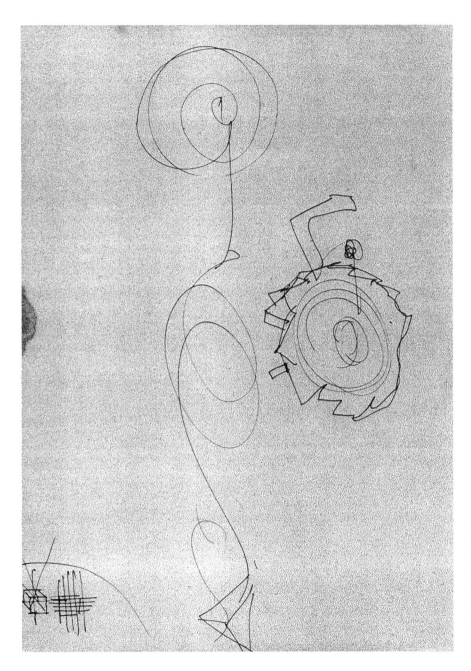

Abb. 3: J. Beuys, rechte, um 90 Grad gegen den Uhrzeigersinn gedrehte Hälfte eines Doppeldiagramms zur Plastischen Theorie, Tinte, 1970, Privatsammlung.

wenn man ihn jetzt sozialpsychologisch anwendet – Unbeweglichkeit bis zur Erstarrung, Dogmatisierung und Ideologisierung, Tradition ohne Hinterfragung. Das ist überall dort zu finden, wo Lehren autoritär vertreten werden, in Parteien, in geistlichen Lehrgebäuden und Institutionen, auch in wissenschaftlichen Denkkollektiven (besonders wenn sie durch Mehrheiten behauptet werden können) oder in bürokratischen Strukturen ohne Entscheidungskompetenz der darin Arbeitenden. Am anderen Pol, zu dem der Sulfurprozess hinführt, steht Dynamisierung ohne Ziel, steht Durchsetzung von purer Macht (von rechts oder auch von links), standen damals, so Beuys, die «Rocker»; «autonome Linke», Skinheads der rechten Szene oder Hooligans könnten heute als Beispiele angeführt werden. In der Mitte bewegten sich in den siebziger Jahren die so genannten «Hippies» oder «Blumenkinder» – junge Leute, die, besonders im warmen Kalifornien, in Gruppen in den Tag hinein lebten nach dem evangelischen Motto: «Sie säen nicht, sie ernten nicht, und unser himmlischer Vater ernährt sie doch.» Beuys stellte diese drei Gruppen, die Rocker, die Hippies und die Ideologen, als Vereinseitigungen zu den drei Bereichen des plastischen Diagramms der Sozialen Plastik. Gewöhnlich zeichnete er links ein ungeordnetes Linienknäuel, das sich zur Mitte hin in eine geschwungene, sich wenige Male verschlingende Linie hin fortsetzte (in deren Mitte er oftmals ein Herz zeichnete), die rechts in einer skizzenhaft angelegten (unteren) Innenraumecke endete, in die ein Dreieck gezeichnet war. Von hier aus führte die Linie abwärts zu einem kleinen, in sich geschlossenen, präzise gezeichneten Kubus, an den er das Wort «Anstalt» schrieb. – Ein dem entsprechendes Versprühen des Linienwirrwarrs auf der linken Seite über das Knäuel hinaus in den Umkreis gibt es bei Beuys nur andeutungsweise.[26]

Das in die Raumecke gelegte Dreieck rechts hat seinen Ursprung in einer plastischen Installation, die Beuys seit Mitte der sechziger Jahre immer wieder und in allen Größenordnungen vollzog. Es ist die «Fettecke», die erst in einem Karton angelegt wurde,[27] dann oft in verschiedenen Galerieräumen[28] und schließlich in der riesigen Installation «Unschlitt» für Münster, dem Hohlraum entsprechend, den ein U-Bahn-Haltestelleneingang umschließt (es hatte Wochen gedauert, bis die riesige

Fettmenge, die er zum Gießen der Form benötigte, schließlich abgekühlt war[29]). Bei der Erstellung dieser Fettplastiken war immer seine Intention, einen Heilungsvorgang zu verbildlichen, indem in den Ausdruck der vollkommenen statischen Abstraktion, den kubischen Raum, etwas Reinplastisches, Hochenergetisches, eine «Wärmesubstanz» sorgfältig hineinplasticiert wurde. Kubische Räume gibt es in der lebendigen Natur fast nicht. Salz aber (und wenige andere Mineralien) kristallisiert in dieser Form, und zwar «kristallklar» durchsichtig, wenn es nicht mit anderen Substanzen durchmischt ist. Öl, aus dem das Fett gewonnen wird, entsteht in Pflanzen, und zwar immer, wenn – als letzter sulfurischer Prozess – ein Keim, ein Same gebildet wird. Der rundlich formlose Same, der eine neue Pflanzenbildung nur als Anlage in sich trägt, hat diese höchst energetische Substanz in sich. Der Form nach ist die Pflanze als Same im Zustand der geringsten Verwirklichung – die Substanzen aber, die er in sich trägt, sind auf dem höchsten in Pflanzen möglichen Energieniveau, vor allen anderen das Öl, das Fett, das keine Mineralien enthält, aber Wasser und Kohlendioxyd mithilfe des Lichtes auf dieses Niveau steigert.

Das Liniengebilde, mit dem Beuys die Dimensionen des Plastischen veranschaulicht, ist oft durch eine Skalierung kurzer senkrechter Linien zwischen den Polen rhythmisch gegliedert. Wie die Pflanze ihre Blätter am Spross in rhythmischer Folge hervorbringt und jedes Blatt mit seiner Form der Stellung im Ganzen gemäß plastisch gestaltet ist, so kann zwischen den beiden Polen Sal und Sulfur im sozialplastischen Bereich jederzeit untersucht werden, an welchem Ort der Sozialen Plastik ein Vorgang, eine Einrichtung zwischen Verflüchtigung und Erstarrung steht. Damit rechts nicht die Erstarrung in dem, was er mit «Anstalt» charakterisiert, geschehe, wird der plastische Prozess dort, wo er der Erstarrung am Kältepol entgegen geht, mit einem Gegenwirkenden versehen. Die als plastisches Werk installierte Fettecke – die mitunter auch aus Zucker oder Lehm bestehen konnte[30] – trägt die drei in der Grafik auseinander gelegten Prozesse in sich. Als «Gegenstand» ist sie nur noch Zeichen des vorangehenden Gestaltungsprozesses: Beuys machte sie aber nicht irgendwann, um sie dann irgendwo auch auszustellen, sondern er kam zu angekündigter Zeit in den leeren, kalkweißen, vielleicht auch noch durch Leuchtstoffröhren kalt erhellten Galerieraum, packte Fettpakete aus, knetete sie zu einer plastischen Masse und strich sie dann sorgfältig in eine Ecke.

In seinen (Wandtafel-)Zeichnungen findet man ferner oft auch ein kleines Diagramm, das im einfachsten Fall eine Linie mit zwei Enden darstellt, außerhalb derer in einem Großbuchstaben links ein S steht und rechts, mit der offenen Seite dem S zugekehrt (also um die senkrechte Achse gedreht), ein Ǝ. Diese Buchstaben stehen für «Sender» und – auf diesen bezogenen – «Empfänger». Der Sender – auf der Willensseite des plastischen Diagramms – sendet dem Empfänger eine Botschaft, die, will dieser sie aufnehmen, ihn erst einmal von außen her in seinem Bewusstsein formt; so steht dieser auf der Formseite des plastischen Diagramms. Beuys hat diese Worte: Wille – Bewegung – Form/Begriff in verschiedenen Diagrammen auf die entsprechenden Teile der Zeichnungen geschrieben (und auch andere, diesen Seiten entsprechende Begriffe der biologischen, psychologischen oder philosophischen Anthropologie[31]). In der sozialen Plastik «Gespräch» gibt es immer eine formende Seite und eine, die geformt wird. Zur gesunden organischen Plastik wird das Gespräch aber erst dadurch, dass die beteiligten Personen ständig die Rollen tauschen und dadurch miteinander in *Bewegung* kommen. Im Gespräch kann sich auf diese Weise etwas bewegen, was über das hinausführt, was anfänglich der Beweggrund war. Das, was beide Gesprächsteilnehmer in Bewegung bringt und hält, kann sich in solcher Begegnung im dauernden Wechsel zwischen Senden und Empfangen selbst zur Erscheinung bringen, sich aussprechen, und den sprechend Denkenden zum «Einfall», zur «Intuition» werden.

Mitunter schlägt Beuys um das ganze Geschehen einen Kreis – in der unter dem Titel «Evolution» von 1974 bekannt gewordenen Zeichnung (Abb. 4) setzt er dieses Gebilde in die Mitte des mit dem Wort «Sonnenstaat» und «Wärmefähre»[32] bezeichneten flammenden Gebildes, das wiederum auch an eine Sonnenblume erinnert. Deshalb soll hier der zum Blühen führende Sulfurprozess der Pflanze noch einmal angeschaut werden.

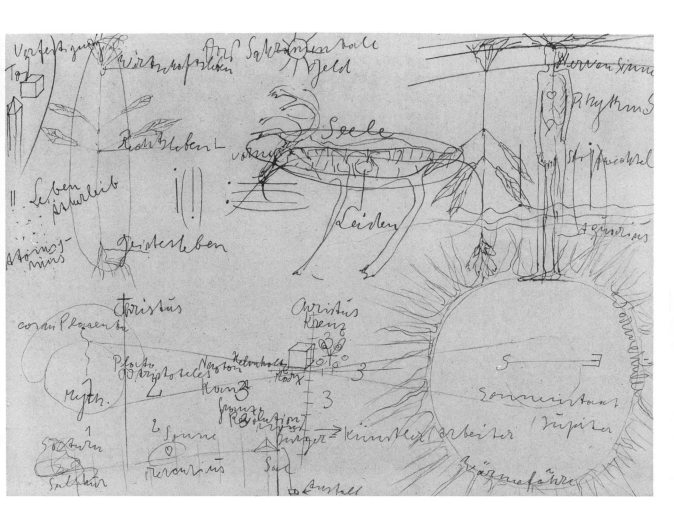

Während sich die Wurzel der Pflanze als vegetatives Kontinuum im Boden immer weiter verlängert, erhebt sich der Spross mit seinen grünen Blättern in stetiger Metamorphose aufwärts. Aus der allgemeinpflanzlichen Rundlichkeit der untersten Blätter entwickelt sich dabei das arttypische Pflanzenblatt zu seiner vollen Größe. In dieser Ausdehnungs- und Materialisierungsphase kann man an ihm die Pflanzenspezies am leichtesten bestimmen. Wenn nun bei genügend Licht und Wärme der Blüh-

Abb. 4: J. Beuys, o.T. (Evolution), Bleistift, 1974, Privatslg.

impuls einsetzt, reduziert sich die Blattgestalt wieder in fortgesetzter Metamorphose, zuletzt auf stiellos am Stängel ansitzende flammenförmige Blättchen. Sie stehen (bei einer Pflanze mit Endblüte) dicht beieinander. Dann erhebt sich der Stängel blattlos ein Stück weit über diese Blättchen – was man bei einer Rose gut sehen kann –, und aus einer Knospe, die das Stängelwachstum abschließt, öffnet sich die Blüte mit dem Kranz ihrer Blütenblätter und Staubgefäße. Wuchs am Spross Blatt für Blatt in seine charakteristische Gestalt, so stehen jetzt die Blütenblätter – fünf bei der Heckenrose z.B. – rundlich zart ohne Gestaltunterschied nebeneinander. Was die Pflanze im Blattwachstum als Gestaltungskraft entwickeln konnte – bei der Heckenrose in sieben- bis neunteiligen Fiederblättern –, hatte sich unter der sulfurischen Wirkung des Blühimpulses zuletzt völlig aufgehoben, es war, aristotelisch gesprochen, aus der Wirklichkeit (actus) in die Möglichkeit (potentia) zurückgetreten. Auf der höheren Ebene der Blütenbildung erscheinen qualitativ veränderte, in ihrer Gestalt verjugendlichte Blätter. Diese Blütenblätter bilden einen Kreis, stehen nicht auf Distanz, heben sich nicht voneinander ab. Sie sind so zusammengetreten, dass man sie gar nicht als Einzelblätter sieht, sondern als einheitliches Organ: die Blüte.

Im Normalfall – bei nichtgefüllten Blüten – folgt diesem Blätterkreis der Kreis der Honigblätter oder gleich der Staubgefäße, d.h. dass die Blätter in sprunghafter Metamorphose auf ihren Bildcharakter nahezu verzichtet haben (ich spreche jetzt bereits auch metaphorisch), zu kleinen unscheinbaren Organen zusammengezogen sind (also die Zusammenziehungsmetamorphose der Sprossblätter wiederholen), den Prozess der Zusammenziehung aber so weit treiben, dass sie sogar aktiv zerreißen[34] und ihre Substanz abgeben – zunächst an den Wind oder an Insekten. Wir sehen das sulfurische Blütenfeuer mit dem Blütenstaub verrauchen. Die abgegebene Substanz aber hat so weitgehend auf Eigengestalt verzichtet, dass ein einzelnes Staubkorn vom Auge nicht mehr erkannt werden kann.

Die Staubkörner tragen eine prospektive Potenz in sich: Sie lösen sich aus ihrem Selbstsein heraus und können fruchtbare Anreger künftiger Entwicklung für die Art werden. Aus dem Exemplarischen haben sie damit die Pflanze auf die Ebene der ganzen Art erhoben. Wo immer Exemplare derselben Art denselben Prozess vollzogen haben, werden sie zugleich für die Substanz empfänglich, die andere Exemplare derselben Art erbildet haben: der Griffel wird reif und nimmt auf der klebrigen Narbe ein Staubkörnchen auf, das mittels Insekt oder Luft zugetragen wurde. Bestäubung und Befruchtung werden möglich.

Es ist ein keuscher Vorgang, der mit dem Begriff «sexuelle Befruchtung» falsch charakterisiert wäre, wenn man dabei auch nur im Ansatz an etwas Emotionales denken würde. Der Prozess ist das reine «Bild» – oder wie sollen wir hier sagen? – einer selbstlosen Hingabe zur Fruchtbarkeit, die auf überindividuellem Niveau liegt und der Art, nicht mehr dem Exemplar, dient. Denn diese kann durch die Befruchtungsprozesse zu immer neuen Varianten, ja zu neuen Entwicklungsschritten kommen. Durch diesen Prozess der Zurücknahme in der Erscheinung, der zunächst in den Blütenblättern nur bildhaften Charakter hatte, aber auf eine neue Qualitätsstufe wies und in den Staubblättern substanziellen Charakter bekommt, wird Entwicklung möglich, denn durch diese Form der Zurücknahme der Eigenerscheinung ermöglicht sich eine Offenheit für die Zukunft, die ohne diesen Prozess nicht einträte.

Was die Pflanze ihrer Natur gemäß vollbringt, kann im erkennenden und bestaunenden Betrachter Anregung werden, willentlich zu tun, was sich hier unwillkürlich vollzieht. Erst muss wirklich eigene Qualität entwickelt werden, denn wo nichts entwickelt ist, kann auch nichts eingebracht werden. Dann muss das in Form Gebrachte zurückgenommen werden. Die Zurücknahme ermöglicht, dass das Selbst den Abstand zu anderen überwinden und mit ihnen zusammentreten kann. Um wirklich fruchtbar zu werden, muss das Selbsterrungene dann einen Zustand annehmen, in dem es für andere aufnehmbar wird, ohne zu vergiften. Nur was auf dieses Niveau gebracht werden kann, wirkt fruchtbar für andere und ermöglicht auf diese Weise Evolution. So kann im Anschauen der sulfurische Blühprozess zu einer im Inneren wirksamen Anschauung führen. Und wenn Beuys (in Abb. 4) in das Bild der blumengestaltigen «Wärmefähre» das Diagramm des Gesprächs zeichnet, imaginiert er einen erst künftig zu erlangenden sozialplastischen Zustand, der von ihm als «Sonnenstaat» oder «Jupiter» bezeichnet wird.

Die Natur stellt Bilder vor uns hin, die auf verschiedener Ebene gelesen und verstanden werden können. Wer diese Bilder zu enträtseln beginnt, kann versuchen, die in ihnen wirksamen Prozesse in Bildern und Zeichen auszudrücken, wie Beuys es tat. Die Imagination Pflanze zeichnet er in einer einfachen Wandtafelzeichnung so, dass er durch sie auf die in der Pflanze wirksamen alchemistisch-plastischen Prozesse aufmerksam macht – und doch zunächst noch im Abbildlichen bleibt. Dann hebt er aus diesem Bild in einer reinen Linie das plastische Prinzip in seiner Dreifaltigkeit hervor. Solch eine Zeichnung hat einen anderen Charakter als z.B. die «Zeichen und Symbole der Rosenkreuzer» oder die Zeichen der Freimaurer. Beuys' Zeichen hat einen viel dynamischeren Charakter, es setzt in Bewegung wie die Betrachtung eines Wachstumsvorgangs. Und in der Abfolge der Entstehung, die hier darzustellen versucht worden ist, ist es wie der schrittweise Aufbau einer Meditation, die an einer sinnlichen Vorstellung beginnt, aber so auf die sinnliche Wirklichkeit eingeht, dass in ihr von vornherein der imaginative Gehalt hervortritt, der schrittweise mehr und mehr von der an der Sinneserfahrung abgelesenen Imagination zu Weltprinzipien führt, die Inhalt auch der geistigsten Religion werden können. Und was zunächst Erkenntnisinhalt sein kann – vom Bild der Pflanze zum Prinzip des Plastischen und zur Dreigliedrigkeit/Dreifaltigkeit/Dreieinigkeit, das kann schließlich zur Anregung werden, die durch den Menschen zu schaffenden zukünftigen, evolutionären Gesellschaftsprozesse selbst zu entwerfen und zu entwickeln. Dann erst hätte dieser Erkenntnisprozess sozialplastischen Wert, dann erst würden die «Imaginationen», die hier angesprochen wurden, mehr als Zeichen und Symbole sein.

Abschließend sollen die zu leistenden Erkenntnisschritte noch einmal der Reihe nach charakterisiert werden.

Schon das unreflektierte Erkennen fügt sich die Wahrnehmungen zu einem *Bild* zusammen, das für das erkennende Subjekt aus dem Chaos der Sinneserscheinungen einen Gegenstand herausfiltert. Dieses Gegenstandbewusstsein kann aus der Erinnerung jederzeit solche Bilder bewusst machen, die zwar keine direkte sinnliche Bezogenheit mehr haben, aber dem Erinnernden sehr real erscheinen. Mittels dieser *Erinnerungsbilder* kann er wiedererkennen, was er schon früher gesehen hatte. Und schon dieses Wiedererkennen ist nur möglich, weil eine idealisierende Tätigkeit das erinnerbare Bild mit anderen Bildern als «ähnlich» vergleicht und beiden Bildern denselben Begriff hinzufügt: Das Erkennen typologisiert, wird zur ideellen Erkenntnis – kann z.B. Löwenzahn als solchen erkennen, auch wenn er in verschiedener Größengestalt erscheint. Diesen Erkenntnisinhalt nennt Steiner im genannten Vortrag schon «*Imagination*». Die nach Homologien suchende vergleichende «idealistische Morphologie» bildet hier den «*Typus*».

Goethe wollte seine «Denk- und Vorstellungsart immer ... höher spannen»[34] und versuchte, den gesamten Gestaltungs- und Umgestaltungsprozess, wie er sich in der Zeit vollzieht und im Raum faktisch nicht auf ein Mal zu fassen ist, vor sich hinzustellen, also aus Erinnerung und «produktiver Einbildungskraft» eine lebendigere, wirklichere Anschauung «mit Geistesaugen» zu erzeugen, was ihn in einen «peinlich süßen Zustand» oder «in eine Art Wahnsinn» versetzte.[35] Was diese Erkenntnisanstrengung ermöglichen sollte, nannte er in dem nachgelassenen Fragment *Versuche zur Methode der Botanik* «Imagination».[36]

Verlagert sich die produktive Einbildungskraft von der Bildseite der Erkenntnis auf die an den Bildern erscheinende «Bildung und Umbildung» als gestaltende Tätigkeit, vom Typus auf die Metamorphose, so schlüpft sie *in* den Erkenntnisgegenstand hinein und betrachtet ihn nicht mehr von außen, sie ist auf einer Stufe angekommen, die der von Steiner charakterisierten «*Inspiration*»[37] – wenn auch noch nicht als reine übersinnliche Tätigkeit – entspricht.

Und wie derjenige, der die höheren Erkenntnisstufen erringen will, den auf der jeweils vorangehenden Stufe erlangten Bewusstseinsinhalt aktiv vergessen muss, so nimmt die Pflanze sich in ihrer Entwicklung aus der Erscheinung, wenn sie in der Vorbereitung auf das Blühen die artspezifisch ausgestalteten Laubblätter zu Hochblättern zusammenzieht, zurück und vollzieht in der Epoche der Blüte nicht mehr merkuriale Metamorphose, sondern sulfurische Prozesse, die als Prozess nicht ihr selbst gelten, sondern in der radikalen Verwandlung der Kronblätter in verstäubende Staubblätter den anderen Exemplaren derselben Art dienen. Entscheidend ist nun nicht mehr das Bild, auch nicht mehr der Verwandlungsprozess, sondern die «Fruchtbarkeit» der sich abspielenden Prozesse für die Zukunft. Die nennt Anthroposophie im Gebiet des Moralischen «*Intuition*».

Der Bauplan, aus der Vergangenheit genetisch festgelegt, das Bild, der Typus hat im Erkenntnisleben bleibenden, «ewigen» Charakter. Botaniker verbildlichen ihn im Schema. Der *Sal*-Prozess regiert.

Die Gestaltmetamorphose – in Zusammenhang mit den aktuellen Umweltbedingungen – führt durch die Bilderreihe zu einer inneren Bewegung. *Merkur* regiert.

Der Nachvollzug der alchemistisch-plastischen Prozesse im Pflanzenwerden, die vom Sal bis zum *Sulfur* reichen, geben eine Ahnung von den Vorgängen, die zum Erscheinen und zum Vergehen, zur Inkarnation und zur Exkarnation eines lebendigen Wesens führen, das aus der Vergangenheit in die Gegenwart und in die Zukunft hinein wirkt.

In den Schemazeichnungen der Botanik, in Pflanzenzeichnungen von Beuys und in seinen Diagrammen, die zu Partituren von Aktionen werden, hat man drei Arten einer imaginativen Schrift vor sich, die erst durch entsprechende Verinnerlichung zu gesteigerten Erkenntnisprozessen werden.

Anmerkungen

1. «*Italienische Reise*», Teil III, Korrespondenz. Unter dem Datum 17. Mai 1787 eingefügter, am 8. Juni an Charlotte v. Stein geschriebener und kommentierter Brief.
2. Johann Wolfgang Goethe, *Die Schriften zur Naturwissenschaft. Vollständige, mit Erläuterungen versehene Ausgabe, herausgegeben im Auftrage der deutschen Akademie der Naturforscher (Leopoldina) zu Halle von Rupprecht Mathaei, Wilhelm Troll und Lothar Wolff.* (Zitiert als LA). LA, Abteilung I, Band 10, Seite 128; in der Schreibweise Goethes.
3. Eine ausführliche Beschreibung der Typus-Darstellungen in der Botanik findet sich in meinem Buch *Das Bild der Pflanze in Wissenschaft und Kunst*, Stuttgart 2002.
4. Blätter von Aegopodium podagraria (Geißfuß), 1830 von Goethe oder unter seiner Veranlassung entstandene kolorierte Zeichnungen. *Corpus der Goethezeichnungen* VB, Abb. 115-119.
5. Robert Bünsow (1966), Die Bedeutung des Blühimpulses für die Metamorphose der Pflanze im Jahreslauf, in: *Goetheanistische Naturwissenschaft. Bd. 2: Botanik*, Stuttgart 1982, S. 97-114.
6. Wilhelm Troll: Aufgaben und Wege morphologischer Forschung in der Botanik, in: W. Troll, *Gestalt und Urbild*, Köln 1984, S. 91-147, hier S. 123 ff.: «…das allgemeine Reduktionsgesetz der pflanzlichen Entwicklung … lautet: die zuletzt zur Anlegung gelangenden Teile kommen bei Reduktion der Entwicklung als erste in Wegfall. Die Reduktion … erfolgt rückläufig.» Troll nennt den Vorgang «Entwicklungshemmung» und verfolgt den Bergriff in Anm. 197 bis zu Dutrochet (1837) und Meckel (1812) zurück.
7. Johann Wolfgang Goethe, *Metamorphose der Pflanzen*, § 28.
8. Bei Wolfsmilchgewächsen, etwa dem sog. Weihnachtsstern, oder bei Hortensien und vielen anderen Pflanzen ist das, was als «Blüte» erscheint, nicht aus dem gebildet, was im botanisch engen Sinn «Blütenblätter» sind, sondern der Blühprozess ergreift im Blühen auch Hochblätter und lässt sie als Blütenblätter erscheinen.
9. *Zur Morphologie, I, 1, Die Absicht eingeleitet.* LA I, 9, S. 7.
10. Diesen Begriff übernimmt Goethe von Blumenbach, auf dessen Schrift *Über den Bildungstrieb und das Zeugungsgeschäfte* er bei der Lektüre von Kants *Kritik der Urteilskraft* (§ 81) aufmerksam geworden ist. Dieser «nisus formativus» ist bei Blumenbach «ein Trieb des Organismus, eine bestimmte Gestalt anfangs anzunehmen, dann zu erhalten, und wenn sie ja zerstört worden, wo möglich wieder herzustellen». (Zitat aus LA II, 10 a, S. 785 f.)
    Siehe auch Goethes Aufsatz *Bildungstrieb* von 1817 in LA I, 9, 99 f.
11. Troll hat auf dieses eigentümliche Phänomen der Gestaltbildung besonders aufmerksam gemacht (1984, *Gestalt und Urbild. Gesammelte Aufsätze zu Grund-*

fragen der Morphologie, hrsg. von Lottlisa Behling, Köln) und nennt den Bildeprozess, unter dem bei verschiedenem Organisationstypus der gleiche Gestalttypus wirksam ist, «analoge Konvergenz»: «Wir haben ... es mit einem der erstaunlichsten Phänomene des organischen Lebens zu tun, dessen vorurteilslose Auffassung uns zu der Überzeugung führt, dass die Natur ihren Gestalttypen besondere Ideen zugrunde legt ... Wenn vom Gestalttypus einer radiären strahlenden Blüte die Rede ist, so ist damit die radiäre Blütengestalt, unabhängig von der Organisation, die ihr zugrunde liegt, gemeint.» Troll fußt in seiner Gedankenbildung auf Arbeiten der russischen Morphologen Gurwitsch (1922, 1927) und Smirnow (1935), die die gestaltbildende Kraft auf ein immaterielles «morphogenes Feld» zurückführen. Diese bauen wiederum auf den embryologischen Untersuchungen von Driesch, Weiss u.a. aus den zwanziger Jahren auf, die bei Organtransplantationen von Amphibien von einem «morphogenetischen Feld» sprachen.

Sheldrake führt den Begriff «morphisches Feld» («morphic field») ein, und definiert es so: «Es ist das Feld in und um eine morphische Einheit, das deren charakteristische Strukturen und Aktivitätsmuster organisiert. Morphische Felder liegen der Form und dem Verhalten von ... morphischen Einheiten auf allen Ebenen der Komplexität zugrunde». Rupert Sheldrake, *Das Gedächtnis der Natur*, Bern 1994, S. 436. Sein Buch diskutiert diese Fragen und ihre gegenwärtige wissenschaftliche Behandlung ausführlich: 1988 unter dem Titel *The Presence of the Past* englisch veröffentlicht.

12 So nennt v. Radl die von Goethe begründete Morphologie: Er hat mehr die Typologie im Auge, weniger die Dynamik des Gestaltungs- und Umgestaltungsprozesses beim Wachstum einer Pflanze (resp. eines Tieres) – er denkt nicht in Entwicklungsprozessen. Siehe E. v. Radl, *Geschichte der biologischen Theorien,* 2 Teile, Leipzig 1905–08.

13 «Glückliches Ereignis» in *Schriften zur Morphologie,* LA I, 9, S. 79.

14 Etwa in dem Aufsatz «Wenige Bemerkungen», LA I, 9, S. 78.

15 Rudolf Steiner, *Das Geheimnis der Trinität,* Gesamtausgabe (GA) Nr. 214.

16 Für «Kürschners Deutsche Nationalliteratur». Daraufhin wurde er berufen, Goethes naturwissenschaftliche Schriften in der sog. «Weimarer Ausgabe» aus dem Nachlass zu bearbeiten.

17 Siehe zu den Begriffen «ätherisch» und «Ätherleib» bzw. «Bildekräfteleib» Steiners *Theosophie,* GA 9, [28]1955, S. 36ff.

18 *Geisteswissenschaft und Medizin* (1920), GA 312, Dornach, Vorträge 5 u. 6.

19 In der Antike werden die «tria prima» oder «tria principia», wie Paracelsus sie nennt, noch nicht systematisch bestimmt. In arabisch-griechischen Aufzeichnungen kommen Sulphur und Merkur vor, nicht aber verbunden mit Sal. Im Mittelalter werden sie – nach H. Gebelein (*Alchemie,* München 1991) – nur im «Buch des Sendschreibens Ga'far als Sadiqs über die Wissenschaft der Kunst und den edlen

Stein» des Ga'far Ibn Muhammad als Sadiq aus dem 11. oder 12. Jahrhundert, und nun als Dreiheit, ««spiritus (Merkur)», «anima (Sulfur)» und «corpus (Sal)» genannt.

Darauf bezieht sich wohl Paracelsus (indem er sich auf den sog. Hermes bezieht), wenn er sagt – in *De Generatio Rerum Naturalium* –, dass sie nichts anderes bedeuten als die tria principia: «... Mercur ist spiritus, sulphur ist anima, sal ist corpus.» Dass Paracelsus – wie schon Ga'far Ibn Muhammad als Sadiq – Merkur dem spiritus und Sulphur der anima zuordnet, verwundert, da die Philosophie, wenn sie die Leib-Seele-Geist-Einheit oder die Trichtomie darstellte, das Geistprinzip immer an oberste Stelle rückte und die Seele zwischen Geist und Leib einordnete.

Immer ist die empfindungsfähige Seele in der Mitte zwischen dem unsterblichen Geist des Menschen, auch Dämon genannt, und dem sterblichen, fleischlichen Leib, hat Anteil am Leben beider und vermittelt sie.

So finden wir
bei Aristoteles
    nous (Geist) als Tätigen   nous als Leidenden   soma
im Neuen Testament
    nous   psyche   sarx
bei Marc Aurel und Plutarch
    nous / daimon   psyche   soma

In dem Sinn, wie Steiner Paracelsus' Alchemie aufgreift, äußert sich Paracelsus in seinem Werk nur *einmal*. Er sagt in *Paramirum*: «Drei sind die Substanzen, die allen Dingen Leiblichkeit geben: Jeder Körper besteht aus drei Dingen. Die Namen dieser drei Dinge sind sulphur, mercurius und sal. Wenn diese drei miteinander verbunden werden, dann haben wir, was wir einen Körper nennen, und nichts ist ihnen hinzugefügt, außer Leben und was damit zusammenhängt ... Um das zu verstehen, nimm erst Holz. Das ist ein Körper. Nun lasse es verbrennen; das was brennt, ist sulphur, das was verdampft, ist mercurius, das was zu Asche wird, ist sal ... Das, was so brennt, ist sulphur; nichts brennt außer sulphur; das was raucht, ist merkur, nichts verflüchtigt sich, was nicht merkur ist; das was zu Asche wird, ist sal, nichts wird zu Asche, das nicht sal ist.»
Paracelsus, *Sämtliche Werke*, 1. Abt., 14 Bde., Hg. Karl Sudhoff, Berlin 1922 – 1933. Siehe auch Ernst Kaiser, *Paracelsus*, rowohlts monografien.

22 Paul Klee, *Das bildnerische Denken. Schriften zur Form- und Gestaltungslehre*, Bd. 1, Hrsg. Jürg Spiller, Basel 1956.
Ders., *Unendliche Naturgeschichte. Prinzipielle Ordnung der bildnerischen Mittel, verbunden mit Naturstudium, und konstruktive Kompositionswege. Form- und Gestaltungslehre*, Bd. 2, Hrsg. Jürg Spiller, Basel 1970; V. Harlan, Paul Klee und Joseph Beuys. Vom Tafelbild zur Wärmeplastik, in: *Zs. Schweizerisches Kunstbul-*

letin, 7/8 1981, Zürich; Ders., Naturwissenschaft – Antinaturwissenschaft, in: J. Stüttgen (Hrsg.), *Similia similibus. Joseph Beuys zum 60sten Geburtstag*, Köln 1981; Ders., *Was ist Kunst? Werkstattgespräch mit Joseph Beuys*, Stuttgart 1986; Ders., Parallelprozess. Zur Ikonologie von Joseph Beuys, in: V. Harlan, D. Koepplin, R. Velhagen (Hrsg.), *Joseph Beuys-Tagung Basel, 1.-4. Mai 1991*, Basel 1991, S. 233-243; Ders., Beuys und die Pflanze. Objekt, Bild, Symbol, in: *Joseph Beuys-Symposium Kranenburg 1995*, Kranenburg 1996. Siehe auch Anm. 3.

23 Siehe Anm. 3, Kapitel 6, und Anm. 18.

24 Wie sie Steiner seit 1919, zuerst in *Die Kernpunkte der sozialen Frage in den Lebensnotwendigkeiten der Gegenwart und Zukunft*, GA 23, verschiedentlich darstellt.

25 Vergleiche dazu die Darstellungen und das Interview in V. Harlan, R. Rappmann, P. Schata: *Soziale Plastik, Materialien zu Joseph Beuys*, Achberg 1976. Darin auch – ab der 3. Auflage 1984 – der «Aufruf zur Alternative», zuerst als ganzseitiger Artikel in der *Frankfurter Rundschau* vom 23. Dezember 1978 erschienen. Eine Zusammenstellung aller sozialplastischen Initiativen von Beuys in Heiner Stachelhaus, *Joseph Beuys*, Düsseldorf 1987, S. 135 ff. Dass Beuys das Prinzip der Dreigliedrigkeit auch auf den «dreigliedrigen sozialen Organismus» bezogen hat, geht aus vielen seiner Zeichnungen und Darlegungen hervor. Auch Abb. 4 zeigt den Bezug mit den Worten «Wirtschaftsleben, Rechtsleben, Geistesleben», die in dieser Zeichnung oben links zur Pflanze geschrieben sind. Ich bleibe bei meiner Betrachtung bei den einfacher zu schildernden und «einzusehenden» Verhältnissen. Gerade diese Zeichnung aber verdeutlicht, zu wie vielen Bewegungen die an der Pflanze gewonnene Imagination des Plastischen Beuys selbst bewegt hat.

26 Detail in Zeichnung 208 (1958) im *Secret Block. Katalog zur Ausstellung im Martin-Gropius-Bau Berlin* 1988; Kleine Doppelzeichnung o.T., o.J. (1967) im Katalog «*Joseph Beuys. Kleine Zeichnungen*», S. 247, Kranenburg 1995.

27 1963, «Fettecke im Karton, Verpackung muss praktisch sein wie Architektur». Abgebildet in V. Harlan, *Was ist Kunst? Werkstattgespräch mit Joseph Beuys*, Stuttgart ⁴1992, S. 56.

28 Ausführliche Dokumentationen z.B. in «*Fettecke – Die Geschichte der Fettecke von Joseph Beuys in Raum 3. Staatliche Kunstakademie Düsseldorf und der Prozess J. Stüttgen gegen das Land Nordrhein-Westfalen*», 1989, Düsseldorf; Eva Huber, «*Joseph Beuys, Hauptstrom und Fettraum*», Darmstadt 1993.

29 Heute in der Ausstellungshalle «Hamburger Bahnhof», Berlin. Abbildungen zum Fertigungsprozess s. Anm. 28, S. 78f.

30 Abgebildet in V. Harlan, *Das Bild der Pflanze*, 2002, Abb. 179 und 180.

31 Zusammengestellt bei V. Harlan, *Das Bild der Pflanze*, 2002, S. 174.

32 Auch «Jupiter» – eine dem Sinn des «Neuen Jerusalem» der Apokalypse vergleich-

bare zukünftig zu entwickelnde Erde im Sprachgebrauch Steiners: *Geheimwissenschaft im Umriss* (1925), GA 13, Dornach, S. 355.
33 Mit einem eingebauten Kohäsionsmechanismus, der bei geeigneter Lufttrockenheit und -wärme die Antheren aufreißen lässt, sodass der Staub herausquillt.
34 *Versuche zur Methode der Botanik*: LA I, 10, S. 129 ff.
35 Er beschrieb dieses Erkenntnisproblem so: «... zwischen Idee und Erfahrung scheint eine gewisse Kluft befestigt ..., die zu überschreiten unsere ganze Kraft sich vergeblich bemüht. Demohngeachtet bleibt unser ewiges Bestreben diesen Hiatus mit Vernunft, Verstand, Einbildungskraft, Glauben, Gefühl, Wahn und, wenn wir sonst nichts vermögen, mit Albernheit zu überwinden. ...
Die Schwierigkeit Idee und Erfahrung miteinander zu verbinden, erscheint sehr hinderlich bei aller Naturforschung: die Idee ist unabhängig von Raum und Zeit, die Naturforschung ist in Raum und Zeit beschränkt, daher ist in der Idee Simultanes und Sukzessives innigst verbunden, auf dem Standpunkt der Erfahrung hingegen immer getrennt, und eine Naturwirkung, die wir der Idee gemäß als simultan und sukzessiv zugleich denken sollen, scheint uns in eine Art Wahnsinn zu versetzen. Der Verstand kann nicht vereinigt denken, was die Sinnlichkeit ihm gesondert überlieferte, und so bleibt der Widerstreit zwischen Aufgefasstem und Ideiertem immerfort unaufgelöst.» («Bedenken und Ergebung», LA I, 9, S. 97)
36 Wie Anm. 35. Die «Vorstellungsarten» ordnend sagt er: «Die Anschauenden verhalten sich schon produktiv, und das Wissen, indem es sich selbst steigert, fordert, ohne es zu bemerken, das Anschauen und geht dahin über, und so sehr sich auch die Wissenden vor der Imagination kreuzigen und segnen, so müssen sie doch, ehe sie sichs versehen, die *produktive Einbildungskraft* zu Hülfe nehmen.»
37 Vergleiche etwa Steiners Aussagen in Penmaenwawr im ersten und zweiten Vortrag des Vortragszyklus *Initiations-Erkenntnis*, GA 227, Dornach ⁴2000.

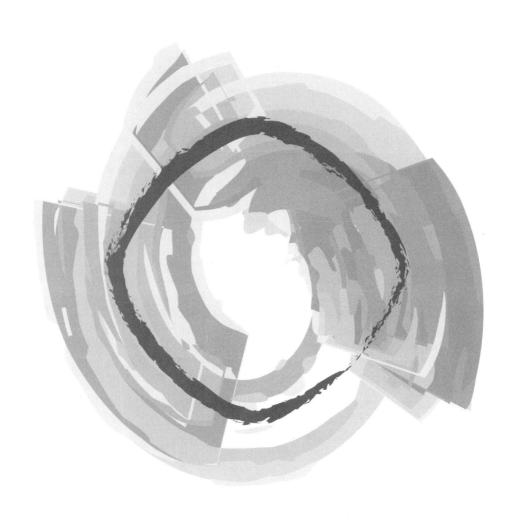

Johannes W. Schneider

Traumbilder, Visionen, Imaginationen

Träume als Landschaft der Seele

Während des Wachbewusstseins erlebt sich der Mensch im Mittelpunkt eines umgebenden Raumes. Die Welt ist draußen, in ihr hat jeder Gegenstand seinen bestimmten Platz. Um den neutralen Charakter der Gegenstandswelt zu betonen, sprechen wir von dem objektiven, von dem dreidimensionalen Raum. Psychologisch betrachtet ist jedoch das Raum-Erleben nicht so neutral. Denn wir beziehen die Welt auf unseren Bewegungsorganismus. Wir haben ein anderes Verhältnis zu den Gegenständen, die im Augenblick «greifbar» nahe sind, ein anderes zu denjenigen Gegenständen, die wir mit einigen Schritten erreichen können, und wieder ein anderes zu denen, die entfernt, die nur noch im Gesichtsfeld sind.

Weil die Gegenstände beständig sind und ihren festen Platz im Raum haben, können wir uns ihnen als Ich gegenüberstellen. In starken Gefühlsregungen jedoch wird der Abstand zur Welt aufgehoben: Im Mitgefühl versetzen wir uns in einen anderen Menschen oder in ein Tier, in der Angst sind wir gebannt von der drohenden Gefahr, wir sind nicht bei uns, sondern «außer uns», in der Begeisterung für eine Idee vergessen wir die Wirklichkeit, in der wir leben, und sind «über uns hinaus».

Entsprechend erleben wir uns an einem bestimmten Punkt in der Zeit, meistens in der Gegenwart. Eine Erinnerung kann jedoch so stark gefühlsbetont sein, dass wir uns in sie hinein vergessen, dass wir ihre Bilder wie aktuelle Wahrnehmungen vor uns haben. Ebenso können wir uns in eine Zukunft hineinträumen, die uns realer wird als die Gegenwart.

Es ist das Ich des Menschen, das den Abstand schafft, das ein realitätsgerechtes Bild von der Welt draußen formt und das sich in deren Mittelpunkt setzt. Damit wird ein sicherer Orientierungspunkt gefunden, aber der Mensch wird auch egozentrisch (was nicht im moralischen Sinn gemeint ist). Selbstbezogen können auch die Gefühlsregungen werden, obwohl sie von sich aus dazu neigen, sich in die Vorgänge der Welt hineinzuversetzen und in ihnen mitzuschwingen.

Wenn der Mensch einschläft, löst das Ich seinen ordnenden Zugriff auf die Seelenregungen, und diese können ihren eigenen Tendenzen folgen. Damit geht der egozentrische Orientierungspunkt des Seelenlebens verloren. Zunächst aber bleiben die Inhalte des Wachbewusstseins oft noch erhalten, sie lösen sich nur aus ihrer räumlichen Bindung und aus ihrer zeitlichen Ordnung. Es beginnt der Einschlaftraum.

Die Traumwelt besteht, wie die Welt des Wachbewusstseins, aus Bildern, aber sie sind anderer Art. Im Traum gibt es nicht neutrale Bilder, denen der Mensch teilnahmslos gegenüberstehen kann. Jedes Traumbild geht den Träumer an, oft bewegt es sich auf ihn zu. Dem Traum fehlt die Beständigkeit des Erlebnishorizontes, die für das Wachbewusstsein charakteristisch ist und dem Menschen Sicherheit gibt. Der Traumhandlung sind wir ausgeliefert. Wir können im Traum nicht die Arme verschränken und sagen: Warten wir einmal ab, wie es weitergeht. Denn die zeitliche Perspektive ist verloren gegangen, wir erleben nicht die Tiefe von Vergangenheit und Zukunft, sondern sind völlig eingefangen in die gegenwärtige Handlung. Und ebenso fehlt die räumliche Perspektive. Der Hund, der dort weit in der Ferne läuft, ist nicht einer von vielen Hunden, die ihrem Bewegungsdrang folgen, er hat nur *ein* Ziel, das sind meine wohlschmeckenden Waden.

Was im Wachbewusstsein eine Ausnahmeerscheinung ist, die gefühlsbestimmten Wahrnehmungsbilder, wird im Traum zur Regel. Wie entstehen diese Bilder? Wer sich nach dem Erwachen an einen Traum erinnern will, überlässt sich am besten der Stimmung, die der Traum hinterlassen hat, dann blühen vielleicht aus der Stimmung die Bilder und auch

Teile der Traumhandlung wieder auf, vielleicht sogar der ganze Traum. Die Nachstimmung fasst also dasjenige, was vor dem Erwachen eine ausgebreitete Handlung war, in einen Extrakt zusammen. Und entsprechend: Aus einer Stimmung des Tages hat sich beim Einschlafen die Traumhandlung entwickelt.

Ein Mann hat sich während des Tages über den Nachbarn geärgert. Dass der doch am Samstag während des Fußballspiels seinen Fernseher immer so laut einstellen muss! Keine Rücksicht auf die Nachbarn! So sind die Menschen. Man kann doch auf die Nachrichten warten, um zu hören, wie das Spiel ausgegangen ist. Da fällt ein Tor, und der Lärm steigert sich. Der Mann springt auf, um dem Nachbarn die Meinung zu sagen. Aber, glücklicherweise, in diesem Augenblick kommt die Tochter aus der Stadt zurück und muss begrüßt werden. Dem Mann ist die Mutprobe erspart. – In der folgenden Nacht träumt dieser Mann von einer Bergwanderung, die er bei Sonnenschein beginnt. Doch bald ziehen Gewitterwolken herauf, und der Wanderer sucht Schutz unter einem vorspringenden Felsen. Da geht ein Blitz nieder, und fast gleichzeitig kracht ein Donnerschlag. Der Träumer ist furchtbar erschrocken, klammert sich am Boden fest und erwacht.

Es ist wohl leicht zu erkennen, dass die sonnenbeschienene Landschaft der freudigen Wochenendstimmung entspricht, die aufziehenden Gewitterwolken dem sich ballenden Ärger und der Blitzschlag dem Zornausbruch beim 1:0 während des Fußballspiels. Was am Tage ein innerseelischer Vorgang war, der Ärger, verwandelt sich während des Traumes in ein Landschaftsbild. Das ist charakteristisch für das Traumbewusstsein: Bildlose Seelenregungen (Gefühle, Affekte und Stimmungen) werden nach außen projiziert und damit zu Bildern, die aber ihren emotionalen Charakter behalten. Anders gesagt: Die Gefühle, die wir am Tage auf die Welt gerichtet haben, kommen uns in der Nacht von außen entgegen. Ich, der Tagesmensch, bin die Landschaft, in der ich mich während des Traumes befinde. Inhaltlich hat der eben erzählte Traum nichts Neues gebracht, er hat von den Erlebnissen des Vortages gesprochen. Er hat jedoch nicht nur *etwas* widergespiegelt, sondern er hat *mich* gezeigt, wie ich am vorigen Tage war. Und wenn ich diese einfachste Botschaft des Traumes verstehe, sehe ich am nächsten Morgen vielleicht ein, dass es sinnvoller gewesen wäre, mit dem Nachbarn freundlich zu sprechen, als ein Donnerwetter niedergehen zu lassen.

Während in Einschlafträumen eher die Tageserlebnisse nachklingen, bringen Aufwachträume manchmal eine Botschaft aus der Welt des Tiefschlafs. Vielleicht eine Warnung. Eine Frau Ende ihrer zwanziger Lebensjahre geht im Traum durch einen schönen und gepflegten Garten, an dessen Bäumen viele Blüten und Früchte hängen. Um die entfernteren Teile des Gartens zu erkunden, läuft sie über eine Wiese, aber da verwandelt sich die Landschaft. Statt der Bäume und Sträucher, die sie eben noch gesehen hat, ist um sie herum plötzlich eine Wüste, endlose Sanddünen. Sie geht aufwärts und abwärts, aber findet nicht den Weg zurück. Sie ruft, aber die Wüstenlandschaft scheint jeden Laut zu ersticken. Sie setzt sich nieder und will sterben, aber stattdessen wird sie glücklicherweise wach. Noch lange Zeit benommen, sie fürchtet, dass der Traum die Ankündigung ihres nahenden Todes sei, obwohl die Gesundheit keinen Anlass zu einer solchen Befürchtung gibt.

Bei ihrer Traumdeutung begeht die Frau einen Fehler, der recht häufig vorkommt. Sie greift ein einzelnes Bild heraus, hier das sehr eindrucksvolle Schlussbild, und nimmt es wörtlich. Für das Verständnis des Traumes ist es jedoch wichtig, zunächst den Verlauf der Handlung zu beachten. Es wird ein Weg beschrieben – aus einem blühenden Garten in die Einöde. Die einzelnen Bilder sind aus dem eigenen Erleben, aus Lektüre oder Film wohl vertraut und könnten als Nachklang des Tagesbewusstseins verstanden werden. Dem widerspricht aber, dass der Traum die Frau tief berührt hat, dass sie ihn nach dem Erwachen recht ernst genommen hat. Dem widerspricht auch, dass nicht eigentlich von der Wüste geträumt wurde, denn es ging nicht um *etwas,* was man auch im Tagesbewusstsein weiß, sondern es ging um die Verlassenheit der Frau, für deren Ausdruck sich das Bild der Wüste recht gut eignet. Im Gespräch zeigte sich, dass die Frau in dem schönen Garten ihre gegenwärtige Lebenssituation treffend ausgesprochen fand. Die Wiese und dann die Wüste sind das, was vor ihr liegt. Hier hat der Traum sogar recht genau formuliert: Zunächst hat die Frau vor sich Bäume und Sträucher gesehen, als sie aber dorthin kommt, hat sich die Landschaft in eine Wüste verwandelt. Und da wir während des Traumes nicht in der zeitlichen Perspektive leben, ist gar nicht aufgefallen, dass man so rasch nicht vom Garten in die Wüste kommen kann.

Träume sprechen ihre Botschaft gerne in Symbolbildern aus, deren Deutung hier sogar recht nahe liegt. Die junge Frau fühlt sich in dem Garten wohl, wie zu Hause. Das mit dem Bild verbundene Gefühl zu beachten ist wichtig. Die Träumerin hat einen guten Start ins Berufsleben hinter sich, sie hat Erfahrungen, die ihr eine gewisse Sicherheit geben. Die kommt in dem unbekümmerten und fast lässigen Gang durch den Garten zum Ausdruck. Über die Zukunft macht sie sich keine Sorgen – und ist daher gerne bereit, im Traum die noch unbekannten Teile des Gartens zu erkunden. Aber da verändern sich unerwartet Stimmung und Handlung des Traumes. Wie kommt es zu dieser Wendung? Ein Traum kann doch wohl nicht berichten, was noch gar nicht geschehen ist. Woher sollte er das denn wissen? Ja, der Traum kann nicht in eine unentschiedene Zukunft blicken, aber in eine Zukunft, die schon begonnen hat. Er kann formulieren, was wir schon spüren, was wir uns aber noch nicht eingestehen oder eingestehen wollen.

Unsere Träumerin verdankt ihren bisherigen Erfolg einer guten Begabung und sicher auch ihrem charmanten Auftreten. Diese Chancen hat sie bisher gut genutzt – und ausgespielt. Sie weiß, wenn sie ehrlich nachdenkt, dass sie *neue* Fähigkeiten und Wesenszüge entwickeln muss, wenn es ebenso gut weitergehen soll. Aber dazu hat sie noch nicht angesetzt. Was am Tage ihr Gefühl undeutlich wusste, wird nun im Traum deutlich formuliert. Bilder und Handlung des Traumes also sind ein verdichtetes Gefühl, in diesem Fall ein Gefühl, das kaum zugelassen wurde, das durch gedankliche Argumente niedergehalten wurde. Aber der argumentierende Mensch schweigt, wenn der Schlaf beginnt. Das dumpfe Gefühl des Tages kann sich nun frei äußern.

Wenn die junge Frau die Botschaft des Traumes ernst nimmt, weiß sie – nicht was geschehen *muss*, aber was geschehen wird, *wenn* sie nicht ihrem Leben eine neue Wendung gibt. Sie wird weitergehen, aber es ist nicht ein blühender Garten, der sie umgeben wird, sondern eine Wüste.

Sie wird einsam werden. Sie wird sich niedersetzen, allerdings nicht sterben im gewöhnlichen Sinn des Wortes, aber der Mensch, der sie bisher gewesen ist, wird am Ende sein. Übrigens: Träume, die den eigenen Tod ankündigen, gebrauchen meistens feinere Symbolbilder und hinterlassen eher eine friedvolle Stimmung, auch wenn wir am Tage noch keineswegs bereit sind, den nahenden Tod zu akzeptieren. Der eben erzählte Traum legt nicht nahe, als Ankündigung des Todes verstanden zu werden. Sondern Tod meint hier das Ende eines Lebensabschnitts, die versiegende Jugendkraft.

Es ist die Eigenart des Traumes, dass er innerseelische Regungen des Tages ins Bild bringt oder dass er die Weisheit der Tiefschlafwelt in Symbolbildern dem Menschen nahe legt. Dann sprechen wir von Wahrträumen. In ihnen wird eine Wahrheit über uns selbst offenbar. Denn wir träumen nicht von etwas, sondern von uns. So wie wir sind, wenn wir uns nicht mehr egozentrisch wie am Tage sehen, sondern wenn wir mit uns selbst ins Reine kommen, wenn wir die Selbstentfremdung des Tages wieder aufheben können.[1]

Wahrträume sind eine Botschaft aus der Welt des Tiefschlafs, aber sie sind nicht eine Anweisung für das Handeln am Tage. Wahrträume wollen verstanden, aber nicht blind befolgt werden. Am Tage geht es darum, aus Einsicht und Verantwortung zu handeln und sich nicht der Führung durch «innere Stimmen» zu überlassen.

Visionen öffnen ein Fenster für die geistige Welt

Die Bilder des Wachbewusstseins entstehen dadurch, dass sich der Willensstrom der Aufmerksamkeit auf die Welt richtet, dass dann die Eindrücke verschiedener Sinnesgebiete zusammengefügt und dass schließlich die Wahrnehmungen gedanklich durchdrungen werden. Während ich diese Zeilen in meinem thailändischen Urlaubshotel niederschreibe, steht ein Orchideenstrauß vor mir. Der optische Eindruck des Violett und des Weiß wird von meinem Bewegungssinn umgriffen, sodass die Form der Blüten entsteht. Der Gleichgewichtssinn fügt dieses Bild in den Raum ein: rechts neben mir, etwas erhöht. Und schließlich verbinde ich das Bild mit dem Begriff der Orchidee und mit demjenigen der thailändischen Gastlichkeit. – Der Aufbau des Bildes schafft die Distanz zur Welt während des Wachbewusstseins.

Traumbilder entstehen nicht, weil Eindrücke aus verschiedenen Sinnesgebieten zusammengefügt, sondern weil Gefühlsregungen verdichtet werden. Deshalb haben wir nicht Abstand zu den Traumbildern, sondern wir sind in die Traumhandlung einverwoben. Auch Visionen sind verdichtete Gefühlsregungen, die jedoch nicht auftreten, weil das Ich seinen ordnenden Griff auf das Seelenleben lockert, wie das beim Einschlafen der Fall ist, sondern Visionen haben die Kraft, das Bild der Welt, das der Mensch aus den Wahrnehmungen aufgebaut hat, zurückzudrängen. Eine Nonne kniet im Gebet vor dem Kruzifix, sie ist nicht nur vertieft in den Anblick des Bildes, sondern sie fühlt die Leiden Christi mit, als ob sie ihr selbst zugefügt würden. Da auf einmal *sieht* sie, wie Christus sich vom Kreuz löst und im Kirchenraum auf sie zukommt, sie spürt, dass Er sie berührt. Sie ist erschüttert von diesem Erlebnis. Und als sie wieder aufblickt, sieht sie das Kruzifix, das nach wie vor an der Wand hängt.

Ist alles eine Täuschung gewesen? Der Skeptiker wird sich darauf berufen, dass ein Unbeteiligter oder dass ein Filmapparat, unser unbestechlicher Augenzeuge, nicht die geringste Veränderung am Kruzifix registriert hätte. Gehört aber das innere Erleben der Nonne nicht zur Wirklichkeit? Oder vielleicht zu einer nur subjektiven Wirklichkeit, die wir gerne als Einbildung bezeichnen? Nun gibt es bei ehrlicher Beobachtung durchaus die Möglichkeit, ein echtes visionäres Erlebnis von einer bloßen Einbildung zu unterscheiden. Weniger wenn wir das Auftreten des Bildes, sondern vor allem wenn wir die Spur, die es in der Seele des Menschen hinterlässt, beachten. Bilder, die nur bestätigen, was wir immer schon gewusst haben, Bilder, die uns in unserer Selbsteinschätzung, gar in unserer Eitelkeit stärken, sind wohl in der Regel Wunschvorstellungen, die sich zum Bild verdichtet haben, also eine Art Tagtraum. Echte Visionen haben immer etwas Überraschendes, und sie hinterlassen das Gefühl der Dankbarkeit dafür, dass ich für würdig befunden wurde, ein geistiges Erlebnis zu haben. Echte Visionen machen bescheiden. Und an Bescheidenheit mangelt es denjenigen, die redselig von ihren «Schauungen» berichten. Die gar von anderen verlangen, an das «Geschaute» zu glauben.

Wie der Traum, so greift auch die Vision diejenigen Bilder auf, die aus dem Wachbewusstsein bereit liegen. Als Jeanne d'Arc, die Jungfrau von Orléans, während ihres Prozesses gefragt wurde, wie denn Maria, die ihr erschienen war, ausgesehen habe, war die Antwort ganz einfach und nahe liegend: wie auf dem Altarbild in der Kirche ihres Nachbardorfes. Und als der Erzengel Michael zu ihr sprach, tat er das selbstverständlich auf Französisch. Das visionäre Erleben passt sich also der Auffassungsfähigkeit des Visionärs an.

Wahrträume greifen zwar die bereit liegenden Bilder auf, geben ihnen aber eine neue Bedeutung, stellen sie in einen ungewohnten Zusammenhang. Das Bild ist wichtig nicht als Erinnerung, sondern als Symbol. Die Wüste in dem erzählten Traum der jungen Dame war nicht Erinnerung an ein gesehenes Wüstenbild, sondern *meinte* eine seelische Vereinsamung. Visionen sprechen ihre Botschaft oft direkter, unverhüllter aus als Wahrträume. Visionen *können* symbolisieren, tun das aber oft nicht. Michael hat zu Jeanne d'Arc nicht in Rätselworten gesprochen, sondern offen gesagt, was sie tun solle. Unsere Nonne musste nicht rätseln, was Christus mit der Zuwendung an sie meinte, sondern die Vision sagte alles, was zu ihrem Verständnis notwendig war.

Aber welchen Wirklichkeitsgehalt haben Visionen? Das Kruzifix blieb doch an seinem bisherigen Platz. War also die Vision ein nur innerseelischer Vorgang? Der Gekreuzigte kam der Nonne entgegen, wie auch im Traum dem Menschen Bilder entgegenkommen. Traumbilder sind oft zu verstehen als Projektion innerseelischer Erlebnisse nach außen, sie können aber auch eine *Antwort* auf die Empfindungen sein, die der Mensch am Tage gehabt hat. Dann sind sie nicht bloße Widerspiegelung von Inhalten des Wachbewusstseins, sondern eine Botschaft an den erwachenden Menschen. Entsprechendes gilt für die Vision. Das Bild des entgegenkommenden Christus kann eine Wunschvorstellung der Nonne befriedigen, dann ist die «Vision» nichts anderes als eine Selbstbestätigung des Visionärs. Die Zuwendung Christi kann aber auch Trost spenden und den Blick über das Leid am Kreuz auf die Erlösungstat richten, dann ist die Vision eine Botschaft an den Menschen – möglicherweise nicht nur an diese Nonne in der Kirche, sondern an jeden, der die Botschaft hören will.

Hat nun die Nonne Christus geschaut? Oder deutlicher gefragt: Hat sie Ihn so gesehen, wie Er am Kreuz aussah? Sicher nicht, denn alle Visionen sind mehr oder weniger persönlich gefärbt. Und trotzdem nicht rein subjektiv. Schon Dionysios Areopagita, der Begründer der christlichen Engellehre, hat gesagt, dass wir zwar Bilder von Engeln an die Wände unserer Kirchen malen, dass aber Engel gar nicht so aussehen, wie wir sie malen – denn sie sehen überhaupt nicht aus. Und doch können diese Bilder (oder sagen wir lieber: die guten Bilder) uns dem Verständnis der Engel näher bringen. Falsch ist nicht das persönlich gefärbte visionäre Bild, sondern die Meinung, die geistige Welt könne in Bildern wahrgenommen werden. Wir nehmen sie bildhaft wahr, nicht weil sie bildhaft ist, sondern weil wir (noch) nicht in der Lage sind, den geistigen Wesen unverhüllt zu begegnen. Die visionären Bilder sind dem gewöhnlichen Wachbewusstsein noch nahe, wie auch die Traumbilder es sind. Wenn wir tiefer in den Schlaf eintauchen, verlieren wir das Bewusstsein, und das wäre auch bei der Vision der Fall, wenn wir noch intensiver in sie eintauchen würden. Wenn der Engel uns mit den Worten «fürchte dich nicht» anspricht, so will er uns im visionären Bild-Erleben halten, damit er seine Botschaft übermitteln kann. Würden wir uns ganz selbstvergessen an den Engel hingeben, so würden wir heutigen und wohl auch die Menschen in der uns überschaubaren Geschichte die Kraft des Engels nicht ertragen, wir würden ohnmächtig. Oder, wie Visionsberichte es wiederholt formulieren, «wie tot zu Boden fallen».

Visionen vertragen oft nicht, dass wir den prüfenden Verstand auf sie richten. Das wird deutlich an den beiden Verkündigungsgeschichten im Lukas-Evangelium. Als der Engel zu Maria davon spricht, dass sie ein

Kind gebären wird, das man als Sohn Gottes bezeichnen wird, fragt sie zunächst zweifelnd, wie das möglich sei, da sie doch nicht mit einem Mann verbunden ist. Der Engel geht auf Marias Frage ein und spricht von der Kraft des Heiligen Geistes, die bei dieser Empfängnis wirke, und er spricht von dem Wunder, dass ihre Freundin Elisabeth in ihrem hohen Alter schwanger sei. Daraufhin erst nimmt Maria die Botschaft Gabriels auf, sie nennt sich eine Dienerin Gottes und bittet, dass sich Sein Wort an ihr erfülle (Luk. 1, 26–38). – Auch zu Zacharias kommt Gabriel, um ihm die nahende Geburt seines Sohnes, Johannes' des Täufers, zu verkünden. Und auch Zacharias stellt eine zweifelnde Frage: Wie das möglich sei, da er selbst und seine Frau Elisabeth zu alt seien, um noch auf die Geburt eines Kindes hoffen zu können. Auf diese Frage geht der Engel nicht ein, sondern er sagt, dass Zacharias verstummen werde bis zur Geburt des Kindes, da er den Worten nicht Glauben geschenkt habe. Und als Zacharias aus dem Tempel hinaustrat und nicht mehr sprechen konnte, verstanden die Menschen, dass er ein tief greifendes geistiges Erlebnis gehabt hatte (Luk. 1, 5–25).

Zunächst scheinen die beiden Verkündigungsgeschichten recht ähnlich zu verlaufen: Maria und Zacharias sind im Hause oder im Tempel, als unerwartet der Engel erscheint. Beide sind erschrocken über den Anblick, und der Engel spricht sein «Fürchte dich nicht.» Und dann überbringt er seine Botschaft – ohne vorbereitende Worte, obwohl es sich um einen unerwarteten und kaum fassbaren Inhalt handelt. Beide stellen ihre zweifelnden Fragen. Aber der Engel antwortet ganz unterschiedlich. Gegenüber Zacharias nennt er seinen Namen und begründet, weshalb der Priester des Tempels für neun Monate verstummen wird. Die Maßnahme des Engels als Strafe zu verstehen ist ja wohl nicht angebracht. Strafe wofür? Dafür, dass der fromme Mann nicht versteht, wie er und seine Frau noch ein Kind erwarten dürfen? Dafür, dass er *fragt*, wie er das verstehen könne? Auch die Juden, die vor dem Tempel auf ihren Priester warten, haben in ihm offenbar nicht den Bestraften gesehen, sondern den durch ein geistiges Erlebnis Gezeichneten. Und das war nicht eine Schande, sondern eher eine Auszeichnung.

Weshalb aber ist Zacharias «gezeichnet», nicht aber Maria, deren

Engel-Begegnung sicher ebenso überraschend und erschütternd war? Die ebenso eine zweifelnde Frage gestellt hat? Offenbar hatte ihre Frage eine andere Qualität. Zacharias denkt an das Naturgesetz, dass die Zeugungsfähigkeit zu Ende ist, und er kann sein naturgesetzliches Denken nicht in Einklang bringen mit der himmlischen Offenbarung. Der Zwiespalt zwischen dem Erdenmenschen und dem frommen Priester, dessen reiner Lebenswandel zu Beginn des Berichtes ausdrücklich betont wird, braucht eine Überbrückung. Und deshalb prägt sich dem Leib die Spur des geistigen Erlebens ein, die «höhere Wirklichkeit» wird in der Sinneswelt sichtbar.

Auf Marias Frage antwortet der Engel, und Maria kann so die himmlische Offenbarung mit ihrem Erdenleben in Einklang bringen, ihre Demut gegenüber dem göttlichen Willen baut die Brücke zwischen dem Erdenmenschen Maria und der frommen Jungfrau. Zacharias hatte gar nicht die Möglichkeit, erklärende Engel-Worte zu hören und sich demütig dem göttlichen Willen zu öffnen, denn er war bereits verstummt.

Nicht nur wenn unser Erdenmensch und unser Himmelsmensch in Zwiespalt geraten, kann die Vision uns «zeichnen», sondern auch wenn das visionäre Erleben fortdauert in einer Zeit, in der es historisch nicht mehr berechtigt ist. Davon berichtet eine Legende um den deutschen König Heinrich II., der im Jahre 1022 das Michael-Heiligtum auf dem Monte Gargano besucht hat.[2] Am Abend wurde, wie immer, die Kirche von den Pilgern geräumt, da während der Nacht die Stätte den Engeln gehörte. Der König jedoch bat, während der Nacht in der Kirche bleiben zu dürfen, und er schaute, wie die Engel die Messe feierten. Schließlich reichte einer der Engel dem anderen den Evangelientext zum Kuss und gebot, ihn auch dem König zu reichen. Der König zitterte am ganzen Leib, und der Engel sprach: «Fürchte dich nicht, du Auserwählter Gottes, erhebe dich rasch und nimm dieses Zeichen des himmlischen Friedens, das dir durch göttliche Fügung zuteil wird, mit Freuden auf.» Und als der König die Kirche verließ, erlahmte seine Hüfte.

Der Kirchenraum sollte während der Nacht verlassen werden, weil der Gottesdienst der Engel damals nicht oder nicht mehr von Menschen geschaut werden sollte. Der Mensch sollte sich den Aufgaben des Tages zuwenden, nicht dem Geheimnis der Nacht. Das sollte den Engeln überlassen bleiben. Dem frommen König wurde jedoch von den Priestern erlaubt zu bleiben – und auch von den Engeln. Er nimmt an einer Handlung teil, die das wache Bewusstsein nicht voll zu fassen vermag. Der Erdenmensch zittert, wenn die Nachtseite seiner Existenz bewusst wird. Und er wird gezeichnet. Doch der Engel nennt die Lähmung ein «Zeichen des himmlischen Friedens», das mit Freude aufzunehmen ist. Wie bei Zacharias eine Lähmung eintritt, weil nicht mehr das Ich die Bewegung führen kann, sondern etwas, was höher steht als das Ich, in den Bewegungsorganismus eingreift.

Entsprechend sind die zahlreichen Berichte zu verstehen, in denen Visionäre in ihren Bewegungen und in ihren Wachstumsprozessen sich aus der Bindung an die Naturgesetze lösen. In dieses Gebiet gehört die Levitation, also die Erscheinung, dass der Körper vom Boden erhoben wird. Theresia von Avila (1515 – 1582) berichtet in ihrer Selbstbiografie: «Gewöhnlich kommt sie [die Levitation] wie ein Schlag, schnell und grausam, bevor man die Gedanken sammeln und sich irgendwie wehren kann.» Manchmal hat sie die Levitation mit großer Anstrengung verhindern können, sie hat gekämpft wie ein Mann, «der mit einem Riesen in einem ungleichen Kampf begriffen ist», und sie ist «nachher müde, erschöpft und schmerzlich ergriffen» gewesen.[3] Dieser Bericht ist besonders wertvoll, weil er nicht nur die Tatsache der Levitation schildert, sondern auch das innere Erleben an ihr. Theresia will die Levitation nicht, sondern sie wird von deren Macht ergriffen. Die kommt unerwartet «wie ein Schlag» in ihr Leben herein, drängt den Willen ihres Ich zurück. Und es ist ihr besonders unangenehm, wenn andere Menschen Zeugen der Levitation werden. Denn Theresia sucht die innige mystische Zuwendung an Christus, nicht eine Sensation.

Noch mehr als die Levitation wurde eine andere Begleiterscheinung des visionären Hellsehens beachtet: die Stigmatisierung, das Erscheinen der Wundmale Christi am Leib des Visionärs. Das bekannteste und vielleicht eindrucksvollste Beispiel ist Franziskus von Assisi (1181 – 1226). Der Heilige vertiefte sich mit so großer Kraft in die Bilder vom Leiden Christi, sein Mitgefühl war so stark, dass die Ereignisse auf Golgatha in die Gegenwart hereinwirkten, in der Franziskus lebte. Das Leiden Christi erfüllte nicht nur die Seele des Visionärs, sondern es «schlug durch» bis in den Leib. Franziskus suchte nicht die Stigmatisierung, sondern die Teilhabe am Leben und Leiden Christi. Und die gelang ihm so weitgehend, dass er von seiner Verbundenheit mit Christus gezeichnet wurde.

An Theresia und Franziskus wie auch an anderen bedeutenden Visionären zeigt sich die Kraft des geistigen Erlebens, das zeitweise die Geltung der Naturgesetze zurückdrängt – so weit, dass das Blut aus den Handwunden nicht der Schwerkraft folgt, sondern so rinnt, wie es das am Kreuz getan hat. Diese Berichte erinnern den gesetzhaft denkenden Menschen daran, dass es eine Wirklichkeit gibt, die mit seiner Art des Denkens nicht zu erfassen ist, eine Wirklichkeit, die dem Schöpferwort, die dem paradiesischen Ursprung der Menschheit näher steht als die gewordene, in Gesetzhaftigkeit erstarrte Welt. Und als solche Erinnerung ist vielleicht auch die bekannteste Stigmatisierung des 20. Jahrhunderts zu verstehen, an Therese Neumann in Konnersreuth.

Aber nehmen wir nicht nur die Tatsache ernst, dass intensive visionäre Erfahrungen mit körperlichen Begleiterscheinungen verbunden sein können, sondern beachten wir auch das Gefühl, das große Visionäre bei deren Auftreten hatten: die Scheu, über solche Erfahrungen zu sprechen oder sie auch nur gegenüber Zeugen zu zeigen. Denn dem Visionär geht es um das intime innere Erleben, nicht um einen Auftritt in der Öffentlichkeit. Die geschilderten körperlichen Veränderungen können aufmerksam machen auf eine Dimension, die dem Verstand verschlossen ist, aber sie können nicht den Charakter der geistigen Welt offenbaren. Denn der ist geistiger und nicht körperlicher Natur. Die körperlichen Vorgänge sind Abdruck des geistigen Geschehens, aber nicht dieses selbst.

Das ist wichtig zu beachten, da heute wieder zunehmend von visionären Erlebnissen berichtet wird, die auch bis in körperliche Erscheinungen durchgreifen. Wenn die heute auftreten, ist das meistens nicht ein Zeichen von Stärke des betroffenen Menschen, sondern von dessen Auslieferung an das visionäre Erleben. Wenn gar die Wirksamkeit einer Meditationsschulung damit «bewiesen» werden soll, dass sie bis zur Levitation führt, dann steht diese Argumentation im Widerspruch zu dem Empfinden religiös gestimmter Visionäre, die über die körperlichen Begleiterscheinungen der Visionen lieber schwiegen als sprachen.

Dem modernen Menschen ist es sicher gemäßer, geistige Erfahrungen in Einklang zu bringen mit seiner irdischen Existenz. Sich nicht überwältigen zu lassen durch visionäre Erfahrungen, sondern die irdische Welt so zu sehen, dass deren geistige Dimension erkennbar wird. Besonnenheit ist gefragt und nicht ein Schwimmen in geistigen Bildern, die den Menschen der irdischen Welt entfremden können.

Das Bild, das wir im Wachbewusstsein von der Welt haben, entsteht aus dem Zusammenfluss der Tätigkeit mehrerer Sinne und des Denkens, wie an der Orchidee im Hotelzimmer gezeigt wurde. Das Bild ist geronnene Bewegung. Das gilt auch für Traumbilder. Wahrträume fassen ins Bild, was die Seele während des Tiefschlafs durchlebt hat, und dadurch wird der Traum erinnerbar. Entsprechend gerinnt im visionären Bild die Regung des Gemüts, die sich in der Hingabe an einen religiösen Inhalt entwickelt hat. Was die Seele im Verlauf einer Zeit vollzogen hat, wird zu einem Tableau, zu der Vision verdichtet. Weil das Bild aus dem Mitvollzug einer Handlung, etwa der Passion Christi, entstanden ist, wirkt es so eindringlich, es behält Handlungscharakter.

Bei gesunden Sinnen und klarer Vorstellungsfähigkeit entspricht das Bild, das wir von der Welt während des Wachbewusstseins haben, den wirklichen Verhältnissen der Gegenstände. Dieses realistische Bild wird im Laufe der ersten Lebensjahre durch immer wiederholte Korrektur der optischen Eindrücke an den Erfahrungen des Tastsinns aufgebaut. Wir haben gelernt, mit den Dingen umzugehen, und dadurch wurden wir Realisten. Die Bilder des Wahrtraums sind mehr persönlich gefärbt, denn der Traum greift, um seine Botschaft zu formulieren, auf vertraute Gedächtnisbilder zurück. Wenn ein souveräner Überblick über das Leben symbolisiert werden soll, wird der Alpenbewohner im Traum auf einen Berggipfel steigen, der Friese auf einen Leuchtturm. Traumdeutung verlangt deshalb, vor allem den Verlauf der Traumhandlung zu beachten und erst aus ihm die einzelnen Bilder zu verstehen. Schwieriger ist es, den überpersönlichen Gehalt einer Vision zu erfassen. Denn ich träume von mir, aber ich schaue in der Vision nicht mich, sondern einen Vorgang der geistigen Welt. Und weil ich ihn mitvollziehe, kommt notwendigerweise ein persönliches Element in den Vollzug hinein, das dann auch im visionären Bild erhalten bleibt.

Verfälscht nun dieses persönliche Element die Aussage der Vision? Ja, in dem Maße, in dem die Egozentrik des Wachbewusstseins in die Vision hineinwirkt. Denn die geistige Welt hat nicht eine egozentrische Struktur wie das Wachbewusstsein des Tages, das sich von den Gegenständen absetzt und die Welt zu einem Draußen macht. Das Leben der geistigen Welt beruht auf Beziehungen zwischen geistigen Wesen, nicht auf Distanz. Deshalb hat die religiöse Schulung, die zu Visionen geführt hat, immer darauf geachtet, dass die Selbstbezogenheit des Menschen überwunden wurde, dass der Mensch Hingabe, Demut und Dankbarkeit übte, also Fähigkeiten, die ihn über seine Egoität hinausführten. Wie der praktische Umgang mit den Dingen den Menschen zum Realisten in der irdischen Welt macht, so die Bescheidenheit, die Ehrfurcht und Geduld zum Realisten in der geistigen Welt. Wer nicht demütig ist, so wurde immer wieder betont, könne zwar Visionen haben, die aber nicht von Engeln, sondern von Dämonen vermittelt werden. Dass Demut nicht mit Unterwerfung unter die Gebote der Kirche verwechselt werden darf, hätte allerdings manchmal klarer gesehen werden können, denn Unterwerfung überwindet nicht im gleichen Sinne die Egozentrik wie Demut.

Visionen sind zum Bild verdichtete Gefühlsregungen. Denn der Visionär lebt in Gefühl und Wille noch intensiv die Weltprozesse mit, und die Vorstellungen spiegeln, was in den Gefühlsregungen geschehen ist. Die Vorstellungen sind offen für den weniger bewussten Teil des Seelenlebens. Das wurde anders, als der Mensch in exakter Beobachtung und folgerichtigem Denken sich der Sinneswelt zuwandte. Da wurden die Vorstellungen durch den Inhalt der Sinneswahrnehmung bestimmt.

Oft wird gesagt: Wenn die exakte Sinnesbeobachtung beginnt, erlischt die alte Hellsichtigkeit. Das ist nicht genau formuliert. Denn die Fähigkeit erlischt nicht, sondern sie wandelt sich. Wie der Mensch sich früher an das visionäre Bild hingegeben hat, so jetzt an die exakte Beobachtung. Die Kraft, in die Welt einzutauchen, ist auf ein anderes Gebiet gewendet worden. Während in der alten Hellsichtigkeit der Wille und das Gefühl führend waren und die Inhalte des Vorstellens bestimmten, geht nun das Denken in Führung. Es bestimmt den Bewusstseinsinhalt, und der Wille folgt den Vorgaben des Denkens. Was der Mensch im Denken gefunden hat, wird beständig an neuen Erfahrungen korrigiert, und so entsteht ein realistisches Bild der Welt. Einer Welt, in deren Mittelpunkt der Mensch steht, einer Welt, die er dank seines gesetzhaften Denkens beherrscht.

So hat der Mensch der Neuzeit ein gespaltenes Verhältnis zur Welt entwickelt. Im «objektiven», streng gesetzhaften Denken wurden die Natur und der Mitmensch zu dem anderen da draußen, sie wurden fremd. Wir sind heute gut informiert über viele Fakten des Lebens auch in fernen Erdteilen, aber der eigene Ehepartner, das eigene Kind wurden zu «unbekannten Wesen», wie populäre Buchtitel es formuliert haben. Schließlich wurde der Mensch sich selbst fremd. Andererseits rückte in der sorgfältigen Beobachtung die wahrgenommene Welt näher. Sie nahm uns in sich auf, in ihr sind wir zu Hause.

Imaginationen sind Berührungserlebnisse mit der geistigen Welt

Die Gespaltenheit darf nicht das letzte Wort in der Entwicklung des neuzeitlichen Menschen sein, und sie ist es nicht. Goethe hat in seiner Naturbetrachtung eine neue Beziehung zwischen Denken und Willen veranlagt. Er geht von der sorgfältigen Beobachtung der Phänomene aus, versteht sie jedoch nicht als das Material, das von dem ordnenden Denken aufgegriffen und zu einem System der Naturerkenntnis zusammengeschlossen wird. Sondern Goethe *vertieft* sich in das Phänomen, er wartet, bis dieses sich selbst ausspricht. Der Wille strömt in das Bild ein, das der Betrachter vor Augen hat. Der Inhalt der Erfahrung wird also durch die Vorstellung, die sich ganz dem Wahrnehmungsinhalt hingibt, bestimmt. Der Willensstrom der Aufmerksamkeit fügt sich in die Form des Beobachteten ein, aber er entwickelt in seiner Hingabe eine individuelle Beziehung zum Phänomen. Die Pflanze, die er beobachtet, ist für Goethe nicht etwas, sondern jemand. So wird in Goethes Art der Naturbetrachtung der Schritt von der Gesetzeserkenntnis zur Wesenserkenntnis vollzogen.

Goethe entdeckt während seiner Reise nach Italien die in allen Pflanzen wirkende Urpflanze, «das wunderlichste Geschöpf von der Welt, um welches mich die Natur selbst beneiden soll. Mit diesem Modell und dem Schlüssel dazu kann man alsdann noch Pflanzen ins Unendliche erfinden, die konsequent sein müssen, das heißt: die, wenn sie auch nicht existieren, doch existieren könnten...»[4]

Die Urpflanze ist nicht ein Ordnungsbegriff, der alle Pflanzen umfasst, sie ist auch nicht der Inhalt einer visionären Schau. Sondern Goethe belauscht *die Pflanze,* die in allen einzelnen Pflanzen so oder so gestaltend wirkt. Und da er das Geheimnis des Gestaltens erlauscht hat, kann er das Gestalten fortsetzen, er kann «Pflanzen ins Unendliche erfinden». Der Wille des betrachtenden Goethe schlüpft also in den Werdeprozess der Natur hinein, er vollzieht ihn mit und kann ihn fortsetzen. Indem das Bild neuer Pflanzen entsteht, reproduziert das Denken nicht nur das, was es in der Welt bereits gibt, sondern es nimmt am Weltprozess selbst teil.

In der Erfahrung der Urpflanze verdichtet sich nicht ein Gefühlserlebnis, das Goethe an der Betrachtung des Wachstums hatte, zum Bild, sondern es ist der denkende Mitvollzug des Wachstums, der in das Bild gerinnt. Die Urpflanze ist nicht eine Vision, sondern eine Imagination.

Eine Imagination *überkommt* den Menschen nicht, wie es bei der Vision oft der Fall ist. Denn der Gedankengang, der sich zur Imagination verdichtet, vollzieht sich im hellwachen Bewusstsein und wird vom Ich geführt. Oft tritt die Imagination während der Meditation auf, indem allmählich der Gedankengang von einer Stimmung wie umschlossen wird. In dieser Umhüllung regt sich ein Gespür für die geistige Wirklichkeit, das sich vom Meditanten aus dem Inhalt entgegenstreckt. Wenn dieses Gespür konkreter wird, kommt es oft zunächst zu einem inneren Licht-Erlebnis. Das Licht scheint aus einer unergründlichen Tiefe allmählich aufzuleuchten, es geht nicht von einem Punkt aus (wie das irdische Licht von einer Lichtquelle), es breitet sich nicht im Raum aus, sondern kommt dem Meditanten entgegen. Aber es ist verhalten. Deshalb kann es sich zum imaginativen Bild verdichten.

Imaginationen können auch außerhalb der Meditation auftreten, in einer gelösten Stimmung, die transparent ist für die geistige Erfahrung. Vor allem wenn die Anstrengung der Meditation stark erlebt wurde, kann es vorkommen, dass der Mensch nicht still genug wird für die Entfaltung des imaginativen Bildes und dass dieses sich dann «von selbst» in der gelösten Stimmung einstellt.

Das imaginative Bild ist nicht, wie das Bild von der Welt im Wachbewusstsein, gegenständlich da draußen, sondern der imaginierende Mensch lebt in der Dynamik der Bildentstehung. Imaginative Bilder sind in dauernder Wandlung begriffen, was bei Visionen oft nicht der Fall ist. Deshalb erlebte Goethe die Dynamik der Urpflanzen-Imagination so stark, dass er sie in sich fortsetzen, dass er Pflanzen «ins Unendliche erfinden» konnte.

Es ist eine Eigenart des menschlichen Bewusstseins: Sobald die raumzeitliche Struktur des Tages aufgelöst wird, breiten die Inhalte des Erlebens sich *um* den Menschen herum aus, das heißt, sie werden zu Bildern. Zu Bildern, die nicht zusammengefügt sind aus den Eindrücken verschiedener Sinnesgebiete, wie im Wachbewusstsein, sondern die aus der Verdichtung von Bewegungen, von Handlungen entstehen.

Das gilt für Traumbilder ebenso wie für Visionen und Imaginationen. Während der Traum verbildlicht, was vorher, am Tage oder im Tiefschlaf, geschehen ist, während er also der Nachklang eines früheren Geschehens ist, verbildlichen Vision und Imagination die gegenwärtige Berührung mit der geistigen Welt. Sie sind die Spur einer solchen Berührung, aber erst die Spur, die Spur in mir.

Visionen und Imaginationen sind deshalb mehr oder weniger persönlich gefärbt. Deshalb achtete man in der Meditationsschulung seit alters darauf, dass vor dem Auftreten von Visionen das Gefühlsleben von egozentrischen Regungen weitgehend befreit wurde. In der Mystik nannte man den ersten Teil des Meditationsweges purgatio, Reinigung oder

Läuterung. Und erst wenn diese weit vorgeschritten war, folgte die Erleuchtung, also die Wahrnehmung visionärer Bilder.

Johannes Chrysostomos (etwa 345 – 407), einer der bedeutendsten Lehrer der Ostkirche, berichtet von einem «angesehenen Mann, der Erscheinungen zu sehen gewohnt war», dass er eine Schar von Engeln neben dem Altar geschaut habe, die am Gottesdienst teilhatten. Und «daran sollte man schon glauben, wenn man bedenkt, was in diesem Augenblick geschieht».[5] Die Wahrnehmung von Engeln war zur Zeit des Johannes Chrysostomos im Mittelmeerraum schon recht selten, aber der Bericht wirkt auf den Kirchenlehrer glaubwürdig, weil er von einem «angesehenen Mann» stammt, von jemandem, an dessen moralischer Haltung kein Zweifel besteht. Und Johannes Chrysostomos fügt ein weiteres Argument hinzu: Der Inhalt der Schau entspricht einer vernünftigen Überlegung. Engel erscheinen, wenn Christus am Altar wirkt.

Die Tatsache, dass ein Mensch etwas geschaut hat, ist, wenn wir im Sinne des Johannes Chrysostomos weiter denken, noch nicht ein ausreichender Grund, den Inhalt der Schau anzuerkennen. Sondern es ist darauf zu achten, wer geschaut hat. Ob ich ein «angesehener Mann» bin, kann nicht ich, das können nur andere beurteilen. Weiterhin aber muss der Inhalt der Schau dem denkenden Menschen einleuchten. Das heißt, der schauende Mensch darf nie mit einem Autoritätsanspruch auftreten, er kann sich nicht darauf berufen, dass es sich in der geistigen Welt so oder so verhält, da er es ja so geschaut hat. Was geschaut wird, muss einem sorgfältigen, vorurteilsfreien und verantwortlichen Denken einleuchten. Der Visionär, der erwartet, dass andere an das glauben, was er geschaut hat, beruft sich auf einen Inhalt, der ihm, aber nicht den anderen zugänglich ist. Er erhebt einen Machtanspruch. Und der verfälscht, weil er egozentrisch ist, den Inhalt der Schau, denn die geistige Welt ist nicht egozentrisch geordnet. Wer verantwortlich mit seinen Visionen und Imaginationen umgeht, wird eher eine Scheu haben, über sie zu sprechen. Er wird warten, bis das Denken ja zu ihnen gesagt hat. Das Denken steht aber auch denen zur Verfügung, die nicht geschaut haben. Sie müssen nicht hinnehmen, was gesagt wird, sondern werden in die Lage versetzt, selbst zu urteilen.

Auf die Zustimmung des Denkens zu warten ist noch aus einem anderen Grunde wichtig. Es wurde dargestellt, dass die Urteilsfähigkeit des Menschen verunsichert wird, wenn er sich aus dem egozentrischen Verhältnis zu den Dingen der Welt löst, dass Visionen und Imaginationen daher persönlich gefärbt sind. Wenn der schauende Mensch auf die Sprache des Denkens lauscht, bildet sich eine Urteilsfähigkeit gegenüber geistigen Erfahrungen. Wer einen wirklichkeitsgemäßen Begriff vom Abendmahl am Altar und vom Wesen der Engel hat, wird, wie Johannes Chrysostomos, wissen, dass Engel zum Gottesdienst kommen – auch wenn niemand das geschaut hätte. Nur wer durch sein wirklichkeitsgemäßes Denken etwas weiß, kann sprechen, ob er nun geschaut hat oder nicht.

Anthroposophie wird oft noch missverstanden als die Darstellung einer Schau der geistigen Welt. Rudolf Steiner jedoch hat nicht seine Imaginationen dargestellt, sondern über sie hat er geschwiegen. Anthroposophische Darstellungen sind das Ergebnis einer Forschung und nicht der Bericht über eine Schau. Über die Dreigliederung des menschlichen Organismus hat Rudolf Steiner gesprochen, nachdem er mehr als dreißig Jahre seine Imaginationen verarbeitet hatte. Heute werden in der Literatur manchmal imaginative (oder visionäre) Erlebnisse früherer Erdenleben als Karmaforschung bezeichnet. Damit wird das Wesen der Imagination missverstanden. Sie ist ein Berührungserlebnis mit der geistigen Welt, aber nicht Geistesforschung. Wie der Biologe nicht Bilder von Bäumen beschreibt, sondern untersucht, wie Bäume unter bestimmten landschaftlichen Bedingungen wachsen, wie also biologische Gesetze das Erscheinungsbild bestimmen, so untersucht der Karmaforscher, wie und weshalb die Persönlichkeit sich von Erdenleben zu Erdenleben gewandelt hat. Forschung *beschreibt* nicht nur Tatbestände, sondern macht sie verständlich. Und die Wandlung des Menschen von Erdenleben zu Erdenleben wird nur verständlich, wenn das Wirken von Engeln an der Gestaltung des Schicksals zwischen Tod und neuer Geburt verfolgt werden kann. Das ist der Imagination nicht zugänglich, sondern erst einer höheren Stufe meditativer Erkenntnis, der Inspiration. Karmaforschung und Geistesforschung überhaupt berichtet nicht von imaginativen, sondern von inspirativen Erfahrungen.

Imaginationen aber können bereits wichtige Hinweise auf dem Gebiet der Schicksalserfahrung geben, wenn sie mit wachem und gesundem Urteil begleitet werden.

Anmerkungen

1. Über das Verständnis von Träumen siehe Johannes W. Schneider: *Träume. Ihre Entstehung und ihre Bedeutung,* Stuttgart 1999.
2. Jacob Gretser SJ: *Divi Bambergienses,* Ingolstadt 1611, S. 91 f., *Jacobi Gretseri opera omnia,* Band 10, Ratisbonae 1737, S. 520 f., J.P. Ludewig, *Scriptores rerum episcopatus Bambergensis,* Frankoforti et Lipsiae 1718, S. 299 f., Ferd. Ughelli: *Italia sacra,* Band 7, Venezia 1721, S. 820 f.
3. Zitiert nach Herbert Thurston SJ: *Die körperlichen Begleiterscheinungen der Mystik,* Lucern 1956, S. 25 f. – Das Buch bringt eine sorgfältig prüfende und umfassende Darstellung der Phänomene.
4. Johann Wolfgang Goethe: *Italienische Reise,* an Herder am 17.5.1787. Münchner Ausgabe Band 15, S. 394.
5. Johannes Chrysostomos: *De sacerdotio,* lib 6, cap 4. In Mignes Patrologia Graeca Band 48, S. 681.

Marko Pogačnik

Die Imagination und der schöpferische Prozess

Was das Thema der Imagination und ihres Bezuges zum schöpferischen Prozess betrifft, wäre mein Ausgangspunkt folgender: Die Welt, die wir um uns herum sehen, ist keine Wirklichkeit an sich, sondern eine kollektive Imagination. Das heißt, dass der Lebensraum, in dem wir uns bewegen, weitgehend von uns selbst erschaffen wird, dadurch dass wir als Menschen uns permanent unserer Imaginationsfähigkeit bedienen und fortwährend bestimmte Muster oder Vorbilder imaginieren, ohne etwas davon zu wissen. Aufgrund dieser unbewussten, jedoch ständig aufrechterhaltenen Imagination bekommt die Welt die Form, die jeder von uns jeden Morgen wiedererlebt, wenn er aufwacht. Ich möchte diese Prämisse sofort am Anfang erwähnen, damit klar wird, dass ich mit dem Begriff der Imagination nicht nur das künstlerische Schaffen verbinde, sondern auch die Umstände, in denen wir als Einzelpersonen oder als Mitglieder unserer Kultur leben. Möchten Sie wissen, wie ich zu dieser Überzeugung gekommen bin?

Die Erinnerung führt mich zurück in den kalten Winter 1964, als wir, eine Gruppe von drei Künstlern, uns auf den Weg nach Istrien begeben hatten, um ein Gesamtkunstwerk zu schaffen. Als Ziel hatten wir ein Dorf an der westlichen Küste von Istrien gewählt, das Dajla heißt. Es war genau dieser Name des Dorfes, der unsere Aufmerksamkeit angezogen und unsere Gemüter fasziniert hatte. «Dajla» hört sich so wie «dalja» an, was in slowenischer Sprache die «Weite» bedeutet. Niemand von uns war je zuvor dort gewesen; unser Dichter Franci war lediglich einmal an der Ortstafel von Dajla vorbeigefahren, als er mit seiner Familie von den Ferien zurückfuhr, und erzählte später begeistert von dem inspirierenden Ortsnamen.

Unser Plan war, einfach frühmorgens hinzufahren und an diesem Tag Werke zu schaffen, die dann gemeinsam präsentiert werden sollten und dabei auf die intuitive Koordination unserer drei schöpferischen Vorgänge zu vertrauen. Naško Križnar hat den Tag genutzt, um einen Film zu drehen, Franci Zagoričnik hat Poesie geschrieben, und ich habe eine lange Reihe von Zeichnungen zum Raum von Dajla angefertigt. Mit der Prešern Galerie in Kranj hatten wir zuvor ausgemacht, dass wir die drei sich ergänzenden Werke dort gemeinsam dem Publikum präsentieren würden, um den Gesamtkunstwerk-Effekt zur Geltung zu bringen.

Dajla selbst war eine Überraschung. Wir fanden dort einen barocken Klosterkomplex vor, der als ein Asyl für alte, geistesgestörte Menschen diente, eine typisch sozialistische Erfindung, reich in ihrer symbolischen Aussage. Was noch aus der Ära des Klosters übrig geblieben war, war eine kulturell gegliederte Landschaft, bei der sich die Natur schon so weit verselbstständigt hatte, dass menschliche Eingriffe die Seele des Ortes nicht mehr stören konnten.

Der für mein weiteres Leben und Schaffen entscheidende Punkt trat ein, nachdem ich mich mit dem Rücken auf den Boden gelegt hatte, um den Ort als ein Ganzes zu erspüren. Als ich die Augen wieder öffnete, nahm ich zu meiner Verwunderung die Landschaft um mich herum ganz anders wahr, als ich es bisher gewohnt war. Ich sah sie als einen runden Streifen, der sich am Rand meines Blickfeldes um das riesige Himmelsgewölbe in seiner Mitte herum wandte. Erstmals nahm ich wahr, dass der Kosmos die Mitte des Raumes inne hat und dass unser Lebensraum und der Landschaftsraum der Erde nur einen Streifen darstellt, durch den der Himmel an seinem Rand lediglich in der Materie verankert wird.

Eine Intuition durchflutete mich, dass der Erdraum um uns herum deswegen so aussieht wie er aussieht, weil wir ihn immer durch die Brille gewisser philosophisch-psychologischer Muster wahrnehmen, die uns nicht erlauben, unseren Ausgangspunkt des Betrachtens zu ändern. So kommt es zum Beispiel dazu, dass wir meinen, wir seien voll in die Materie versunken und die kosmische Weite sei ein Randphänomen esoterischen Charakters, da sie bei der herkömmlicher Betrachtungsweise an die obere Kante des Wahrnehmungsbildes gerückt erscheint. Infolgedessen wird der Himmel nicht als das erspürt, was er eigentlich ist, als *die Mitte des Seins,* sondern als ein Phänomen unter unzähligen anderen Erscheinungen, die uns umgeben.

Nicht minder war ich überrascht, als ich danach aufstand. Erschüttert durch die erwähnte Erfahrung blickte ich erneut um mich und sah, dass die Landschaft eigentlich eine Platte ist, die ringsherum mit der «Leere» des Himmels umgeben ist. *Ich konnte es kaum glauben*: Was die Alten erzählt hatten von der Erde als einer flachen Landplatte, die von einem himmlischen Horizont umgeben ist, das war doch wahr!

In meinem Bewusstsein tauchte das bekannte mittelalterliche Bild von einem Pilger auf, der am Rand der Erdplatte angekommen ist und seinen Kopf durch das Himmelsgewölbe durchsteckte, um die dahinter verborgene geistige Welt zu schauen. Der Geist der Aufklärung, der sich auf die Vorstellungskraft des Verstandes stützte, hat das Bild hochmütig verspottet, als Aberglauben abgetan und durch das Bild der Erdkugel ersetzt. Seitdem glauben wir an die Imagination der Erde als einer materiellen Kugel, die sich im Leerraum des Universums um die eigene Achse dreht und dabei um die Sonne kreist (Abb.1).

Was ich damals intuitiv begriff, kann ich heutzutage durch die geomantische Sprache erklären. Ich denke an den Begriff des Holons, durch den eine geomantische Einheit bezeichnet wird, die in sich abgerundet ist. Ein Ort zum Beispiel stellt ein Holon dar, oder auch eine Landschaft. Ein Kontinent gleicht einem Holon, auch die Erde als Ganzes und auch der menschliche Körper als die kleinste geomantische Einheit.

Jedes Holon, sei es noch so groß oder klein, ist in der Beziehung zum Gesamtraum relativ autonom. Jedes Holon besitzt demnach seine eigenständige Beziehung zum Urraum der Ewigkeit, seine eigenen vital-energetischen Zentren, seine eigene Intelligenz, Identität usw. Es handelt sich um das holografische Prinzip, demzufolge ein Bruchstück einer Ganzheit innerhalb seiner selbst wiederum die Ganzheit enthält.

Das bedeutet, dass das alte geozentrische Weltbild keiner unterent-

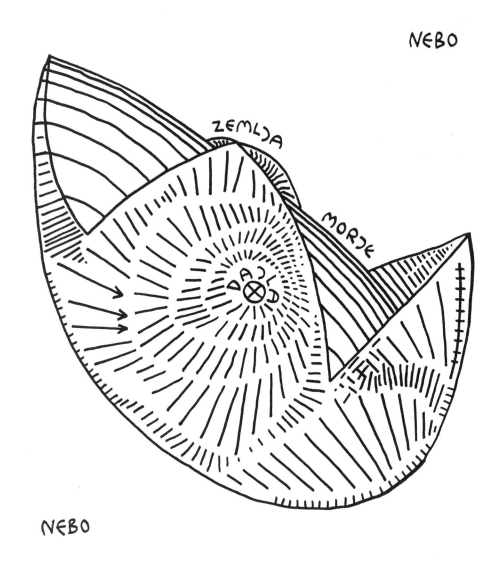

Abb. 1: Marko Pogačnik, Zeichnung aus dem Zyklus DAJLA, 1964, zum Thema der Erde als einer Landschaftsplatte, die vom Himmel umgeben ist. «Nebo» in slowenischer Sprache heißt «Himmel».

wickelten Stufe des menschlichen Intellektes zuzuschreiben ist – wie gewöhnlich behauptet wird –, sondern einer anderen Art der Imagination darüber, was das Wesentliche der Erde ist. Dem Verstand, der sich in der Epoche der Renaissance der Weltbild-Erschaffungswerkzeuge bemächtigt hat, schien wichtig zu sein, dass die Erde in ein logisch nachvollziehbares System verwandelt wird. Durch genaue Beobachtung der materiellen Zusammenhänge im Raum und rechnerische Nacharbeitung ist ein Weltbild entstanden, an das wir bis heute glauben, obwohl es fast unmöglich ist, es gefühlsmäßig nachzuvollziehen.

Ich meine dabei nicht, dass die heliozentrische Weltvorstellung falsch wäre. Ich behaupte lediglich, dass sie keine Wahrheit an sich darstellt, sondern eine rationalistisch begründete Imagination, durch die ein kleines Detail der Wirklichkeit zu einem die ganze zeitgenössische Zivilisation beherrschenden Weltbild aufgeblasen wurde. Mit dem «kleinen Detail der Wirklichkeit» meine ich die mit den physischen Sinnen nachvollziehbare Schicht der Realität. Wie haben es die Männer – soweit ich weiß, befand sich unter den Fahnenträgern dieses einzigartigen «Kreuzzuges» keine einzige Frau – des 18. und 19. Jahrhunderts zustande gebracht, dass ihre offensichtlich einseitigen Vorstellungen weltweit akzeptiert worden sind? Als Erstes wurde das menschliche Gemüt durch den fast drei Jahrhunderte dauernden Wahnsinn der Hexenverbrennungsprozesse verstört und darauf geeicht, nicht jenseits der verstandesmäßig festgelegten Grenzen zu denken und zu imaginieren. Zweitens wurden die Vorstellungen der nachfolgenden Generationen reichlich mit naturwissenschaftlichen Bildern vom Raum und von den Lebensvorgängen genährt, die alle einen eindeutig logischen Charakter zeigen. Diese zwei Hauptkomponenten sind zur Grundlage einer Raum- und Weltimagination geworden, die das moderne Leben bis heute geprägt hat.

Um es deutlich zum Ausdruck zu bringen, möchte ich nochmals wiederholen: Durch die Inspiration von Dajla, die ich oben beschrieben habe, wurde mir erstmals bewusst, dass das naturwissenschaftlich fundierte Weltbild, das uns durch das herkömmliche Schulsystem eingehämmert wurde – ich hatte damals gerade das Gymnasium abgeschlossen –, nur *eine* Möglichkeit darstellt, wie man den Erdraum imaginieren kann. Später habe ich durch mein Interesse an der Ökologie sogar erfahren, wie verhängnisvoll diese Möglichkeit eigentlich ist. Ich denke dabei an die Tatsache, dass die heliozentrische Imagination den Erdraum als eine Objektivität ansieht, die nach dem Prinzip der subjektiv-objektiven Teilung der Wirklichkeit außerhalb des persönlichen Holons existiert. Die durch eine solche Imagination verursachte Trennung mündet letztendlich in die katastrophale Entfremdung zwischen Mensch und Erdkosmos ein, die wir heutzutage als die lebensbedrohliche ökologische Krise erfahren.

Demgegenüber habe ich die so genannte geozentrische Erdimagination durch die Inspiration von Dajla als geistig und emotional zutiefst befriedigend empfunden. Ich fühlte mich in dem Moment mit Himmel und Erde innigst verbunden und beglückt über mein Erdendasein. Mich rückwärts erinnernd, bin ich überzeugt, dass mich dieses Gefühl durch die nächsten Jahrzehnte meines Lebens geführt hat, wo ich dann versucht habe, eine neue Raumvorstellung zu entwickeln. Heutzutage wird diese neue Raumvorstellung mit der Geomantie gleichgesetzt, womit ich mich zufrieden geben kann, unter der Bedingung, dass man die Geomantie als ein Wissen über die mehrdimensionale Ganzheit des Erdraumes versteht.

Der Weg war nicht einfach, und es sind mehr als zwanzig Jahre nach dem Erlebnis von Dajla verflossen, bis ich in meiner persönlichen und künstlerischen Entwicklung so weit war, dass ich eine Reihe von geomantischen Raumimaginationen entwickeln konnte, die die Grundlage meiner praktischen Arbeit im Landschafts- und Stadtraum darstellen.

Eine davon ist die binäre Raumvorstellung, die sich auf den Austauschrhythmus von Tag und Nacht stützt. Dabei sollte man sich vorstellen, dass durch dasjenige, was man vor sich sieht, nur die eine Hälfte der Wirklichkeit verkörpert ist. Es handelt sich um den sichtbaren Pol der Realität, den man durch die visuelle Beobachtung erfahren kann. Das wäre der Pol, der dem Tag zugeordnet ist. Dazu gibt es den für die physischen Augen unsichtbaren Pol der Wirklichkeit, der sich, symbolisch ausgedrückt, hinter dem eigenen Rücken befindet. Dieser Pol steht für die Nacht. Die neue Raumvorstellung entsteht dadurch, dass man versucht, beide Pole der Wirklichkeit, sowohl den sichtbaren wie den unsichtbaren, gleichzeitig als voll präsent wahrzunehmen und mit ihnen zu leben.

Nun möchte ich daran erinnern, dass die Imagination durch meine Erfahrung als ein schöpferisches Werkzeug wirkt und nicht nur eine leblose mentale Vorstellung darstellt. Das heißt, dass die binäre Raumimagination, die sich auf den Austauschrhythmus von Tag und Nacht als Inspiration stützt, auch als eine praktische Übung angewandt werden kann. Durch sie kann man den Raum als eine Komposition, zusammengesetzt aus den sichtbaren und unsichtbaren Schichten der Wirklichkeit, erleben. Ein Beispiel:

Du stehst mit offenen Augen dem Raum gegenüber, den du betrachten möchtest. Dein Herz ist für das Unbekannte offen. Auch die Augen sind offen, dein Blick ist jedoch nicht fokussiert, sondern frei und gelassen. Nun gebrauche die Kraft deiner Imagination und stelle dir vor, dass du hinter deinem Rücken stehst und die Wirklichkeit vor dir durch deinen Rücken betrachtest. Wenn nötig, wird dich deine Intuition zu dem Punkt an deinem Rücken führen, durch den man die verborgenen Ebenen des Phänomens, vor dem du stehst, am besten wahrnehmen kann. Sei achtsam gegenüber allen möglichen Erscheinungsformen der Wirklichkeit und erlaube, dass sie ihren entsprechenden Ausdruck in deinem Bewusstsein finden.

Wenn ich davon ausgehe, dass der/die Leser/in die Übung den Anweisungen gemäß ausgeführt hat und ihm/ihr dabei keine bemerkenswerten Einsichten zuteil geworden sind, dann behaupte ich, dass es an der Übermacht der Vernunftskontrolle liegt.

Mit Vernunftskontrolle meine ich ein automatisches, von unseren Wünschen unabhängiges mentales Muster, das wir uns als Mitglieder einer vernunftorientierten Kultur angeeignet haben. Dieses Muster entscheidet – gewöhnlich von der unbewussten Ebene her –, was gesehen beziehungsweise erlebt werden darf und was aus unserer Erinnerung ausgewischt wird, bevor es unser Bewusstsein erreicht. Bildlich gesprochen handelt es sich um die Kraft, die jederzeit versucht, die kreativen

Bemühungen der imaginierenden Person auszuschalten und den Menschen im Rahmen der kulturell festgelegten Grenzen der Vernunft zu halten. Sie steht der Kraft der Imagination als eine Gegenkraft gegenüber.

Dazu möchte ich eine Warnung aussprechen. In manchen Fällen scheint es, als ob diese Gegenkraft, diese die Imagination lähmende Kraft, dadurch zu überwinden wäre, dass man vom Raum und von den Lebensprozessen anders denkt. Diese Gefahr ist besonders bei den zeitgenössischen geistigen Bewegungen gegenwärtig, die im Bereich der Bewusstseinsveränderung arbeiten. Allzu schnell vergisst man, dass zum Beispiel das Denken vom Raum als einem mehrdimensionalen Raum zusammen mit dem ganzen dazugehörenden Wissen über die verschiedenen Ebenen des Seins nicht wesentlich dazu beitragen kann, dass der Raum als Lebens- und Kulturraum in der Tat zu einem mehrdimensionalen Raum umgewandelt würde. Enttäuscht findet man sich immer wieder in die Muster eingewickelt, die man schon längst als überwunden betrachtet hat.

Man vergisst dabei, dass es dem Menschen nur durch das Gefühl, genauer gesagt durch das Herzensgefühl, möglich ist, denkend in der Weltganzheit verankert zu sein. Dieses Gefühl sollte man nicht unbedingt mit den flüchtigen Emotionen gleichsetzen. Vielmehr handelt es sich um die Qualität des Mitschwingens mit der mental unbegreifbaren Ganzheit des Raumes oder des Phänomens, das man betrachtet. Dieses Gefühl der verankerten Anwesenheit mag gewisse emotionale Reaktionen hervorrufen, die oft als Freude, Überraschung oder Glückseligkeit erlebt werden können. Es kann sich auch um ein Gefühl des Leidens oder sogar des Grauens handeln, wenn man zum Beispiel einem durch Menschen zerstörten Ort begegnet.

Diese nur scheinbar unbedeutende Phase des Mit-Gefühls und emotionalen Zusammenseins mit dem Lebendigen in uns und um uns herum stellt meiner Erfahrung nach die erste Stufe des dreigliedrigen Imaginationsprozesses dar und ist deswegen von einer grundlegenden Bedeutung. Durch das Gefühl vom Einswerden wird sichergestellt, dass man es beim Imaginieren nicht mit der Produktion und Reproduktion von mentalen oder verstandesmäßigen, der Lebenskraft entfremdeten Mustern oder Vorstellungen zu tun hat, sondern sich mit der kosmischen Ganzheit bewegt.

Ich behaupte hiermit, dass das, was man gewöhnlich mit der Imagination gleichsetzt, erst die zweite Phase des Imaginationsprozesses darstellt. Diesem geht eine entscheidende «Vorphase» voraus, die oft übersehen wird, bei der man aber in die Ganzheit eintaucht und sich mit ihren jeweiligen Wirklichkeitsmomenten abstimmt. Erst danach – unter dieser Vorbedingung – wird das imaginative Schaffen als ein schöpferischer Akt möglich. Dieser darf nun die kosmische Konstellation verändern und wird nicht als eine von außen eindringende Projektion abgelehnt oder durch die Wandlungskräfte des Universums verschluckt.

Der ersten Phase, bei der man sich im Einssein «verliert», folgt die genau entgegengesetzte zweite Phase, die kreative Phase des Imaginationsvorganges. Sie ist durch die Qualität der Individuation geprägt, praktisch durch das Fokussieren der Ich-Kraft. Ich setze sie mit dem Akt des Gebärens gleich, womit ich keineswegs meine, dass den Frauen die Fähigkeit des Imaginierens – sprich: die Fähigkeit des Schaffens durch die Kraft des Wortes – seitens der göttlichen Allmacht geschenkt worden ist. Ich meine lediglich, dass die Fähigkeit des «Gebärens durch die Kraft des Wortes» nicht nur den Frauen vorbehalten ist wie das körperliche Gebären, sondern auch uns Männern zuteil wird.

Es ist kein Zufall, dass ich das Bild des Gebärens gewählt habe, um die zentrale Phase des Imaginationsvorganges zu bezeichnen. So wie einer Seele als einem geistigen Wesen durch die Geburt die Möglichkeit geschenkt wird, sich als ein Körper zu gestalten, so wird durch den Imaginationsvorgang einer gewissen geistigen Qualität die Möglichkeit angeboten, sich in einer mehr oder weniger entsprechenden Form zu verkörpern. Sie wird in die gewünschte Lebensebene hineingeboren.

Um zu verdeutlichen, was ich damit meine, möchte ich eine geomantische Wahrnehmung beschreiben. Gestern bin ich aus dem Tessin zurückgekehrt, wo ich mit meiner Familie und Freunden einen vergessenen Kultplatz am Fuße des Monte Bigorio besucht habe. Es handelt sich um eine schalenartige Lichtung, die mit einer zur Hälfte in den Erdwall versunkenen Steinen kreisartig umgeben ist. Traditionsgemäß war hier ein Kultplatz der weisen Frauen, an denen sie jährlich ihre Heilungsrituale vollzogen. Als wir ankamen und die Lichtung überblickten, war jedoch meinem Gefühl nach dort nichts Besonders zu spüren. Ich nahm die Situation so wahr, als ob der Ort schlafen würde.

Die Untersuchung des Ortes begann dann so, dass jeder der Teilnehmer seinen Platz am Rand des Raumes aufsuchte und sich langsam um die Lichtung herum bewegte, um sich in die Qualität des Raumes einzufühlen. Durch die liebevolle Zuwendung der Gruppe fing der Platz nach und nach an, präsenter zu werden. Dadurch klang die erste Phase des oben genannten Imaginationsvorganges an, die ich mit der inneren Einstimmung gleichgesetzt habe.

Aufgrund der fortschreitenden Einstimmung schien es mir an einem bestimmten Moment möglich, zu der kreativen Phase des Vorganges überzugehen. Was mich betrifft, habe ich mich der gleichen Wahrnehmungsübung bedient, die ich oben beschrieben habe. Als Erstes habe ich den Eindruck eines starken Lichtes erfahren. Nun ließ ich meine Imagination sozusagen mit dieser Wahrnehmung mitfließen, um sie kreativ weiterzuentwickeln. Als Folge bildete sich in mir und gleichzeitig in der Mitte der Lichtung eine weiß anmutende Vertikale. Sie war tief in der Erde verankert und ragte hoch zum Himmel empor.

Was ich als eine Auswirkung meiner Imagination bezeichnen würde, ist die Wandlung, die dabei zustande gekommen ist. Statt eines unklaren, einer Vermutung ähnlichen Gefühls manifestierte sich am Platz eine Lichtsäule, die als eine klare Botschaft (Information) wahrzunehmen war. Etwas, was vorher nur als eine Potenz vorhanden war und durch die letzten Jahrhunderte – die letzte Erwähnung des Heilungsrituals stammt aus dem Jahr 1401 – aus der täglichen Realität ausgeblendet wurde, wurde wieder anwesend. Die Information, dass es sich bei dem Ort um eine einfache Kuhweide handelte, wurde für einige Augenblicke überwunden und mit einer Imagination überbaut, die in der Beziehung zu der ganzheitlichen Identität des Ortes stand.

Nun mögen gewisse Fragen zu der oben geschilderten zweiten Phase des Imaginationsprozesses auftauchen. Inwieweit kann man die beschriebenen Wahrnehmungen des Platzes als objektiv nachvollziehen und wieweit standen sie in Übereinstimmung mit den Wahrnehmungen der anderen Teilnehmer/innen?

Das genau sind die Fragen, die es uns ermöglichen, zu einer Klarheit über die zukunftsorientierte Rolle der Imagination zu gelangen.

Zunächst einmal bin ich höchst kritisch angesichts einer solchen Fragestellung. Sie erfolgt aufgrund einer unreflektierten Akzeptanz des verstandesmäßigen Modells der Wirklichkeit. Dieses Modell stellt die Wirklichkeit als eine einförmig, durch logische Denkprozesse kontrollierbare mentale Ebene dar, die innerhalb ihrer Struktur relativ klare Kriterien enthält über das, was wahr ist und was nicht der Wahrheit entspricht.

Ich möchte jedoch daran erinnern, dass das logisch nachvollziehbare Weltmodell schon im Ausgangspunkt unserer Betrachtungen als eine versteckte und sich selbst als solcher nicht bewusste Form der kollektiven Imagination darstellt, die genauso subjektiv ist wie die übrige auf der Kraft der Imagination beruhende Schöpfung. Von einer Objektivität an sich, an der man die Erfolge der jeweiligen subjektiven Wahrnehmung messen könnte, kann kaum die Rede sein.

Mit dem Begriff der «übrigen auf der Kraft der Imagination beruhenden Schöpfung» beziehe ich mich auf den biblischen Schöpfungsbericht aus dem ersten Buch Mose, wo der Welt- und Lebensraum als eine aus der göttlichen Imagination hervortretende und sich manifestierende Wirklichkeit dargestellt wird: «Und Gott sprach: Es werde Licht.»

Meiner Ansicht nach würde ich das aus der göttlichen Ganzheit heraus gesprochene Wort mit dem Imaginationsprozess gleichstellen. Im Einklang mit der höchst komprimierten Zusammenfassung dieses Vorganges im Prolog des Johannes-Evangeliums meine ich zu verstehen, dass die Fähigkeit des Schaffens durch die Kraft der Imagination in der Neuzeit nach und nach ihre Verkörperung im Menschen und in seinen täglichen Verrichtungen finden wird.

In diesem Zusammenhang möchte ich die oben gestellte Frage lieber anders formulieren. Zurzeit wird die kreative Imagination von Millionen von Menschen durch die Verstandeskontrolle so gezügelt, dass eine Weltstruktur dabei zustande kommt, die für alle überschaubar und kontrollierbar ist. Käme es nicht zu einem unerträglichen Durcheinander, wenn jeder von uns die Möglichkeit hätte, die Weltzusammenhänge durch eigene Imaginationsfähigkeit frei umzugestalten?

An diesem Punkt wird offenbar, wie entscheidend die zuvor formulierte erste Phase des Imaginationsprozesses ist. Ich habe sie als die Phase der Einstimmung mit der mikro- oder makrokosmischen Ganzheit dargestellt. Der Mensch bekommt freien Zugang zur Verwendung seiner Imaginationskraft nur unter der Bedingung, dass er lernt, sich mit der Ganzheit und mit der Mehrdimensionalität des eigenen Wesens beziehungsweise der universellen Essenz zu verbinden. Nur dadurch, dass die Imagination sozusagen aus dem Gewebe der Lebensganzheit auftaucht und erst aufgrund des Einstimmungsvorganges tätig wird, ist ihre relative Objektivität gesichert. Die Imagination ist trotz ihres subjektiven Charakters nicht ein Ausdruck der persönlichen Eigenwilligkeit, sondern sie stellt einen persönlichen Beitrag zur Vielschichtigkeit des Lebens dar. Es gilt soweit wie möglich sicherzustellen, dass das Lebensgewebe durch diesen Beitrag bereichert und nicht vergewaltigt wird.

Um ein Beispiel zu geben, wie man die Einstimmung erlangt, die dem darauf folgenden schöpferischen Vorgang eine ganzheitliche Qualität verleihen kann, möchte ich eine von mir entwickelte Übung vorschlagen:
- Setze dich auf einen Stuhl oder auf den Boden und tauche ruhig in dein Inneres ein.
- Stelle dir vor, dass du hinter deinem Rücken sitzt, sodass die Rücken deiner physischen und deiner geistigen Gestalt einander berühren.
- Dann lasse deine geistige Gestalt durch deinen Körper und weiter nach vorne gleiten, sodass das Gefühl entsteht, dass ihr euch gegenübersitzt.
- Richte deine Aufmerksamkeit auf die Mitte des Raumes, der zwischen euch entstanden ist.
- Stelle dir vor, dass diese Mitte, gleichgesetzt mit der Mitte des Universums, in einem kristallweißen Licht leuchtet.
- Stelle dir vor, dass du in diese Mitte eintauchst und durch sie gleitend aufstehst.

Nun bist du hier und jetzt und bereit, den schöpferischen Vorgang, den du vorhast – sei es eine Wahrnehmung, Untersuchung, Gestaltung – vorzunehmen.

Nun sind wir bei der dritten Stufe des Imaginationsvorganges angelangt, die mit der Formgestaltung zu tun hat. Ich nenne noch einmal die drei Phasen:
– Phase eins: Einstimmung mit der persönlichen und universellen Ganzheit, die ermöglicht, dass der Imaginationsvorgang aus der Mitte der Schöpfung manifestiert wird und nicht eine selbstbezogene Projektion ist.
– Phase zwei ist die schöpferische Phase. Durch die Imaginationsfähigkeit einer Person oder einer Gruppe wird etwas manifestiert, was zuvor nicht als solches existierte.
– Die dritte Phase hat mit der Verankerung einer bestimmten Imagination in einer ihr entsprechenden Form zu tun.

Ich möchte meine Erfahrungen zur Verankerung der Imagination in der ihr entsprechenden Form dadurch darstellen, dass ich einige Sprachformen vorstelle, die ich dazu benutze. Als Erstes möchte ich als ein Werkzeug des Imaginierens die konzeptuelle Zeichnung erwähnen, die ich anfangs der sechziger Jahre entdeckt habe. Ich habe in der Zeit Poesie geschrieben, aber gleichzeitig auch an einem Felsen gemeißelt, der aus dem Strom des Flusses Save herausragte. Der Felsen, der heutzutage wegen eines später dort errichteten Stausees überflutet ist, stand am Eingang der Zarica-Schlucht, die mich als ein sakraler Ort der Natur zutiefst inspiriert hat. Ich war bemüht, eine Art von Landschaftspoetik zu schaffen, und habe nach einer Ausdrucksform gesucht, durch die sich die formgebende Arbeit an der Landschaft mit der Aussagekraft der Poesie verbinden ließ.

So ist im Laufe der Jahre 1963 bis 1969 eine Art der konzeptuellen Zeichnung entstanden, die nicht nur Zeichnung an sich ist, sondern immer auch in Resonanz steht mit einem bestimmten Ort, einem Phänomen oder einer bestimmten, das Leben durchdringenden Qualität. Sie ist oft beschriftet, um klarzustellen, dass es nicht um eine abstrakte Darstellung geht, sondern um einen konkreten Bezug zur Umwelt.

Dieser Bezug ist jedoch nicht nur mental nachvollziehbar, sondern wird durch Resonanz zu einer mitschöpferischen Beziehung erhoben, die zwischen der Zeichnung und dem betreffenden Ort, dem Phänomen oder der Qualität pulsiert. Die Resonanz kommt durch eine bestimmte Liniengestaltung zustande, die diese Art von konzeptueller Zeichnung charakterisiert. Es handelt sich um eine eindeutige Linienführung, bei der die Linie wie die Saite eines Instrumentes wirkt. Durch bestimmte Biegungen und Verknotungen der Linien entstehen energetische Spannungen, die die erwähnte Resonanz hervorrufen (Abb. 2).

Um zu erklären, wie so eine Zeichnung im Imaginationsprozess wirkt, müsste man sich vergegenwärtigen, dass dabei mindestens zwei Faktoren gleichzeitig tätig sind. Als Erstes denke ich an die Darstellungsfähigkeit der Linie. Aus ihrem Verlauf kann das Bewusstsein erfahren, welche Symbole, Urbilder oder Lebensformen bei der gegebenen Imagination eine mitschöpferische Rolle spielen. Bei der Zeichnung des Urfisches Faronika (Abb. 3), die hier wiedergegeben ist, kann das Bewusstsein der Betrachterin / des Betrachters durch die Assoziationsfähigkeit erfahren, dass es sich um eine Wesenheit handelt, die durch die Fischgestalt symbolisiert wird.

Der zweite Faktor wäre eine bestimmte Spannung und Verflechtung der Linien, die die Assoziation mit dem Fischsymbol hervorgerufen haben. Diese Spannungs- und Verflechtungsmuster müssen so gestaltet sein, dass sie eine Resonanz mit dem entsprechenden Ort, Phänomen oder der Qualität hervorrufen. Inspiriert durch die Auswirkung der Resonanz beginnt die betreffende Person zu imaginieren und dadurch eine persönliche Beziehung zum gegebenen Ort oder Phänomen aufzubauen. Als ein Resultat dieser bewusst oder unbewusst eintretenden Imagination kommt es zu einem individuellen Erleben des gegebenen Ortes oder Phänomens, was eine höhere Stufe der Kommunikation darstellt als das bloße Transportieren einer Information.

Da es sich aber bei einem Resonanzphänomen immer um eine Partnerbeziehung handelt, bedeutet das, dass durch den mit der Zeichnung

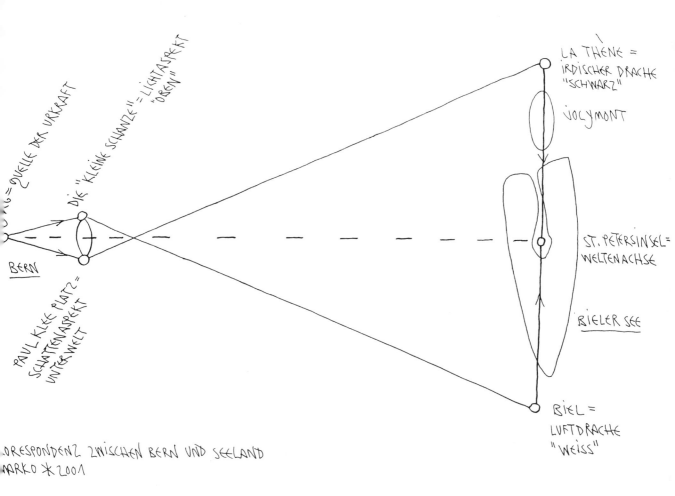

Abb. 2: Marko Pogačnik, Konzeptuelle Zeichnung zur geomantischen Beziehung zwischen dem Schweizerischen Seenland und Bern, 2001.

Abb. 3: Marko Pogačnik, Fisch Faronika, 1996 – eine mit einer einzigen energetisch angespannten Linie angefertigte Zeichnung.

initiierten Imaginationsprozess auch die andere Seite bereichert wird. Der betreffende Ort erfährt eine Zuwendung, obwohl er in der alltäglichen Realität nicht besucht worden ist. Das entsprechende Phänomen kann dadurch unterstützt werden und die betreffende Qualität mag eine Verstärkung erfahren.

Die Entfaltung einer solchen, die Imagination der Betrachterin/des Betrachters anregenden Art von Zeichnung hat mich Anfang der achtziger Jahre zur Entdeckung der Kosmogramme geführt (Abb. 4). Mit dem Begriff des Kosmogramms meinte ich ursprünglich ein Zeichen, durch das es möglich ist, nicht nur auf der herkömmlichen Bewusstseinsebene zu kommunizieren, sondern Botschaften auch über andere Ebenen und Dimensionen des Daseins zu vermitteln. Mit der Silbe «Kosmo-» sollte eine Kommunikationsebene bezeichnet werden, an der alle Wesenheiten teilnehmen können, die den kosmischen – sprich: ganzheitlich gedachten und gespürten – Lebensraum bewohnen. Es handelt sich also nicht um eine Sprache, die wegen ihres verstandesmäßig-logischen Charakters nur unter Menschen gesprochen würde, sondern um eine Zeichensprache, deren imaginative Aspekte es anderen Wesenheiten ermöglichen, an dieser Art der Kommunikation teilzunehmen. Mit den anderen Wesenheiten meine ich vor allem die Elementarwesen als Bewusstseinszellen der Erde, die die zahlreichen Lebensströmungen der Natur, der Orte und Landschaften lenken. Ich beziehe mich dabei aber auch auf die Engelwesen als Bewusstseinszentren des Universums und auf diejenigen Menschenseelen, die zurzeit nicht verkörpert sind und die als Glieder der geistigen Welt kreativ an der Evolution der Erde und der Menschheit teilnehmen.

Die Imagination, Kosmogramme zu entwickeln, wurde in mir dadurch wach, dass ich Anfang der achtziger Jahre angefangen habe, mich mit der Akupunktur der Erde zu beschäftigen. Dabei habe ich bald bemerkt, dass es nicht genügt, nur Steine als Akupunkturnadeln an bestimmten Punkten eines Ortes aufzustellen, um die Heilung eines Landschaftsraumes anzuregen. Dadurch kann man die Lebens- oder Ätherkraftströmungen ganz gut erreichen. Man hat jedoch noch nichts erreicht, um auch die Bewusstseinsebenen des Ortes in den Heilungsprozess mit ein-

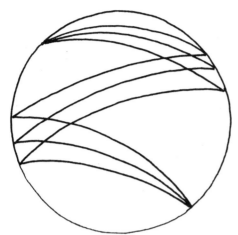

Abb. 4: Marko Pogačnik, drei für die Lithopunktur des Schweizerischen Seenlandes entworfene Kosmogramme aus dem Jahr 2001. Die entsprechenden Lithopunktursäulen stehen in Biel, Rothus/La Thène und Kirchlindach.

zubeziehen. Dazu muss man gewisse Zeichen setzen und eine bestimmte Sprache entwickeln, die nicht auf den verstandesmäßigen Gesichtspunkt der Kommunikation beschränkt ist. Der letztere ist ja nur für uns Menschen begreifbar. Andere Wesenheiten, die ich oben erwähnt habe, können erstens ein Zeichen, das nur in der physischen Form existiert, gar nicht wahrnehmen. Zweitens bedienen sie sich zum Austausch einer Sprache, die den emotionalen oder intuitiven Wegen der Kommunikation beim Menschen gleichzusetzen ist. Durch diese beiden Punkte sind die wichtigsten Vorbedingungen gegeben, nach denen ein Zeichen gestaltet werden sollte, um als ein Kosmogramm wirken zu können.

Die erste Bedingung wird im Falle der von mir gelehrten Kosmogrammgestaltung dadurch erfüllt, dass die Kosmogramme auf dem Prinzip der Linien- und Formanspannung gestaltet werden, wodurch sie einen Abdruck in den Ätherschichten des Ortes erzeugen. Nicht das Zeichen selbst, sondern sein Abdruck kann von Wesenheiten wahrgenommen werden, die keine physischen Sinne besitzen. Den entsprechenden Gestaltungsvorgang habe ich schon am Beispiel der konzeptuellen Zeichnung beschrieben.

Um die zweite Bedingung zu erfüllen, ist es notwendig, dass die logisch gesteuerten Gestaltungsvorgänge im richtigen Moment den intuitiven Eingebungen, Gefühlen und Imaginationen weichen und sie an der Gestaltung des Zeichens kreativ mitwirken lassen. Dadurch entsteht eine Komposition von imaginativen, intuitiven, logischen und ästhetischen Elementen, die die Botschaft des Kosmogramms allen Wesenheiten zugänglich macht, Menschen des Alltags eingeschlossen.

Eine dritte Form, durch die ich die Qualität der Imagination in meinem Schaffen zu verkörpern suche, sind geführte Imaginationen. Man kann sie zum Beispiel bei der Gruppenarbeit an der Heilung oder Ausbalancierung eines Ortes gebrauchen. Sie sind auch ein gutes Werkzeug, um Wahrnehmungsprozesse einzuleiten. Im ersten Fall wird die Gruppenimagination durch eine Leiterin oder einen Leiter geführt, damit die Gleichzeitigkeit der verschiedenen nacheinander hervorgerufenen inneren Bilder gewährleistet ist. Im zweiten Fall baut die sich für die Wahrnehmung der übersinnlichen Ebenen vorbereitende Person im Stillen eine gewisse Reihe innerer Bilder auf, um sich selbst zu der entsprechenden Ebene zu erheben. Man zielt dabei auf eine bestimmte Ebene hin, auf der man erwartet, den wahrzunehmenden Phänomenen zu begegnen.

Um ein Beispiel einer Gruppenimagination zur Heilung eines Ortes zu geben, möchte ich mein Erdheilungswerk im Raum von Buenos Aires im November 2001 erwähnen. Am Rand des dortigen Botanischen Gartens, der sich unweit der Stadtmitte befindet, entdeckte ich einen gestörten Fokus der Feuerelementarwesen. Ich suchte bewusst nach einem Stützpunkt des Elementes Feuer in der Stadt, weil in einer derartig vom Wasserelement geprägten Stadtlandschaft wie von Buenos Aires das Element Feuer einen wichtigen ausbalancierenden Gegenpol darstellt. Buenos Aires liegt ja am Ufer des gewaltigen, 40 km breiten Flusses Rio de la Plata und wird durch seine wässrige Substanz vital-energetisch beherrscht.

Da ich die Bergkette der Kordilleren, die im Westen des Landes liegt, als eine nicht minder gewaltige Quelle des Elementes Feuer kannte, habe ich, um zur Ausbalancierung der beiden Elemente beizutragen, eine geführte Imagination geleitet, bei der die Teilnehmer der Gruppe mit ihrer Imagination sich jeweils zu den Kordilleren begaben, um sich mit der Kraft des Feuers zu verbinden. Danach führten wir die Qualität des Feuerelementes in der Form eines goldenen Fadens in einem Bogen zum Fokus der Feuerwesenheit im Botanischen Garten hin, um es in der Erde zu verankern. Von da kehrte jeder der Teilnehmer durch einen unterirdischen Bogen zu der Quelle des Feuers an der Kordilleren-Kette zurück, um den Vorgang mehrmals zu wiederholen.

Dabei möchte ich betonen, dass es sich nicht um eine Visualisierung handelte, durch die bestimmte Muster oder fremde Vorstellungen auf die Landschaft projiziert wurden. Mit der Visualisierung meine ich ein vorbereitetes Bild, das durch eine bestimmte Technik in das Gewebe der Realität eingeprägt wird.

Der Unterschied zu einer echten Imagination liegt darin, dass eine Visualisierung aus der Vergangenheit stammt – sie wird vor-bereitet. Die Imagination kommt jedoch in dem Moment zustande, in dem eine Person in Beziehung zu der atmenden und schwingenden Wirklichkeit steht. Eigentlich kommt sie durch einen Dialog zustande, in dem sowohl die imaginierende Person als auch das «Objekt» der Imagination auf das Resultat Einfluss nehmen können. Wie wirkt sich das praktisch aus?

Zum einen kann die Imagination in ihrem mehrdimensionalen Wesen gleichzeitig als ein schöpferisches Werkzeug und als eine Wahrnehmung dienen. Durch letztere werden Rückmeldungen möglich, durch die sich vermeiden lässt, dass eine Vorstellung blind auf irgendetwas projiziert wird. Zweitens steht der Betreffende dabei in einer Herzensbeziehung zum Prozess, wie ich das bei der Darstellung der ersten Stufe des Imaginationsvorganges geschildert habe. Dadurch kann man in jedem Moment erspüren, ob seitens des Gegenübers eine Änderung gewünscht oder vorgeschlagen wird.

Um diesen lebensnahen Moment des Imaginationsvorganges zu illustrieren, möchte ich mein Erlebnis während der geführten Imagination von Buenos Aires wiedergeben. Bevor der Imaginationsvorgang seitens der Gruppe in Bewegung gesetzt wurde, stellte ich mir vor, dass das Element Feuer an dem Platz im Botanischen Garten in der Erde verankert sein sollte. Während der Imagination habe ich dann überraschenderweise wahrgenommen, wie die in der Erde entstehende Feuerkugel vom Wasser erstickt wurde. Das Element Wasser ist in der Tat das übermächtige Element dort. Um diese Gefahr zu vermeiden, fing die Kugel an, indem ich meine Imagination umlenkte, aufzusteigen. Gegen Ende des Imaginationsvorganges entwickelte sie sich, oberhalb der Erdoberfläche schwebend, zu einer Verankerung für das Feuerelement. Während des Imaginationsvorganges kam etwas zustande, wovon ich vorher keine Ahnung hatte.

Nun möchte ich an einem Beispiel noch schildern, wie gewisse Imaginationen angewandt werden, um persönliche Wahrnehmungsprozesse einzuleiten. Das Ziel der Übung, die ich dazu gewählt habe, ist es, den Baumgeist eines bestimmten Baumes wahrzunehmen.

– Suche dir den Baum aus, mit dem du kommunizieren möchtest, und stelle dich drei oder vier Schritte vor dem Baum hin, sodass du mit dem Körper dem Baum zugewandt bist. Betrachte eine Zeit lang die Struktur seiner Rinde und die Form seines Stammes.

- Stelle dir vor, dass die Außenseite deiner Unter- und Oberschenkel bis zu den Hüften mit der genau gleichen Art von Rinde bedeckt ist wie der Baum. Imaginiere gleichzeitig, wie dein Körper die charakteristische Gestalt des Baumes vor dir anzunehmen beginnt. Sei dabei nicht zu genau, sondern eher emotional mitschwingend.
- Nachdem du die Imagination aufgebaut hast, lasse sie los. Vergiss sie und öffne dich gleichzeitig intuitiv und gefühlsmäßig für die Präsenz des Baumgeistes.

Selbstverständlich sollte man dabei keinerlei Erwartungen oder Vorstellungen hegen, sondern offen dafür sein, was einem zukommt.

Die Rolle der Imagination im Rahmen dieser Übung ist es, einem zu ermöglichen, sich mit dem Baum zu identifizieren und sich dadurch mit dem den Baum betreuenden Elementarwesen zu verbinden. Der entscheidende Punkt dabei ist meiner Erfahrung nach die Tatsache, dass der Baumgeist selbst seinen Baum nicht als eine materielle Form sieht, sondern als eine geistige Gestalt, die mit der physischen Form nur teilweise übereinstimmt. Vielmehr ist die Baumgestalt für ein Baumelementarwesen einer vom Menschen erschaffenen Imagination ähnlich. Die Imagination des Baumes hat praktisch dieselbe Qualität wie der Baum, den der Naturgeist wahrnimmt.

Man könnte sagen, dass der Baumgeist durch die Imagination der betrachtenden Person seinen Baum wie in einem Spiegel sieht und sich selbst darin erkennt, da er ja eins ist mit dem betreffenden Baum. Dadurch wird ihm aber auch auf seine eigene Weise bewusst, dass jemand ihm einen «Spiegel» vorhält und dass dieser Jemand ihn wahrnehmen oder mit ihm «sprechen» möchte. Damit sind die Grundlagen für die Kommunikation gelegt, und die erste Phase des Imaginationsprozesses ist verwirklicht.

Das Auftreten der entsprechenden Wahrnehmung und des möglichen Gesprächs hängt davon ab, inwieweit der Betrachter gelernt hat, seiner Verstandeskontrolle Grenzen zu setzen und das entsprechende Offensein für das Unerwartete gewährleisten kann. Eine weitere Vorbedingung wäre zu lernen, sich schöpferisch an der zweiten Phase des Imaginationsvorganges zu beteiligen. Das heißt zu lernen, dem freien Strom der Schwingungen, Qualitäten und Botschaften zu folgen, die als Resultat der Einstimmung durch das Gemüt und durch das Bewusstsein der kommunizierenden Person zu fließen beginnen.

Es handelt sich jedoch nicht nur um ein passives Aufnehmen dieses Stromes, sondern auch um eine schöpferische Interaktion. Dadurch, dass der Betreffende sich bemüht, seine Intuitionen, Erinnerungen und Assoziationen einfließen zu lassen, wird der Informationsstrom verarbeitet, entschlüsselt und in die Bewusstseinsform übersetzt, die sogar der Verstand der betreffenden Person lesen kann. Dadurch werden auch die Vorbedingungen dafür geschaffen, dass auf demselben Weg auch die Rückmeldung fließen kann.

Ich behaupte damit auch, dass die Hellsichtigkeit, die als eine natürliche Gabe gewissen auserwählten Personen geschenkt worden ist, durch den beschriebenen Imaginationsvorgang eine interessante Alternative gefunden hat. Die Bedeutung dieser Alternative liegt darin, dass sie jedem Menschen zugänglich ist, ohne dass dazu gewisse Initiationen oder angeborene Fähigkeiten nötig wären. Es handelt sich lediglich um die Weiterentwicklung einer Gabe, die zum menschlichen Dasein gehört und die zu einer kreativen Fähigkeit entwickelt werden kann, wenn der Wunsch danach besteht und das Wollen, durch Übung daran zu arbeiten.

Im Sinne der einleitenden Sätze meines Beitrages habe ich die Hoffnung, dass sich immer mehr Menschen nach und nach der eigenen Fähigkeiten bewusst werden, durch die Kunst der Imagination am Weltgeschehen mitschöpferisch teilnehmen zu können und auf diese Weise das eigene Wesen weiter zu entfalten.

Nachwort:
Das Thema «Imagination» im Werk Rudolf Steiners

Nachfolgend werden einige wichtige Texte Rudolf Steiners zum Thema «Imagination» aufgeführt. Dabei handelt es sich jedoch nur um eine Auswahl von Texten bzw. Vorträgen, da Rudolf Steiner die Imagination und die imaginative Erkenntnis unzählige Male dargestellt hat. Die hier angeführten Darstellungen bieten jedoch für ein weitergehendes Studium wichtige Anhaltspunkte, anhand derer sich der Leser dann selbst seinen weiteren Weg der Beschäftigung bahnen kann.

1) Schriften

Grundsätzlich stellt Rudolf Steiner die Imagination immer im Rahmen einer Schilderung des anthroposophischen Erkenntnisweges dar. Wie bereits im Vorwort erwähnt, bildet ja die Imagination nur eine erste Stufe der höheren Erkenntnis. Bei den meisten Darstellungen werden deshalb die weiteren Stufen der Inspiration und der Intuition und die entsprechenden Übungen ebenfalls beschrieben.

Nach der grundlegenden Darstellung des Schulungsweges in den Aufsätzen *Wie erlangt man Erkenntnisse der höheren Welten* (1904/05), wo die Bezeichnung der Erkenntnisstufen noch nicht mit den Begriffen «Imagination», «Inspiration» und «Intuition» erfogt, stellt Rudolf Steiner diese erstmals in der Schrift *Die Stufen der höheren Erkenntnis* (1905–1908) ausführlich dar. Hier macht er besonders auf die Bedeutung ausgleichender Übungen zu den Übungen für die höhere Erkenntnis aufmerksam, die er als Nebenübungen bezeichnet.

Am ausführlichsten wird die Imagination dann in *Die Geheimwissenschaft im Umriss* (1910) im Kapitel «Die Erkenntnis der höheren Welten» beschrieben. Hier werden erneut die für die Entfaltung des imaginativen Bewusstseins notwendigen Übungen und Nebenübungen beschrieben. Ausführlich wie sonst nirgendwo beschreibt Rudolf Steiner hier die «Rosenkreuzmeditation» als eine der grundlegenden Übungen für die imaginative Erkenntnis.

Weitere Darstellungen, die mehr auf einzelne Details eingehen, dafür aber das Grundsätzliche nicht nochmals wiederholen, finden sich in den beiden Schriften *Ein Weg zur Selbsterkenntnis in acht Meditationen* (1912) und *Die Schwelle der geistigen Welt*. Beide sind jeweils im Anschluss an die Aufführungen der Mysteriendramen in München 1912/13 geschrieben worden.

In den *Vier Mysteriendramen* (1910–1913) stellte Rudolf Steiner die konkreten Erlebnisse einzelner Persönlichkeiten auf dem Weg zur höheren Erkenntnis in dramatischer Form dar. Es erschien ihm von größter Bedeutung, dem interessierten Publikum die vollkommen individuell verlaufende geistig-seelische Entwicklung einzelner Persönlichkeiten in künstlerischer Form zu demonstrieren. Hier gibt es daher auch zahlreiche Szenen, in denen imaginative Erkenntnis anschaubar wird, besonders im ersten Drama *Die Pforte der Einweihung* anhand der Entwicklung der Persönlichkeit des Johannes Thomasius.

Während der Zeit des Ersten Weltkrieges arbeitet Rudolf Steiner besonders darauf hin, die Stufen der höheren Erkenntnis und mithin also auch die Imagination an die philosophischen und naturwissenschaftlichen Erkenntnisse seiner Zeit anzuschließen. Einen besonders wichtigen Stein des Anstoßes bilden dabei die Schriften des Philosophen *Franz Brentano* (1858–1917). Brentano war für Steiner deshalb von besonderer Bedeutung, weil dieser die Unabhängigkeit eines Seelischen vom Leiblichen philosophisch nachgewiesen hatte, wobei er sich besonders auf die Seelenlehre des Aristoteles stützte. Die Forschungen Brentanos waren zugleich der wichtigste Bezugspunkt Steiners bei der endgültigen Ausarbeitung der menschlichen Dreigliederung, die dann erstmals, kurz nach dem Tode Brentanos, in dem Buch *Von Seelenrätseln* (1917) dargestellt wurde. Zuvor hatte Steiner bereits in *Vom Menschenrätsel* (1916) im Kapitel «Ausblicke» die Entwicklung der Imagination im Anschluss an die Philosophie seiner Zeit beschrieben, wobei er hierfür den Ausdruck «schauendes Bewusstsein» einführt.

In *Von Seelenrätseln* werden im Kapitel «Anthropologie und Anthroposophie» «Grenzvorstellungen» der Seele dargelegt, die eine Art von Schlüssel zur höheren Erkenntnis darstellen. Steiner versucht hier insbesondere in ein Gespräch mit den natur- und geisteswissenschaftlichen Erkenntnissen der Zeit zu kommen. Im Abschnitt 6 der skizzenhaften Erweiterungen werden dann die Beziehungen der drei Erkenntnisstufen der Imagination, Inspiration und Intuition zu den drei Seelenkräften des Denkens, Fühlens und Wollens und den diesen entsprechenden drei Gliedern des Leibes, dem Nerven-Sinnes-System, dem rhythmischen System und dem Stoffwechsel-Gliedmaßen-System, erläutert.

Parallel zu seinen Schriften stellt Steiner die Imagination auch in Aufsätzen dar, die z.T. in Form von Einzelveröffentlichungen, z.T. in Zeitschriften erschienen und die heute in dem Band *Philosophie und Anthroposophie* zusammengefasst sind: *Philosophie und Anthroposophie* (1908), *Die psychologischen Grundlagen und die erkenntnistheoretische Stellung der Anthroposophie* (1911), und besonders ausführlich in *Die Erkenntnis vom Zustand zwischen dem Tode und einer neuen Geburt* (1916/17). In letztgenanntem Aufsatz stellt Steiner die imaginative Erkenntnis so dar, dass zu den sonst beschriebenen Übungen der Erkraftung des Denkens als Ausgleich Übungen zur Verstärkung des Willens hinzukommen müssen.

Nach dem ersten Weltkrieg blieb Rudolf Steiner wegen der jetzt sich entfaltenden praktischen Tätigkeit im Zusammenhang mit der Begründung der Waldorfschule, der Begründung einer anthroposophisch erweiterten Medizin und vieler anderer Aktivitäten nur noch wenig Zeit zu schriftlichen Ausarbeitungen. Umso interessanter sind seine autobiografischen Ausführungen zu den höheren Erkenntnisfähigkeiten und zur imaginativen Erkenntnis in *Mein Lebensgang* (1924/25). Hier finden sich diesbezügliche Aussagen u.a. in den Kapiteln VI, X, XI, XII, XVII, XXII, XXIII und XXX.

2) Vorträge

In seinen *öffentlichen Vorträgen* hat Rudolf Steiner die Imagination immer wieder ausführlich dargestellt. Er sagt hierüber: «So war es nicht etwa die in der Theosophischen Gesellschaft vereinigte Mitgliederschaft, auf die Marie von Sivers und ich zählten, sondern diejenigen Menschen überhaupt, die sich mit Herz und Sinn einfanden, wenn ernst zu nehmende Geist-Erkenntnis gepflegt wurde. Das Wirken innerhalb der damals bestehenden Zweige der Theosophischen Gesellschaft, das notwendig als Ausgangspunkt war, bildete daher nur einen Teil unserer Tätigkeit. Die Hauptsache war die Einrichtung von öffentlichen Vorträgen, in denen ich zu einem Publikum sprach, das außerhalb der Theosophischen Gesellschaft stand und das zu meinen Vorträgen nur wegen deren Inhalt kam.» (*Mein Lebensgang*, Kapitel XXXI)

Diese öffentlichen Vorträge fanden zwischen 1903 und 1918 im Berliner «Architektenhaus» in jeweils zwei Zyklen, einer im Herbst und einer im Frühjahr, statt. Sie sind in den Bänden 52 – 67 der Gesamtausgabe veröffentlicht. Im Hinblick auf das Thema der Imagination sind besonders interessant die Vorträge während des Ersten Weltkrieges. Davon seien hier erwähnt: 26.11.1914 und 26.2.1915 in *Aus schicksaltragender Zeit* (GA 64) sowie 3.12.1915 und 10.12.1915 in *Aus dem mitteleuropäischen Geistesleben* (GA 65).

Nach dem Ersten Weltkrieg spricht Rudolf Steiner öffentlich auch vor einem akademisch gebildeten Publikum über die imaginative Erkenntnis, so insbesondere in dem Zyklus *Anthroposophie, ihre Erkenntnisfrüchte und Lebenswurzeln* (GA 78) am 2. und 3.9.1921.

Sehr ausführlich geht er auf die imaginative Erkenntnis dann nochmals in Vorträgen im Frühjahr 1923 in Dornach ein (in dem Band *Was wollte das Goetheanum und was soll die Anthroposophie?*, GA 84).

In den *Vorträgen vor Mitgliedern* der Theosophischen, ab 1913 Anthroposophischen Gesellschaft stellt Steiner die Imagination meistens nicht mehr grundsätzlich dar, da er hier die Kenntnis seiner grundlegenden Schriften voraussetzen konnte. So fügt er zu diesen Darstellungen jeweils einzelne, häufig sehr unterschiedliche Aspekte hinzu. Aufgrund der Fülle von hierzu vorhandenen Vortragsnachschriften können hier nur sehr wenige, ausgewählte genannt werden.

Ab 1918 begann sich die anthroposphische Arbeit immer mehr in das Zivilisationsleben der Zeit hinein auszubreiten. Das geschah nicht nur in Deutschland, sondern auch in anderen Ländern wie England, Norwegen, Holland oder Frankreich. So gab Rudolf Steiner für das ausländische Publikum nochmals mehr grundsätzliche Darstellungen, die dem jeweiligen Interesse dieser Zuhörerschaft entgegenkamen. Hier seien stellvertretend genannt: *Die Philosophie, Kosmologie und Religion in der Anthroposophie* (GA 215), auch als «Französischer Kurs» bezeichnet, in dem Steiner 1922 seinen französischsprachigen Zuhörern einen ausführlichen Überblick über den Erkenntnisweg und seine drei Stufen der Imagination, Inspiration und Intuition vermittelt. 1923 folgt dann in Penmaenmawr in Wales ein Kurs für englischsprachige Zuhörer: *Initiations-Erkenntnis* (GA 227), in dem die imaginative Erkenntnis erneut ausführlich dargelegt wird. Nach der Neubegründung der Anthroposophischen Gesellschaft zu Weihnachten 1923/24 gibt Steiner den Mitgliedern in Dornach eine Art Zusammenfassung in dem Kursus *Anthroposophie – eine Zusammenfassung nach einundzwanzig Jahren* (GA 234).

Den naturwissenschaftlich orientierten Mitgliedern erläuterte er bereits 1920 die imaginative Erkenntnis auf eine mehr für den wissenschaftlich geschulten Mensch geeignete Weise in dem Zyklus *Grenzen der Naturerkenntnis* (GA 322). Auch den verschiedenen Berufsgruppen, den Waldorflehrern, Ärzten, Landwirten usw. gab Steiner ausführliche Anleitungen zur imaginativen Erkenntnis, die aber hier nicht weiter erwähnt werden, weil sie sich auf jeweils spezifische Erkenntnisfragen des jeweiligen Berufsfeldes beziehen.

Eine aphoristisch-zusammenfassende Darstellung der Imagination findet sich schließlich in den *Anthroposophischen Leitsätzen* (GA 26), die Steiner nach der Neubegründung der Anthroposophischen Gesellschaft 1924 als Grundlage für einen Neubeginn der anthroposophischen Arbeit verfasste.

Andreas Neider

Biografien der Autoren

Johannes Denger, geb. 1955 in Basel, Vater von drei Kindern, Heilpädagoge und Waldorflehrer; 1988–95 Sekretär der internationalen Konferenz für anthroposophische Heilpädagogik und Sozialtherapie, seit 2001 Referent für Zeitfragen und Öffentlichkeitsarbeit des deutschen Verbandes für Heilpädagogik, Sozialtherapie und soziale Arbeit; Vorträge, Seminare, Publikationen; als Gastdozent an verschiedenen Ausbildungsstätten tätig.

Arnica Esterl wurde 1933 in Den Haag/Niederlande geboren und wuchs im Zweiten Weltkrieg in Westfriesland auf einem Bauernhof auf. Studium der Germanistik, Philosophie und Friesisch in Amsterdam und Tübingen. Lebt seit 1964 in Stuttgart, verheiratet, vier Kinder. Seit 1976 aktives Mitglied der Europäischen Märchengesellschaft e.V.; Kongressvorbereitung 1988 für den Jahreskongress der EMG: «Tiere und Tiergestaltige» im Märchen. Von 1989 bis 1997 Vorsitzende des Stuttgarter Märchenkreises. Von Arnica Esterl sind bereits erschienen: *Das fliegende Schiff. Zaubermärchen aus Westfriesland*; *Von dem Machandelboom*; *Eins, zwei, drei vier ... neun Paar Schuhe!?* und *Das Schloss der goldenen Sonne. Initiationsmärchen.*

Dr. phil. Roland Halfen, geb.1958, studierte Philosophie, Kunstgeschichte und Archäologie in Freiburg und München; interdisziplinäre Promotion (Kunstgeschichte/Philosophie); Assistent von Prof. Franco Volpi, Padua, am Institut für das Studium fundamentale der Universität Witten/Herdecke; Mitautor und redaktionell verantwortliche Mitarbeit bei der Herausgabe des großen Werklexikons der Philosophie (2 Bde., Stuttgart 1999); Gastdozent an künstlerischen, wissenschaftlichen und pädagogischen Institutionen im deutschsprachigen Raum. Autor der in vier Bänden erscheinenden Monografie *Chartres. Schöpfungsbau und Ideenwelt im Herzen Europas.*

Dr. Volker Harlan, geb. 1938, studierte Malerei, Theologie und Biologie. Dozent für Naturphilosophie und Ästhetik an verschiedenen Hochschulen; er wirkte bei der Gründung der Universität Witten/Herdecke an der Einrichtung und in der Lehre des «Studium fundamentale» mit, leitete deren Akademie von 1986 bis 1995 und arbeitet im Institut für Evolutionsbiologie und Morphologie. Er organisierte internationale Symposien zur zeitgenössischen Kunst – insbesondere zu Beuys, mit dem er persönlich befreundet war.

Andreas Neider, geb. 1958 in Berlin. Studium der Philosophie, Ethnologie, Geschichte und Politologie an der FU Berlin. Magisterarbeit über den Freiheitsbegriff in Hegels Rechtsphilosophie bei Prof. Michael Theunissen. Seit 1984 in Stuttgart tätig, zunächst als Lektor, ab 1991 als Verlagsleiter beim Verlag Freies Geistesleben. Seit 2002 selbstständig mit der Agentur «Von Mensch zu Mensch» im Verlagswesen und in der Kulturarbeit der Anthroposophischen Gesellschaft tätig.

Marko Pogačnik, Künstler, Geomant und Buchautor aus Slowenien (geb. 1944). Arbeiten in Lithopunktur u.a. an den beiden Seiten der Grenze zwischen Nordirland und der Republik Irland, Lithopunktur von Villach, Klagenfurt, Bad Radkersburg, Lithopunktur von Circuito das Aguas, Brasilien. Bücher u.a.: *Elementarwesen, Schule der Geomantie, Erdsysteme und Christuskraft, Die Erde wandelt sich, Die Tochter der Erde.*

Martina Maria Sam, geb. 1960 im Odenwald (D). 1979–81 Studium der Soziologie/Politologie in Heidelberg. 1981–86 Eurythmie- und Pädagogikstudium am Institut für Waldorfpädagogik Witten-Annen. 1987–92 als Eurythmistin tätig an der Goetheanumbühne. 1989–2000 Herausgabetätigkeit im Rahmen der Rudolf-Steiner-Gesamtausgabe. 1993–99 Kunstgeschichts- und Germanistikstudium in Basel; Abschlussarbeit über die Wandtafelzeichnungen Rudolf Steiners (*Bildspuren der Imagination*, Dornach 2000). 1996–98 Redakteurin der Wochenschrift «Das Goetheanum». Seit Januar 2000 Leiterin der Sektion für Schöne Wissenschaften der Freien Hochschule für Geisteswissenschaft am Goetheanum.

Wolfgang Schad, geboren 1935 in Biberach/Riss. Erster Schulbesuch in Hildesheim, ab 1946 in der Rudolf-Steiner-Schule in Wuppertal. Studium der Biologie und Chemie in Marburg und München, der Pädagogik in Göttingen. Ab 1962 Klassen- und Oberstufenlehrer an der Waldorfschule in Pforzheim, ab 1975 am Seminar für Waldorfpädagogik in Stuttgart, seit 1992 Aufbau des Instituts für Evolutionsbiologie und Morphologie an der Universität Witten/Herdecke. Dort Promotion, Habilitation und Ernennung zum Prof. Dr. rer. nat.

Johannes W. Schneider, Dr. phil., geb. 1928, war nach dem Studium von Psychologie, Pädagogik und Geschichte zu einem einjährigen heilpädagogischen Praktikum in Schweden und hat dann zehn Jahre an einer süddeutschen Waldorfschule unterrichtet. Seit 1970 ist er in der Ausbildung von Kindergärtnerinnen und Altenpflegern tätig und hält zahlreiche Vorträge im In- und Ausland. Zu psychologischen Themen hat er mehrere Bücher veröffentlicht.

Metamorphosenreihe

Thorsten A. Diehl

Bildnachweis

© VG Bild-Kunst, Bonn: Joseph Beuys, Ilya Kabakov
© ADAGP, Paris: Wassily Kandinsky
© ARS, New York: Barnett Newman
© Archiv der Rudolf Steiner Nachlassverwaltung, Dornach: Rudolf Steiner